대기·환경·미세먼지·분쟁

미세먼지 8법

대처와 분쟁

편저 대한실무법률편찬연구회
(환경공해 스터디그룹)

법문북스

미세먼지 8법

대처와 분쟁

편저 대한실무법률편찬연구회
(환경공해 스터디그룹)

법문북스

머리말

급격히 도시화·산업화가 진행될수록 환경오염이 확대되고 자연정화가 어려운 인공 물질이 배출되면서 환경훼손이 심각해지고 있습니다. 도시의 밀집되고 한정된 공간에 많은 사람들이 거주하면서 생활하수와 자동차 배기가스 등의 오염물질을 대량 배출하거나 아파트가 고층화되면서 층간소음이 발생하는 등 상호간의 편의가 침해되는 사례가 빈번하게 일어나고 있습니다.

그 결과 외부의 침해에 대해 권리를 주장하는 시민의식이 점차 강해짐에 따라 환경분쟁이 증가되었습니다. 특히, 최근에는 대기오염이 심화되었고 미세먼지가 사회적인 이슈로 부각되면서 많은 사람들이 미세먼지에 대해 관심을 가지고 있습니다. 미세먼지는 이제 우리 일상생활과 밀접한 문제가 되어 우리의 일상을 바꿔놓고 있습니다.

정부는 국민들에게 많은 영향을 끼치는 미세먼지에 대한 대책들을 내놓고 있고, 2020년 4월을 기점으로 미세먼지 8법을 완비하였습니다. 미세먼지 8법이란, 「미세먼지 저감 및 관리에 관한 특별법」, 「대기환경보전법」, 「대기관리권역의 대기환경개선에 관한 특별법」, 「실내공기질 관리법」, 「학교보건법」, 「재난 및 안전관리 기본법」, 「액화석유가스(LPG)의 안전관리 및 사업법」, 「항만지역 등 대기질 개선에 관한 특별법」을 일컫습니다.

이 책에서는 이와 같이 복잡하고 다양한 각종 생활에서 발생하는 미세먼지, 대기, 환경문제의 법적 규제에 대한 해설과 분쟁조정절차를 관련 서식과 함께 상담사례와 피해구제사례 들을 알기 쉽게 풀이하여 체계적으로 정리하여 수록하였습니다.

이러한 자료들은 대법원의 최신 판결례, 법제처의 생활법령과 대한법률구조공단의 상담사례 및 서식 및 환경분쟁조정위원회의 분쟁조정사례 등을 참고하였으며, 이를 종합적으로 정리·분석하여 일목요연하게 편집하였습니다. 여기에 수록된 상담사례들은 개인의 법률문제 해결에 도움을 주고자 게재하였으며, 개개의 문제에서 발생하는 구체적 사안은 동일하지는 않을 수 있으므로 참고자료로 활용하시기 바랍니다.

　이 책이 일상에서 발생되는 미세먼지에 관한 환경분쟁제도를 잘 몰라서 억울하게 피해를 받으신 분이나 손해를 당한 분, 또 이들에게 조언을 하고자 하는 실무자에게 큰 도움이 되리라 믿으며, 열악한 출판시장임에도 불구하고 흔쾌히 출간에 응해 주신 법문북스 김현호 대표에게 감사를 드립니다.

2020. 6.

편저자 드림

목 차

제1장 미세먼지 8법은 어떤 법령을 말하나요?

제2장 미세먼지란 무엇인가요?

제1절 대기오염과 대기오염물질 ························· 13

제2절 미세먼지란 무엇인가? ························· 15

제3장 환경분쟁 해결하는 방법

제4장 환경분쟁조정 신청방법

제1절 환경분쟁조정의 신청대상 및 종류 ······················ 79

제5장 환경쟁송의 종류

제1절 환경쟁송 개요 ·· 125

제6장 환경분쟁조정 사례

제1장
미세먼지 8법은 어떤 법령을 말하나요?

제1장
미세먼지 8법은 어떤 법령을 말하나요?

1. 「재난 및 안전관리기본법」

1-1. 「재난 및 안전관리기본법」의 목적

① 이 법은 각종 재난으로부터 국토를 보존하고 국민의 생명·신체 및 재산을 보호하기 위하여 국가와 지방자치단체의 재난 및 안전관리 체제를 확립하고, 재난의 예방·대비·대응·복구와 안전문화활동, 그 밖에 재난 및 안전관리에 필요한 사항을 규정함을 목적으로 한다.

② 이 법은 재난을 예방하고 재난이 발생한 경우 그 피해를 최소화하는 것이 국가와 지방자치단체의 기본적 의무임을 확인하고, 모든 국민과 국가·지방자치단체가 국민의 생명 및 신체의 안전과 재산보호에 관련된 행위를 할 때에는 안전을 우선적으로 고려함으로써 국민이 재난으로부터 안전한 사회에서 생활할 수 있도록 함을 기본이념으로 한다.

1-2. 재난의 범위

① "재난"이란 국민의 생명·신체·재산과 국가에 피해를 주거나 줄 수 있는 것으로서 자연재난과 사회재난이 있다.

② 자연재난은 태풍, 홍수, 호우(豪雨), 강풍, 풍랑, 해일(海溢), 대설, 한파, 낙뢰, 가뭄, 폭염, 지진, 황사(黃砂), 조류(藻類) 대발생, 조수

(潮水), 화산활동, 소행성·유성체 등 자연우주물체의 추락·충돌, 그 밖에 이에 준하는 자연현상으로 인하여 발생하는 재해를 말한다.
③ 사회재난은 화재·붕괴·폭발·교통사고(항공사고 및 해상사고를 포함한다)·화생방사고·환경오염사고 등으로 인하여 발생하는 대통령령으로 정하는 규모 이상의 피해와 에너지·통신·교통·금융·의료·수도 등 국가기반체계(이하 "국가기반체계"라 한다)의 마비, 「감염병의 예방 및 관리에 관한 법률」에 따른 감염병 또는 「가축전염병예방법」에 따른 가축전염병의 확산, 「미세먼지 저감 및 관리에 관한 특별법」에 따른 미세먼지 등으로 인한 피해를 말한다.

2. 「액화석유가스의 안전관리 및 사업법」

2-1. 「액화석유가스의 안전관리 및 사업법」 목적

이 법은 액화석유가스의 수출입·충전·저장·판매·사용 및 가스용품의 안전 관리에 관한 사항을 정하여 공공의 안전을 확보하고 액화석유가스사업을 합리적으로 조정하여 액화석유가스를 적정히 공급·사용하게 함을 목적으로 한다.

2-2. 액화석유가스의 연료사용제한

① 개정 전의 「액화석유가스의 안전관리 및 사업법」은 산업통상자원부장관이 액화석유가스의 적정한 수급, 사용상의 안전관리, 그 밖에 공익상 필요하다고 인정되면 산업통상자원부령으로 정하는 바에 따라 자동차 또는 그 사용자에 대해 액화석유가스를 연료로 사용하는 것을 제한할 수 있었다. 여기에는 택시, 경차 등 일부 차종과 국가유공자, 장애인 등 일부 사용자가 해당되었고 이런 일부 사용자에 대해서만 제한적으로 LPG사용이 허용되었다.
② 그러나 법 개정으로 이러한 연료사용제한조항이 삭제되었고, 일반인도 미세먼지 배출량이 상대적으로 적은 LPG 차량을 살 수 있게 되었다.

3. 「학교보건법」

3-1. 「학교보건법」의 목적

이 법은 학교의 보건관리에 필요한 사항을 규정하여 학생과 교직원의 건강을 보호·증진함을 목적으로 한다.

3-2. 공기정화설비 등 설치

학교(「고등교육법」 제2조에 따른 학교는 제외한다)의 장은 교사 안에서의 공기 질 관리를 위하여 교육부령으로 정하는 바에 따라 각 교실에 공기를 정화하는 설비 및 미세먼지를 측정하는 기기를 설치하여야 한다.

4. 「미세먼지 저감 및 관리에 관한 특별법」

4-1. 「미세먼지 저감 및 관리에 관한 특별법」의 목적

이 법은 미세먼지 및 미세먼지 생성물질의 배출을 저감하고 그 발생을 지속적으로 관리함으로써 미세먼지가 국민건강에 미치는 위해를 예방하고 대기환경을 적정하게 관리·보전하여 쾌적한 생활환경을 조성하는 것을 목적으로 한다.

4-2. 국가미세먼지정보센터의 설치 및 운영

① 환경부장관은 미세먼지등의 발생원인, 정책영향 분석, 배출량 관련 정보의 수집·분석 및 체계적인 관리를 위하여 국가미세먼지정보센터(이하 "정보센터"라 한다)를 설치·운영하여야 한다.
② 정보센터는 다음 각 호의 사업을 수행한다.
 - 미세먼지등의 배출량 산정을 위한 정보 및 자료의 수집·분석
 - 미세먼지등의 배출량 산정과 이와 관련한 통계관리
 - 그 밖에 미세먼지등의 발생원인, 배출량 산정, 정책영향 등의 분석을 위하여 환경부령으로 정하는 사항

5. 「대기관리권역의 대기환경개선에 관한 특별법」

5-1. 「대기관리권역의 대기환경개선에 관한 특별법」의 목적

이 법은 대기오염이 심각한 지역 등의 대기환경을 개선하기 위하여 종합적인 시책을 추진하고, 대기오염원을 체계적이고 광역적으로 관리함으로써 지역주민의 건강을 보호하고 쾌적한 생활환경을 조성함을 목적으로 한다.

5-2. 대기관리권역의 지정과 개선 추진

① "대기관리권역"이란 대기오염이 심각하다고 인정되는 지역, 해당 지역에서 배출되는 대기오염물질이 가목 지역의 대기오염에 크게 영향을 미친다고 인정되는 지역, 그 밖에 대통령령으로 정하는 지역을 말한다.

② 국가는 대기관리권역의 대기환경개선을 위한 종합적인 시책을 수립·시행하여야 한다. 대기관리권역을 관할 구역으로 하는 지방자치단체 (이하 "지방자치단체"라 한다)는 관할 구역의 사회적·환경적 특성을 고려하여 대기환경개선을 위한 세부 시책을 수립·시행하여야 한다.

③ 대기관리권역에서 사업활동(해당 사업활동을 위하여 소유하고 있는 자동차의 운행을 포함한다. 이하 같다)을 하는 자는 그 사업활동으로 인한 대기오염을 막기 위하여 필요한 조치를 적극 마련하여야 하며, 국가나 지방자치단체가 시행하는 대기환경보전시책에 적극 협조하여야 한다.

④ 대기관리권역에 거주하는 주민은 자동차 운행 등 일상생활에서 대기오염을 줄이기 위하여 노력하여야 하며, 국가와 지방자치단체가 시행하는 대기환경보전시책에 협조하여야 한다.

6. 「대기환경보전법」

6-1. 「대기환경보전법」의 목적

이 법은 대기오염으로 인한 국민건강이나 환경에 관한 위해(危害)를 예방하고 대기환경을 적정하고 지속가능하게 관리·보전하여 모든 국민이 건강하고 쾌적한 환경에서 생활할 수 있게 하는 것을 목적으로 한다.

6-2. 저공해자동차의 종류 및 배출허용기준

① '저공해자동차'란 대기오염물질의 배출이 없는 자동차, 제46조제1항에 따른 제작차의 배출허용기준보다 오염물질을 적게 배출하는 자동차를 말한다.

② 자동차(원동기 및 저공해자동차를 포함한다. 이하 이 조, 제47조부터 제50조까지, 제50조의2, 제50조의3, 제51조부터 제56조까지, 제82조제1항제6호, 제89조제6호·제7호 및 제91조제4호에서 같다)를 제작(수입을 포함한다. 이하 같다)하려는 자(이하 "자동차제작자"라 한다)는 그 자동차(이하 "제작차"라 한다)에서 나오는 오염물질(대통령령으로 정하는 오염물질만 해당한다. 이하 "배출가스"라 한다)이 환경부령으로 정하는 허용기준(이하 "제작차배출허용기준"이라 한다)에 맞도록 제작하여야 한다. 다만, 저공해자동차를 제작하려는 자동차제작자는 환경부령으로 정하는 별도의 허용기준(이하 "저공해자동차배출허용기준"이라 한다)에 맞도록 제작하여야 한다.

③ 자동차제작자는 제작차에서 나오는 배출가스가 환경부령으로 정하는 기간(이하 "배출가스보증기간"이라 한다)동안 제작차배출허용기준에 맞게 성능을 유지하도록 제작하여야 한다.

7, 「실내공기질관리법」

7-1. 「실내공기질관리법」의 목적

이 법은 다중이용시설, 신축되는 공동주택 및 대중교통차량의 실내공기질을 알맞게 유지하고 관리함으로써 그 시설을 이용하는 국민의 건강을 보호하고 환경상의 위해를 예방함을 목적으로 한다.

7-2. 실내공기질 유지기준 강화

① 다중이용시설의 소유자등은 실내공기질을 스스로 측정하거나 환경부령으로 정하는 자로 하여금 측정하도록 하고 그 결과를 10년 동안 기록·보존하여야 한다.

② 어린이, 노인, 임산부 등 오염물질에 노출될 경우 건강피해 우려가 큰 취약계층이 주로 이용하는 다중이용시설로서 대통령령으로 정

하는 시설과 미세먼지 등 대통령령으로 정하는 오염물질에 대하여
는 더욱 엄격한 공기질 유지기준을 정하여야 한다.

③ 실내어린이 놀이시설에도 이 법이 적용된다.

8. 「항만지역 등 대기질 개선에 관한 특별법」

8-1. 「항만지역 등 대기질 개선에 관한 특별법」의 목적

이 법은 항만지역등의 대기질을 개선하기 위하여 종합적인 시책을 추
진하고, 항만배출원(港灣排出源)을 체계적으로 관리함으로써 항만지역
등 및 인근 지역 주민의 건강을 보호하고 쾌적한 생활환경을 조성함
을 목적으로 한다.

8-2. 대기질 개선 종합계획의 수립

① 해양수산부장관은 항만지역등의 대기질 개선을 위하여 5년마다 다
   음 각 호의 대기오염물질을 줄이기 위한 항만지역등 대기질 개선
   종합계획(이하 "종합계획"이라 한다)을 수립하여야 한다. 이 경우
   해양수산부장관은 환경부장관과 사전에 협의하여야 한다.
   - 질소산화물
   - 황산화물
   - 휘발성유기화합물
   - 먼지
   - 「미세먼지 저감 및 관리에 관한 특별법」 제2조제1호의 미세먼지
   - 오존(O_3)

② 종합계획에는 다음 각 호의 사항이 포함되어야 한다.
   - 항만지역등 대기질 개선의 기본목표 및 방향
   - 항만배출원별 대기오염물질 배출량의 현황과 그 전망
   - 항만대기질관리구역의 항만배출원별 대기오염물질 배출량의 저감
     계획
   - 항만지역등 대기질 실태조사 등에 관한 사항
   - 선박의 배출규제 해역의 지정 등에 관한 사항
   - 환경친화적 선박 및 제15조제1항에 따른 환경친화적 하역장비 보
     급에 관한 사항

- 항만지역등의 대기질 개선사업을 위한 지방자치단체 또는 사업자에 대한 지원
 - 종합계획의 시행에 필요한 재원의 규모와 재원조달계획에 관한 사항
 - 그 밖에 항만지역등의 대기질 개선을 위하여 필요하다고 인정하여 대통령령으로 정하는 사항
③ 해양수산부장관은 종합계획이 수립 또는 변경되었을 경우에는 관계 행정기관의 장에게 통보하여야 하며, 통보받은 관계 행정기관의 장은 종합계획의 시행에 필요한 조치를 하여야 한다.

제2장

미세먼지란 무엇인가요?

제2장
미세먼지란 무엇인가요?

제1절. 대기오염과 대기오염물질

1. 대기오염의 정의

1-1. 일반적 정의

대기가 자연적인 균형을 유지하지 못하고 인위적·자연적으로 방출된 오염물질이 과다하게 대기중에 존재함으로써 대기의 성분상태가 변화되고, 질이 악화되어 인간과 동·식물에게 나쁜 영향을 주는 상태를 말한다.

1-2. 세계보건기구(WHO) 정의

대기 중에 인위적으로 배출된 오염물질이 한 가지 또는 그 이상 존재하여 오염물질의 양과 농도 및 지속시간이 지역민에게 불쾌감을 일으키거나 해당 지역의 공중보건 상 위해를 끼치고 인간과 동·식물의 활동에 해를 주어 그 생활과 재산을 향유할 정당한 권리를 방해 받은 상태를 말한다.

2. 대기오염물질의 종류

2-1. 가스상 물질

① 물질의 연소, 합성, 분해 시 발생하거나 물리적 성질에 의해 발생되는 기체상의 물질을 말한다.

② 황산화물(SOx), 질소산화물(NOx), 일산화탄소(CO) 및 오존(O_3)이 있으며, 오존은 광화학반응에 의해 생성되는 2차 오염물질이다.

2-2. 입자상 물질

① 물질의 파쇄, 선별 등 기계적 처리나 연소, 합성, 분해 시 발생하는 고체상 또는 액체상의 미세한 물질을 말한다.

② 대기 중 입자상 물질은 태양 및 지구의 복사에너지를 분산시키거나 흡수하며, 작은 입자는 가시거리에 영향을 주기도 한다.

2-3. 대기오염물질별 발생원과 인체에 미치는 영향

항목	주발생원	피해
아황산가스(SO_2)	B-C유 또는 석탄 등 화석연료의 연소과정	- 건축물 부식피해 - 인체 호흡기질환 - 식물의 성장피해
먼지(TSP)	연료연소, 시멘트공장, 도로 등에서 비산	아황산가스와 결합하여 호흡기질환 유발
일산화탄소(CO)	산소가 부족한 상태에서 연료가 연소할 때 발생	혈액 중의 헤모글로빈과 결합, 산소 공급을 방해하여 두통 및 현기증 유발
이산화질소(NO_2)	자동차배출가스, 질산을 사용하는 표면처리 공정	- 코와 인후자극 - 호흡기에 나쁜 영향 - VOCs와 함께 광화학반응
오존(O_3)	이산화질소와 탄화수소가 햇빛과 반응하여 생성	눈 자극, 농작물 피해
납(Pb)	자동차 배기가스(유연휘발유 사용), 용해시설 등	중독 시 신경계 이상, 두통 및 현기증 등
벤젠(C_6H_6)	도료 제조공정에서 발생	발암물질이며, 백혈병 유발

제2절. 미세먼지란 무엇인가?

1. 미세먼지의 개념

1-1. 미세먼지란?

① 먼지란 대기 중에 떠다니거나 흩날려 내려오는 입자상 물질을 말하는데, 석탄·석유 등의 화석연료를 태울 때나 공장·자동차 등의 배출가스에서 많이 발생한다. 먼지는 입자의 크기에 따라 50㎛ 이하인 총먼지와 입자크기가 매우 작은 미세먼지로 구분한다.

② 미세먼지는 다시 지름이 10㎛보다 작은 미세먼지(PM_{10})와 지름이 2.5㎛보다 작은 미세먼지($PM_{2.5}$)로 나뉜다. PM_{10}이 사람의 머리카락 지름(50~70㎛)보다 약 1/5~1/7 정도로 작은 크기라면, $PM_{2.5}$는 머리카락의 약 1/20~1/30에 불과할 정도로 매우 작다.

③ 이처럼 미세먼지는 눈에 보이지 않을 만큼 매우 작기 때문에 대기 중에 머물러 있다 호흡기를 거쳐 폐 등에 침투하거나 혈관을 따라 체내로 이동하여 들어감으로써 건강에 나쁜 영향을 미칠 수도 있다. 세계보건기구(WHO)는 미세먼지(PM_{10}, $PM_{2.5}$)에 대한 대기질 가이드라인을 1987년부터 제시해 왔고, 2013년에는 세계보건기구 산하의 국제암연구소에서 미세먼지를 사람에게 발암이 확인된 1군 발암물질로 지정하였다.

■ 미세먼지와 초미세먼지는 어떻게 다른가요?

Q TV에서 종종 미세먼지와 초미세먼지라는 용어를 접하게 되는데, 둘은 같은 것인가요? 다른 것인가요?

A 미세먼지와 초미세먼지는 먼지의 크기에 따라 다릅니다. 미세먼지는 지름 10㎛ 이하로 초미세먼지를 포함합니다. 초미세먼지는 지름 2.5㎛ 이하로 미세먼지보다 작습니다.

■ **미세먼지와 황사의 차이점은 무엇인가요?**

Q 미세먼지나 황사나 둘 다 먼지종류인 것 같은데, 무슨 차이점이 있는지 궁금합니다.

A 미세먼지는 아주 작은 크기의 모든 오염물질을 말하며, 그 중 중국이나 몽골의 사막지역에서 발생한 흙먼지를 황사라고 함. 봄에 주로 나타나는 황사는 중국 북부나 몽골 사막지역, 황토고원 등에서 주로 발생합니다. 주요 성분은 칼슘이나 규소 등 토양성분이며, 우리나라에 영향을 미치는 황사 입자의 크기는 약 5~8㎛입니다.

■ **2차 생성 미세먼지란 무엇인가요?**

Q 뉴스에서 2차 생성 미세먼지가 더 위험하다는 소리를 들었습니다. 2차 생성 미세먼지란 무엇인가요?

A 2차 생성 미세먼지란, 공장 굴뚝이나 자동차 배출구에서 나온 유해물질이 공기 중에 있는 물질과 반응하여 생성된 지름 2.5㎛ 이하의 초미세먼지($PM_{2.5}$)를 말합니다. 2016년 한·미 대기질 공동연구에서 우리나라 초미세먼지의 70% 이상이 2차 생성 미세먼지로 밝혀졌습니다. 2차 생성 미세먼지에는 질산염, 황산염, 암모늄 등 몸에 해로운 물질이 많이 포함되어 있습니다. 이러한 물질을 줄이기 위해서는 가스상 물질인 황산화물, 질소산화물, 휘발성유기화합물, 암모니아 등의 감축이 필요합니다.

■ **미세먼지는 어떻게 관측하나요?**

Q 미세먼지는 육안으로는 관측되지 않는데, 어떻게 관측하는 것인가요?

A 미세먼지는 환경위성으로 관측합니다. 환경위성은 햇빛의 특정 파장에 반응하는 오염물질의 특성을 이용하여 미세먼지 등의 농도를 관측하는 위성입니다. 정지궤도 환경위성은 36,000km 상공에서 지구

로부터 반사된 태양복사에너지를 광학센서로 측정하여 우리나라는 포함한 동아시아 지역 대기오염물질 및 기후변화 유발물질의 대기 중 농도를 관측하고 있습니다.

1-2. 미세먼지의 성분

미세먼지를 이루는 성분은 그 미세먼지가 발생한 지역이나 계절, 기상조건 등에 따라 달라질 수 있다. 일반적으로는 대기오염물질이 공기 중에서 반응하여 형성된 덩어리(황산염, 질산염 등)와 석탄·석유 등 화석연료를 태우는 과정에서 발생하는 탄소류와 검댕, 지표면 흙먼지 등에서 생기는 광물 등으로 구성된다.

2. 미세먼지 발생원

2-1. 자연적 발생원

자연적 발생원은 흙먼지, 바닷물에서 생기는 소금, 식물의 꽃가루 등이 있다.

■ 우리나라 미세먼지에 영향을 주는 주요 원인은 무엇인가요?

Q 주변에서 미세먼지가 특정 국가에서 날라 온 것이라고 말하는 것을 들었습니다. 그래서 그렇게 생각하고 있었는데, 맞나요?

A 우리나라 미세먼지에 영향을 주는 주요원인은 국내 배출과 국외영향으로 구분되며, 월별(계절별) 기상조건에 따라 국내·외 기여도는 달라집니다. 국내 배출에 있어 사업장 배출이 전국적으로 가장 많고, 수도권의 경우는 경유차 배출이 가장 많습니다. 국외 영향도 약 40~70% 정도 기인합니다. 미세먼지를 줄이기 위해서는 국외의 영향도 줄여나가야 하겠지만 대중교통 이용, 에너지 절약 등 우리나라에서 발생하는 미세먼지를 우선적으로 줄여나가는 노력이 필요합니다.

2-2. 인위적 발생원

인위적 발생원은 보일러나 발전시설 등에서 석탄·석유 등 화석연료를 태울 때 생기는 매연, 자동차 배기가스, 건설현장 등에서 발생하는 날림먼지, 공장 내 분말형태의 원자재, 부자재 취급공정에서의 가루성분, 소각장 연기 등이 있다.

■ **난방용 보일러도 미세먼지를 유발한다는데 얼마나 배출되나요?**

Q 난방용 보일러도 미세먼지를 유발한다는데 얼마나 배출되나요?

A 전국 상업 및 공공시설과 주거용 시설 난방 보일러에서 15,077톤의 미세먼지가 배출되며, 전체 배출량의 4.6%를 차지합니다. 서울시의 경우, 난방용 보일러에서 총 미세먼지(10,214톤)의 24%인 2,446톤을 배출합니다.

2-3. 가정

① 미세먼지는 가정에서 가스레인지, 전기그릴, 오븐 등을 사용하는 조리를 할 때도 많이 발생한다. 또한, 음식표면에서 15~40nm 크기의 초기입자가 생성되고 재료 중의 수분, 기름 등과 응결하여 그 크기가 커지는 것으로 알려져 있다.

② 미세먼지는 조리법에 따라서 그 발생정도가 다르다. 기름을 사용하는 굽기나 튀김요리는 재료를 삶는 요리보다 미세먼지를 많이 발생시키며, 평소 미세먼지 농도보다 최소 2배에서 최대 60배 높게 발생시킨다. 또한, 진공청소기를 사용할 때도 필터로 제거되지 않은 미세먼지가 다량으로 나올 수 있다.

3. 미세먼지의 측정

3-1. 미세먼지 농도의 측정

① 우리나라는 국가 대기오염물질 배출량은 환경부 국립환경과학원에서 대기정책지원시스템을 기반으로 1999년부터 배출량 산정을 시작하였다. 1999년에는 총 7개 대기오염물질(CO, NOx, SOx, TSP, PM_{10},

VOCs, NH₃)에 대해 배출량은 산정하였으나, 2011년에 PM₂.₅를 추가하고 2014년에 블랙카본(Black Carbon)을 추가하여 현재는 총 9개 물질에 대한 배출량을 산정하고 있다.

② 미세먼지 농도는 전국의 300여개 측정소에서 측정되어 '실시간 대기오염 정보공개시스템(www.airkorea.or.kr)' 등을 통해 공개하고 있다. 또한 수도권, 백령도, 남부권, 중부권, 영남권, 제주도 등 6개 지역에서는 황사 등 장거리이동 대기오염물질의 성분을 정밀조사하고 있다. 그 조사결과를 이용하여 고농도 미세먼지 현상에 대한 원인을 다각적으로 분석하고 있다.

3-2. 미세먼지 측정단위

국제적으로 통용되는 미세먼지 측정농도 단위는 $\mu g/m^3$로, '마이크로그램 퍼 세제곱미터'라고 읽는다. 이는 $1m^3$의 공기 안에 있는 미세먼지의 중량(μg이란 g의 백만분의 1에 해당하는 단위)을 의미한다.

3-3. 미세먼지 측정방법

방사선 또는 빛의 물리적 특성을 이용하여 간접적으로 측정하는 방법(베타선 흡수법, 광산란법 등)과 미세먼지의 질량을 저울로 직접(수동) 측정하는 방법(중량농도법)으로 미세먼지 농도를 측정할 수 있다. 이렇게 측정한 미세먼지 농도는 공기 $1m^3$ 중 미세먼지의 무게(백만분의 1g을 의미하는 μg)를 나타내는 $\mu g/m^3$ 단위로 표시한다.

■ 우리나라 미세먼지 농도는 주요 국가와 비교할 때 어느 정도인가요?

Q 우리나라 미세먼지 농도는 주요 국가와 비교할 때 어느 정도인가요?

A 2017년 기준 서울의 연평균 농도는 PM₁₀ $44\mu g/m^3$, PM₂.₅ $25\mu g/m^3$로 주요 선진국과 비교했을 때 높은 수준입니다.

□ 최근 5년간 미세먼지(PM$_{10}$) 농도

(단위 : μg/㎥)

구분	한국(서울)	미국(LA)	일본(도쿄)	프랑스(파리)	영국(런던)
2013년	45	33	21	26	18
2014년	46	44	20	22	20
2015년	45	37	19	23	19
2016년	48	34	17	22	20
2017년	44	33	17	21	17

□ 최근 5년간 미세먼지(PM$_{2.5}$) 농도

구분	한국(서울)	미국(LA)	일본(도쿄)	프랑스(파리)	영국(런던)
2013년	-	-	15.8	19	12
2014년	-	15.2	16.0	15	15
2015년	23	12.6	13.8	14	11
2016년	26	14.7	12.6	14	12
2017년	25	14.8	12.8	14	11

4. 미세먼지와 기상과의 관계

4-1. 기온역전과 미세먼지

① 대기 중 기온은 일반적으로 고도가 100m 높아질 때마다 약 0.6℃ 씩 낮아진다. 그런데 거꾸로 고도가 높아질수록 기온이 올라가는 현상이 나타나기도 하는데 이를 '기온역전'이라 한다. 기온역전은 일교차가 큰 계절이나 산간분지지역에서 자주 발생하곤 한다.

② 대개 공기는 더울수록 밀도가 낮아져 더운 공기는 위로, 차가운 공기는 아래로 이동한다. 그러나 기온역전이 발생하면 고도가 낮은 쪽에 무거운 공기가, 높은 쪽에 가벼운 공기가 위치해 무게 차에 의한 공기의 상하이동이 일어나지 않는다. 그러면 지상에서 주로 발생하는 미세먼지 등 대기오염물질이 지상층에 머무르게 되고 계속하여 쌓이면서 그 농도가 높아지게 된다.

4-2. 미세먼지와 가시거리

가시거리란 정상적인 시력을 가진 사람의 눈으로 구분할 수 있는 곳까지의 최대거리를 말한다. 미세먼지는 가시거리에도 악영향을 준다. 미세먼지(PM$_{2.5}$) 농도가 높아지면 빛이 미세먼지에 의해 여러 방향으로 흩어지거나 미세먼지에 흡수되어 가시거리가 감소하게 된다. 황산염, 질산염 등 대기오염 농도가 높은 상태에서 습도까지 높아지면 대기오염물질이 수분을 흡수하여 2차적 미세먼지를 발생시키게 되므로 가시거리는 더욱 짧아진다.

4-3. 계절별 농도의 변화

① 미세먼지는 계절별로도 큰 차이를 보인다. 우선 봄에는 이동성 저기압과 건조한 지표면의 영향으로 황사를 동반한 고농도 미세먼지가 발생할 가능성이 크다. 반면 비가 많은 여름철에는 미세먼지 농도가 낮아질 가능성이 높다. 왜냐하면 비가 내리면 미세먼지와 같은 대기오염물질이 빗방울에 씻겨 제거됨으로써 대기가 깨끗해지기 때문이다.

② 가을에는 미세먼지가 상대적으로 적은데 이는 다른 계절에 비해 기압계의 흐름이 빠르고 지역적인 대기의 순환이 원활하기 때문이다. 난방 등 연료사용이 증가하는 겨울이 되면 다시 미세먼지 농도가 높아질 수 있다. 서울의 경우 2012~2014년 기준 계절별 미세먼지(PM$_{10}$) 농도는 30~60µg/㎥로 겨울과 봄에 미세먼지 농도가 높았고 여름과 가을에는 상대적으로 낮았다.

■ 여름철 폭염이 지속될 때 미세먼지 농도는 어떻게 변하나요?

Q 여름철에 폭염이 지속될 때 미세먼지 농도는 어떻게 변하나요?

A 폭염은 햇빛이 강하게 내려쬐어 기온이 매우 높아진다는 의미로, 이러한 조건은 광화학반응이 활발하게 일어나는 조건과 일치합니다. 따라서 오존과 2차 생성 미세먼지 농도의 증가로 광화학 스모그가 발생됩니다. 따라서 폭염이 발생되면 휘발성이 강한 VOCs 배출량이 증가할 가능성이 높아져 아스팔트 포장, 페인트 작업 등을 자제하여야 광화학 스모그를 줄일 수 있습니다.

■ 기후변화가 미세먼지에 영향을 미친다고 하는데 맞나요?

Q 기후변화가 미세먼지에 영향을 미친다고 하는데 맞나요?

A 지구 온난화로 극지방의 빙하가 녹으면 극지방과 유라시아 대륙의 온도차가 감소합니다. 이는 유라시아 대륙의 풍속 감소와 대기 정체를 유발하여 고농도 미세먼지 발생 빈도를 증가하게 만듭니다. 따라서 기후변화로 미세먼지 농도가 악화될 수 있습니다.

제3절 미세먼지로 인한 피해는 무엇인가?

1. 우리 건강에 미치는 영향

1-1. 미세먼지의 유해성

① TV나 신문, 인터넷에서 날씨예보와 함께 미세먼지 예보도 전해주는 시대가 되었다. 세계보건기구(WHO)가 미세먼지를 1군(Group 1) 발암물질로 분류하는 등 국민의 우려가 크기 때문이다. 먼지 대부분은 코털이나 기관지 점막에서 걸러져 배출된다. 반면 미세먼지(PM_{10})는 입자의 지름이 사람 머리카락 굵기의 1/5~1/7 정도인 $10\mu m$이하로 매우 작아 코, 구강, 기관지에서 걸러지지 않고 우리 몸속까지 스며든다.

② 만약 미세먼지의 농도와 성분이 동일하다면 입자크기가 더 작을수록 건강에 해롭다. 같은 농도인 경우 $PM_{2.5}$는 PM_{10}보다 더 넓은 표면적을 갖기 때문에 다른 유해물질들이 더 많이 흡착될 수 있다. 또한 입자크기가 더 작으므로 기관지에서 다른 인체기관으로 이동할 가능성도 높다.

③ 일단 미세먼지가 우리 몸속으로 들어오면 면역을 담당하는 세포가 먼지를 제거하여 우리 몸을 지키도록 작용하게 되는데, 이 때 부작용인 염증반응이 나타난다. 기도, 폐, 심혈관, 뇌 등 우리 몸의 각 기관에서 이러한 염증반응이 발생하면 천식, 호흡기, 심혈관계 질환 등이 유발될 수 있다. 노인, 유아, 임산부나 심장 질환, 순환기 질환자들은 미세먼지로 인한 영향을 일반인보다 더 많이 받을 수 있으므로 각별히 주의하여야 한다.

■ 미세먼지가 심할 때 실내(집) 환기는 어떻게 하나요?

Q 미세먼지가 심할 때는 환기를 하면 안 될 것 같은데, 그렇다고 환기를 안 할 수도 없고 어떻게 해야 하나요?

A 외부 미세먼지 농도가 높으므로 자연환기를 자제하고, 기계환기설비를 이용하는 것이 좋습니다. 다만, 황사나 미세먼지 경보 발령이더라도 조리·청소 시에는 실내 미세먼지 농도가 더 높을 수 있으므로 조리·청소 중과 조리·청소 후 30분간 레인지후드를 가동하고 환기를 실시하는 것이 좋습니다.

■ 마스크는 미세먼지가 어느 정도일 때 써야 하나요?

Q 마스크는 미세먼지가 있으면 꼭 써야 하나요? 미세먼지가 어느 정도일 때 써야 할까요?

A 미세먼지 예보가 '나쁨' 또는 '매우나쁨'인 경우, 어린이와 노인, 호흡기·심장질환자 등은 미리 불필요한 외출 계획을 줄이는 것이 좋습니다. 미세먼지 농도가 높을 때 불가피하게 외출할 때에는 식품의약품안전처에서 인증한 보건용 마스크(황사마스크)를 착용하면 미세먼지 노출을 줄이는 효과가 있으며, 개인의 건강상태 등을 고려하여 착용할 수 있습니다. 미세먼지 농도가 더욱 높아져 비상저감조치나 미세먼지 주의보·경보가 발령된 경우에는 어린이·노인·폐질환 및 심장질환자 등 민감군은 실외활동을 최소화하는 것이 좋습니다. 불가피하게 외출할 때에는 식품의약품안전처에서 인증한 보건용 마스크를 착용하여 미세먼지 노출을 줄이는 것이 좋습니다.

■ 미세먼지가 흡연보다 더 유해하다고 하는데 맞나요?

Q 요새 미세먼지가 인체에 안 좋다는 얘기를 많이 들었습니다. 흡연하고 비교했을 때는 얼마나 유해한가요?

A 세계보건기구는 2014년 한 해에 미세먼지로 인해 기대수명보다 일찍 사망하는 사람이 700만명에 이른다고 발표하였습니다. 최근 미국 시카고대 연구소는 '대기질 수명 지수' 보고서에서 대기오염으로 전 세계 인구 1인당 1.8년의 기대수명이 단축되었고, 흡연(1.6년), 음주(11개월), 에이즈(4개월) 보다 영향이 큰 것으로 조사되었다고 발표하였습니다.

1-2. 미세먼지와 호흡기질환

① 기관지에 미세먼지가 쌓이면 가래가 생기고 기침이 잦아지며 기관지 점막이 건조해지면서 세균이 쉽게 침투할 수 있어, 만성 폐질환이 있는 사람은 폐렴과 같은 감염성 질환의 발병률이 증가하게

된다. 질병관리본부에 따르면, 미세먼지(PM_{10}) 농도가 $10\mu g/m^3$ 증가할 때마다 만성 폐쇄성 폐질환으로 인한 입원율은 2.7%, 사망률은 1.1% 증가한다.

② 특히, 미세먼지($PM_{2.5}$) 농도가 $10\mu g/m^3$ 증가할 때마다 폐암 발생률이 9% 증가 하는 것으로 나타났다. 따라서 호흡기 질환자는 우선 미세먼지에 장시간 노출되지 않도록 주의하는 것 이 가장 중요하다. 만성 폐쇄성 폐질환(COPD) 환자는 미세먼지 농도가 '나쁨'이상인 날 부득이하게 외출할 때에는 치료약물(속효성 기관지 확장제)을 준비 하는 것이 좋다.

③ 또한, 만성 호흡기 질환자가 마스크를 착용할 경우 공기순환이 잘 되지 않아 위험할 수 있다. 그러므로 식품의약품안전처에서 인증한 보건용 마스크 착용 여부를 사전에 의사와 상의하는 것이 바람직하고, 마스크 착용 후 호흡곤란, 두통 등 불편감이 느껴지면 바로 벗어야 한다. 미세먼지가 건강에 미치는 영향은 최대 6주까지 지속될 수 있다. 미세먼지에 노출된 후 호흡곤란, 가래, 기침, 발열 등 호흡기 증상이 악화될 경우에는 병원에 가는 것이 좋다.

■ 호흡기 · 심장질환자 · 임산부는 마스크 착용이 오히려 건강에 악영향을 주지 않나요?

Q 호흡기·심장질환자·임산부는 마스크를 오래 사용하면 건강에 안 좋을 것 같은데 이런 사람들은 어떻게 해야 하나요?

A 호흡기 · 심장질환자 · 임산부의 경우 미세먼지 노출에 민감하게 영향을 받으므로, 노출을 최소화하기 위해 마스크를 착용할 수 있지만, 부적절한 마스크 착용이 오히려 위험할 수 있습니다. 반드시 의사와 상의한 후 착용하고, 만일 착용 후 두통, 호흡곤란, 어지러움이 있을 경우 바로 마스크를 벗어야 합니다.

■ 공기청정기를 달면 실내 공기가 깨끗해질까요?

Q 미세먼지 때문에 공기청정기를 사려고 합니다. 공기청정기를 사용하면 실내 공기가 깨끗해질까요?

A 시설특성 및 이용인구에 따라 달라질 수 있으나, 적정 용량(표준사용면적*)의 공기청정기를 사용하면 약 30%~70%의 미세먼지 제거효율이 있습니다. 다만, 세균·곰팡이 발생 및 2차 오염원 생성 방지를 위해 주기적으로 필터를 세척·교체해야 합니다.

■ 마스크를 빨아서 재사용해도 되나요?

Q 마스크는 매일 바꿔 써야 하나요? 아니면 빨아서 재사용을 해도 될까요?

A 마스크가 물에 젖으면 정전기력이 떨어져 기능이 저하됩니다. 특히, 마스크를 세탁하면 내장된 미세먼지 차단 필터가 손상되어 미세먼지를 제대로 걸러낼 수 없습니다.

1-3. 미세먼지와 심혈관질환

① 미세먼지는 크기가 매우 작아 폐포를 통해 혈관에 침투해 염증을 일으킬 수 있는데, 이 과정에서 혈관에 손상을 주어 협심증, 뇌졸중으로 이어질 수 있다. 특히, 심혈관 질환을 앓고 있는 노인은 미세먼지가 쌓이면 산소 교환이 원활하지 못해 병이 악화될 수 있다. 질병관리본부에 따르면, 미세먼지($PM_{2.5}$)에 장기간 노출될 경우 심근경색과 같은 허혈성심질환의 사망률은 30~80% 증가하는 것으로 나타났다.

② 호흡기 질환자와 마찬가지로 심혈관 질환자도 가급적 미세먼지에 노출되지 않는 것이 중요하다. 미세먼지 농도가 '매우나쁨' 혹은 '나쁨'일 때뿐만 아니라 '보통'일 때에도 몸의 상태가 좋지 않다면 가급적 창문을 닫고 불필요한 외출을 삼가는 것이 좋다. 심혈관 질환자가 마스크를 착용할 경우 공기순환이 차단되어 위험할

수 있으므로, 외출 시 식품의약품안전처에서 인증한 보건용 마스크 착용여부를 사전에 의사와 상의하는 것이 바람직하다.

1-4. 미세먼지와 천식

① 미세먼지는 기도에 염증을 일으켜 천식을 유발하거나 악화시킬 수 있다. 질병관리본부에 따르면, 미세먼지에 장기간 노출될 경우 폐기능을 떨어뜨리고 천식 조절에 부정적 영향을 미치며, 심한 경우에는 천식 발작으로 이어지기도 한다.

② 미세먼지가 '나쁨' 이상인 날에는 실외 활동을 자제하는 것이 바람직하다. 어린이 천식환자는 유치원이나 학교 보건실에 증상완화제를 맡겨 두어 필요한 경우 언제든 사용할 수 있도록 함이 좋다.

③ 천식환자 또한 마스크 사용이 오히려 위험할 수 있으므로, 외출 시 식품의약품안전처에서 인증한 보건용 마스크 착용여부를 사전에 의사와 상의하는 것이 좋다. 또한 비염과 같은 질환을 함께 앓고 있는 천식환자가 고농도 미세먼지에 장기간 노출된 경우에는 의사와 상담하여 미세먼지로 인해 질병이 악화되었는지를 확인하는 것이 안전하다.

2. 농작물과 생태계에 미치는 영향

① 미세먼지는 농작물과 생태계에도 피해를 줄 수 있다. 대기 중 이산화황(SO_2)이나 이산화질소(NO_2)가 많이 묻어있는 미세먼지는 산성비를 내리게 해 토양과 물을 산성화 시키고, 토양 황폐화, 생태계 피해, 산림수목과 기타 식생의 손상 등을 일으킬 수 있다.

② 공기 중에서 카드뮴 등 중금속이 미세먼지에 묻게 되어도 농작물, 토양, 수생 생물에 피해를 줄 수 있다. 또한 미세먼지가 식물의 잎에 부착되면 잎의 기공을 막고 광합성 등을 저해함으로써 작물의 생육을 지연시킨다.

3. 산업활동에 미치는 영향

① 미세먼지는 산업 활동에도 적지 않은 악영향을 준다. 반도체와 디스플레이 산업은 가로·세로 높이 30cm 공간에 0.1μg의 먼지입자 1개만

허용될 정도로 먼지에 민감한 분야다. 미세먼지에 노출될 경우 불량률이 증가하기 때문이다.

② 자동차 산업은 도장 공정에서 악영향을 받을 수 있고 자동화 설비의 경우에 도 미세먼지로 인한 오작동 등의 피해를 입을 수 있다. 또한 가시거리를 떨어뜨리기 때문에 비행기나 여객선 운항도 지장을 받는다.

제4절 미세먼지 오염 시, 나는 어떻게 해야 하나?

1. 미세먼지 오염도의 실시간 확인

1-1. 실시간 미세먼지 농도 공개 홈페이지 '에어코리아'

① 대기오염측정망에서 연속으로 측정되는 미세먼지를 비롯한 모든 대기오염도 자료는 '국가대기오염정보관리시스템(NAMIS)' 서버로 실시간 전송된 후, 이상 자료에 대한 자동 선별과정 등을 거쳐 '대기오염 실시간 공개시스템(에어코리아, www.airkorea.or.kr)'을 통해 공개되고 있다.

② 특히 '에어코리아'에서는 국민들이 대기오염도를 이해하기 쉽게 지수화하여 색상으로 제공하며, 지역별 대기오염물질(PM_{10}, $PM_{2.5}$, O_3, CO, SO_2, NO_2) 농도와 함께 날씨 등 기상정보는 물론 미세먼지 예보와 경보상황도 신속하게 제공하고 있다.

1-2. 모바일 앱 서비스 '우리동네 대기정보'

① '대기오염 실시간 공개시스템(에어코리아, www.airkorea.or.kr)'의 주요 내용을 언제, 어디서나 스마트폰으로 확인할 수 있도록 모바일 앱인 '우리동네 대기정보'를 서비스하고 있다.

② 한편 민간에서도 에어코리아의 지역별 대기오염도, 미세먼지 등 대기질 예보정보를 토대로 관련 내용을 홈페이지, 모바일 앱 등을 통해 제공한다.

2. 미세먼지 예·경보 시 행동요령

2-1. 미세먼지 예보제

2-1-1. 도입경과

① 서울시(2005), 경기도(2007), 인천시(2008) 등 몇몇 지자체에서는 자체적으로 미세먼지 예보제를 실시하고 있었으나, 지역적 한계, 상대적으로 낮은 예보정확도, 예보 결과의 신속한 전달체계 미흡 등 부족한 부분이 있었다. 2013년 이 후 수도권을 중심으로 고농

도 미세먼지 발생이 현저해지면서 미세먼지에 대한 국민적 관심과 우려가 증폭되었다. 이에 따라 국가 차원의 신속하고 정확한 미세먼지 오염도 예보와 실시간 농도 현황, 고농도 미세먼지가 발생한 경우 취할 수 있는 행동요령 등 국민 눈높이에 맞는 정보를 제공할 필요가 커졌다.

② 환경부는 국민들에게 보다 신속하고 정확한 미세먼지 예보를 제공하기 위해 미세먼지(PM_{10}) 예보를 2013년 8월 수도권 지역에 시범적으로 시행하였다. 시범예보기간 동안 예보정확도를 높이고 전달체계를 가다듬어, 2014년 2월부터 기상청과 함께 전국을 대상으로 본 예보를 시작하였다.

③ 또한, 미세먼지($PM_{2.5}$)는 2014년 5월부터 수도권 지역에 시범예보를 시작하였으며, 2015년 1월부터는 전국 10개 권역에 본 예보를 시작했다. 2015년 11월부터는 전국을 18개 권역으로 세분화하고, '내일'에 대한 예보결과를 매일 4회 (오전 5시/11시, 오후 5시/11시) 국민들에게 제공하고 있다.

2-1-2. 예보제도의 개관

① 미세먼지 예보는 대기질 전망을 방송·인터넷 등을 통해 알림으로써 국민의 건강과 재산, 동·식물의 생육, 산업 활동에 미치는 피해를 최소화하는 한편, 대기오염을 줄이는 데 있어 국민의 참여를 구하기 위한 제도이다. 미세먼지 오염도를 기상 정보와 대기예측모델 등을 활용하여 '좋음-보통-나쁨-매우나쁨'으로 예보한다.

② 대기질 예보절차는 '관측→모델→예측→전달'의 4단계로 이루어진다. 첫째, '관측'은 기상과 대기질을 감시하고 추세를 파악하는 단계이다. 기상 관측망과 국내·외 실시간 대기질 측정자료가 이에 활용된다.

③ 둘째, '모델'은 다양한 기상 조건에서 오염물질 배출량을 대기 중 농도로 변환하는 과정이다. 기상·배출처리·대기화학·수송 등의 요소로 구성된다. 셋째, '예측'은 관측자료와 모델 결과에 예보관의 지식·경험·노하우를 더하여 예보를 생산하는 과정이다. 마지막으로, '전달'은 생산된 미세먼지 예보결과를 TV, 라디오, 홈페이지(에어코리아), 문자, 모바일 앱(우리동네 대기정보) 등을 통해 국민에게 알리는 것이다.

■ 미세먼지 예보는 기상청의 날씨 예보와 어떻게 다른가요?

Q 미세먼지 예보는 기상청의 날씨 예보와 어떻게 다른가요?

A 미세먼지 예보는 기상, 배출량, 대기화학반응을 종합적으로 고려하여 발표합니다. 기상예보와 마찬가지로 관측, 모델, 예측, 전달 과정을 거쳐 생산되나 기상 외에도 배출량 자료로 활용하며, 대기 중 화학반응을 고려해야 하므로 더 복잡하고 어렵습니다. 특히 미세먼지에 영향을 주는 기상요소에 대한 예보가 틀릴 경우 미세먼지 예보 역시 틀리게 되므로 예보 정확도는 기상예보 보다 낮을 수밖에 없습니다.

■ 미세먼지 예보 등급은 어떻게 나누나요?

Q 미세먼지 예보 등급은 어떻게 나누나요?

A 미세먼지 예보등급은 '좋음, 보통, 나쁨, 매우나쁨'의 4단계로 구분합니다. 예보등급 구분에는 국제기구(WHO 권고치), 국외 사례, 국내 대기질 상황, 전문가 의견 등이 반영되었고, 인체위해성(risk assessment)을 근거로 설정하였습니다.

미세먼지 농도	좋음	보통	나쁨	매우나쁨
PM_{10}	0~30	31~80	81~150	151이상
$PM_{2.5}$	0~15	16~35	36~75	76이상

■ 2018년에 미세먼지 예보기준을 강화한 이유는 무엇이며, 예보기준 강화로 달라지는 점은 무엇인가요?

Q 2018년에 미세먼지 예보기준을 강화한 이유는 무엇이며, 예보기준 강화로 달라지는 점은 무엇인가요?

A 미세먼지에 대한 환경기준 강화는 시민단체와 언론, 국회의 목소리

를 반영한 것으로, 어린이와 노약자 등 미세먼지 취약 계층의 피해를 줄이기 위한 조치입니다. 환경기준이 강화되면 기준 달성률이 낮아져 단기적인 불안감이 커질 수 있으나, 오히려 중장기적인 오염도 개선 효과를 거둘 수 있습니다. 예보 및 경보기준도 강화되고 미세먼지 배출량 감축을 위한 노력이 지속되면 국민건강증진에 큰 도움이 될 것입니다.

■ 날씨예보처럼 미세먼지 주간예보를 알 수 있을까요?

Q 날씨예보처럼 미세먼지 주간예보를 알 수 있을까요?

A 2013년 8월 미세먼지 '내일 예보'가 시작된 이후, 다각적인 예보 모델 개발을 통해 2017년부터는 모레 예보를 실시하고 있습니다. 지속적인 모델 확충과 기술 개발을 통해 주간예보 등 중장기 예보로 확대해나갈 예정입니다.

■ 발표된 예보와 실제 우리동네 농도는 왜 차이가 나나요?

Q 발표된 예보와 실제 우리 동네 농도는 왜 차이가 나나요?

A 예보는 미래 일평균 농도에 대한 예측 정보이며, 우리동네 대기저오 앱을 통해 확인 가능한 농도는 실제 시간평균 농도값입니다. 또한 미세먼지 예보는 일반적으로 일평균 농도를 기준으로 삼고 있습니다. 국제기구를 비롯해 미국, 영국, 프랑스 등에서도 일평균 농도를 기준으로 하여 미세먼지 예보를 실시하고 있습니다.

■ 미세먼지 예보 정확도는 얼마나 높은가요?

Q 미세먼지 예보 정확도는 얼마나 높은가요?

A 2017년 전체 기간의 예보정확도는 PM_{10}과 $PM_{2.5}$ 모두 88%를 기록하였습니다. 이는 예보 초기인 2014년에 비해 PM_{10}은 6%, $PM_{2.5}$

는 10% 상승한 수치입니다. 2017년 고농도 시 예보정확도는 PM_{10} 은 67%, $PM_{2.5}$는 72%로, 2014년에 비해 PM_{10}은 24%, $PM_{2.5}$는 13% 상승했습니다.

■ **고농도 때 미세먼지 예보 적중률이 낮다고 하는데 왜 그런가요?**

Q 고농도 때 미세먼지 예보 적중률이 낮다고 하는데 왜 그런가요?

A 미세먼지 예보는 시시각각 변하는 기상상태와 배출량을 복합적으로 다루기 때문에 농도 예측에 변수가 많습니다. 1945년부터 이어진 기상예보에 비해 2015년에 공식적으로 시작된 미세먼지 예보는 자료와 경험축적에 있어 아직 부족한 점이 많은 상태입니다. 또한 고농도 미세먼지 발생 시점과 지속 시간 예측에 어려움이 크며, 예보등급 경계 부근의 수치 판단이 어려운 점도 적중률 저하의 원인이 되고 있습니다.

2-2. 미세먼지 경보제

2-2-1 도입배경

① 미세먼지 경보제는 고농도 미세먼지가 발생하였을 때 이를 신속하게 국민에게 알려, 행동요령이나 조치사항을 실천하도록 함으로써 미세먼지로 인한 피해를 줄이기 위한 제도이다.

② 미세먼지 예보가 미래의 대기질을 예측하여 발표하는 것인 반면, 미세먼지 경보는 실제 발생한 대기질이 건강에 유해한 수준인 경우에 발령하는 제도이다. 발령주체는 지자체장이고 '주의보' 또는 '경보'를 발령한다. 2014년까지는 지자체별로 기준이 달랐으나, 2015년부터는 전국이 통일적 기준에 따라 발령하고 있다.

2-2-2. 경보제도 개관

① 2015년 1월 1일부터 대기환경보전법령에 따라 시·도지사는 실제의 미세먼지(PM_{10}, $PM_{2.5}$) 농도가 일정 기준을 초과하는 경우 대기오염경보(주의보, 경보)를 발령할 수 있도록 하고 있다. 대기오염경보가

발령된 경우 해당 지역의 지자체장은 경보단계(주의보, 경보)에 따라 주민건강보호와 대기오염개선을 위한 조치를 취할 수 있다.

② 주민들에게 현재 대기질 상황을 신속히 알리는 한편, 실외활동 자제, 외출시 마스크 착용 등 건강보호를 위해 필요한 조치사항도 알린다. 또한, 어린이·학생 등 미세먼지에 취약한 계층이 활동하는 시설(어린이집, 학교 등)에 대하여는 실외수업 제한, 수업단축 등을 권고한다. 아울러 대기오염물질 배출사업장이나 차량 운전자 등에게는 오염물질 저감노력에 참여하도록 유도한다.

③ 미세먼지 주의보, 경보를 발령한 이후 미세먼지 농도가 일정 기준 미만으로 떨어지는 경우 지자체장은 미세먼지 주의보 또는 경보 발령을 해제하거나 대체 발령할 수 있다.

2-3. 미세먼지 예 · 경보에 따른 올바른 행동요령

① 미세먼지 예보가 '나쁨' 또는 '매우나쁨'인 경우, 어린이와 노인, 호흡기 질환자 등은 외출을 자제하도록 한다. 불가피하게 외출할 때에는 식품의약품안전처에서 인증한 보건용마스크를 착용하도록 한다. 또한 장시간 외출할 때에는 모바일 앱 '우리동네 대기정보' 등을 통해 수시로 미세먼지 상태를 확인하여 대처한다. 아울러 대기오염물질로 인한 미세먼지 생성을 줄이기 위하여 가급적 버스, 지하철 등 대중교통을 이용한다.

② 대기 중 고농도 미세먼지가 실제로 발생하여 주의보나 경보가 발령된 경우에는 다음의 행동수칙에 따라야 한다. 첫째, 미세먼지 주의보·경보가 발령된 해당 지역의 지자체에서는 주민들에게 현재 대기질 상황을 신속히 알리고, 실외활동 자제, 외출시 마스크 착용 등 건강보호를 위해 필요한 조치사항을 알린다. 이와 더불어 해당 지역의 오염물질 배출사업장 중 공공기관이 운영하는 대형 사업장의 조업시간 단축, 사업장의 연료사용 감축, 야외 공사장의 조업시간 단축 등 오염물질 저감노력에 참여하도록 유도하고, 자동차 운행자제(공회전 금지, 차량부제 운행)와 대중교통 이용을 권장한다.

③ 둘째, 어린이와 노인, 호흡기 질환자 등은 가급적 외출을 자제하고 창문을 닫아 외부의 미세먼지 유입을 차단한다. 실내청소를 하는 경우에는 청소기 대신 물걸레를 사용한다. 부득이하게 외출을 하는 경우

는 식품의약품안전처가 인증한 보건용 마스크를 착용하고, 교통량이 많은 지역으로는 가급적 이동을 자제한다. 또한 물을 많이 마시고, 외출하고 돌아오면 곧바로 손과 얼굴, 귀 등을 깨끗이 씻어야 한다.

④ 셋째, 어린이, 학생이 활동하는 어린이집·유치원·학교 등 교육기관에서는 체육활동, 현장학습 등 실외활동을 자제하거나 중지하여야 하며, 실내활동으로 대체하거나 마스크 착용 안내, 등·하교 시간 조정, 수업단축, 휴교 등의 대응조치를 상황에 맞게 취한다.

⑤ 넷째, 축산·농가에서는 방목장의 가축은 축사 안으로 대피시켜 미세먼지에의 노출을 최소화하고, 비닐하우스·온실·축사의 출입문과 창문 등을 닫고, 실외에 쌓여있는 사료용 건초, 볏짚 등은 비닐, 천막 등으로 덮어야 한다.

⑥ 다섯째, 산업부문의 반도체, 자동차 등 기계설비 작업장의 경우는 실내 공기정화 필터를 점검하여 교체하고, 집진시설을 설치하거나 에어커튼을 설치한다. 또한 실외 작업자는 마스크, 모자와 보호안경을 착용하여야한다.

⑦ 여섯째, 음식점·단체급식소 등 식품취급 업소에서는 식품제조·가공·조리 시 올바른 손씻기와 기구류 세척 등 철저한 위생관리를 통해 미세먼지로 인한 2차 오염을 방지하여야 한다.

⑧ 마지막으로 항공기 및 선박 운행 시 가시거리 확인, 안전장치 등을 점검하고, 운항관계자 연락망 등을 확인하는 등 미세먼지로 인한 피해를 줄이기 위한 수칙을 준수하여야 한다.

2-4. 미세먼지와 환기요령

① 외부 대기가 황사나 미세먼지로 오염되어 있을 때에는 환기에 주의해야 한다. 장시간 환기하지 않으면 실내공기가 이산화탄소 축적, 산소 부족 등으로 인해 탁해진다. 따라서 최소한의 환기는 필요하다.

② 미세먼지도 제거해 주는 필터가 붙어있는 기계식 환기의 경우에는 수시로 환기해도 문제가 없을 것이다. 그러나 자연통풍식 환기의 경우에는 사정이 다르다. 장시간 환기시키면 실내공기를 오히려 황사나 미세먼지로부터 오염시키는 결과가 된다. 따라서 앞뒤 창문을 활짝 열고 최단시간(예 : 1분 내외) 동안 환기시켜 주면 좋을

것이다. 한여름이나 한겨울에, 냉방 또는 난방 시에도 그리하면 에너지(전기료)도 절약하면서 오염된 실내공기만 쏙 빠져 나가게 할 수 있다.

③ 하지만 황사나 미세먼지 경보 발령이 있다하더라도 육류 굽기 등의 조리시에는 실내 미세먼지 농도가 실외 농도보다 높을 수 있기 때문에 기계식 환기를 지속적으로 해 주는 것이 바람직하다. 조리 시에는 레인지 후드와 같은 기계식 환기장치를 사용해야 하며, 조리를 끝낸 이후에도 최소 30분 동안 가동해야 효과적으로 실내 공기 중 미세먼지를 제거할 수 있다.

제5절 미세먼지 저감대책

1. 비상저감조치 개관

1-1. 비상저감조치 시행

① 특별시장·광역시장·특별자치시장·도지사 또는 특별자치도지사(이하 "시·도지사"라 함)는 환경부장관이 정하는 기간 동안 초미세먼지 예측 농도가 저감조치 발령기준에 해당하는 경우 미세먼지를 줄이기 위한 다음의 비상저감조치를 시행할 수 있습니다.
- 「미세먼지 저감 및 관리에 관한 특별법 시행령」 제9조에서 정하는 영업용 등 자동차를 제외한 자동차의 운행 제한
- 대기오염물질배출시설 중 「미세먼지 저감 및 관리에 관한 특별법 시행규칙」 제8조제1항에서 정하는 시설의 가동시간 변경, 가동률 조정 또는 대기오염방지시설의 효율 개선
- 비산먼지 발생사업 중 건설공사장의 공사시간 변경·조정
- 살수차, 진공청소차 등을 활용한 미세먼지의 제거
- 공영주차장의 사용 제한 등 교통량 감소를 위한 조치
- 미세먼지의 측정·분석 및 불법·과다 배출행위에 대한 감시
- 그 밖에 환경부장관 또는 시·도지사가 미세먼지를 줄이기 위해 필요하다고 인정하는 조치

② 시·도지사는 비상저감조치를 시행할 때 다음의 관련 기관의 장 또는 사업자에게 휴업, 탄력적 근무제도 등을 권고할 수 있습니다.
- 「초·중등교육법」에 따른 학교의 휴업 또는 수업시간의 단축
- 「유아교육법」에 따른 유치원의 휴업 또는 수업시간의 단축
- 「영유아보육법」에 따른 어린이집의 휴원 또는 보육시간의 단축
- 「가족친화 사회환경의 조성 촉진에 관한 법률」에 따른 시차출퇴근제, 재택근무제, 시간제 근무 등 탄력적 근무제도

1-2. 비상저감조치의 해제

시·도지사는 비상저감조치의 발령 사유가 없어진 경우에는 비상저감조치를 즉시 해제해야 하며, 다음 어느 하나에 해당하는 경우에는 비상저감조치를 해제할 수 있습니다

- 비상저감조치의 발령 후 다시 예측한 비상저감조치 시행일의 초미세먼지 농도가 35㎍/㎥ 이하일 것으로 예측되는 경우
- 폭우, 강풍 또는 그 밖의 기상여건 급변 등으로 더 이상 비상저감조치 시행이 필요하지 않다고 판단되는 경우

1-3. 비상저감조치 결과의 보고

시·도지사가 비상저감조치를 발령한 때에는 그 발령일부터 30일 이내에 다음의 사항을 포함한 조치결과를 환경부장관에게 보고해야 합니다.
- 비상저감조치 발령 개요 및 현황
- 비상저감조치 시행에 따른 참여 실적
- 비상저감조치 시행에 따른 교통량 변화, 미세먼지 농도 변화 등에 관한 자료

■ 비상저감조치를 실제 시행하면 어떤 효과가 있나요?

Q 비상저감조치를 실제 시행하면 어떤 효과가 있나요?

A 현행 수도권 비상저감조치 시행에 따른 배출량 저감효과를 분석한 결과, 수도권 공공부문을 대상으로 미세먼지($PM_{2.5}$) 배출량(1일 147톤)의 1.0~2.4%(평균 1.5%)에 해당하는 1.5~3.5톤(평균 2.3톤)을 감축한 것으로 추정됩니다. 미세먼지 저감 및 관리에 관한 특별법 시행('19.2.15) 후 전국적으로 비상저감조치를 시행할 경우 일 최대 104.8톤(전체 배출량의 11.8%)의 미세먼지 감축 효과가 있을 것으로 추정하고 있습니다.

2. 비상저감조치 유형

2-1. 예비저감조치

2-1-1. 발령요건

당일 17시 예보를 기준으로 다음 어느 하나의 조건을 충족하는 시·도 또는 수도권 등 광역발령을 시행하기로 협의한 시·도에서 예비저감조치의 발령여부를 결정합니다.

- 내일 및 모레 모두 50㎍/㎥ 초과할 것으로 예측된 경우
- 모레 예보가 "매우나쁨"으로 예측된 경우. 다만, 내일 예보가 "좋음"~"보통"인 경우 예비저감조치를 발령하지 않을 수 있습니다. 단, 내일 예보가 "좋음"~"보통"인 경우 예비저감조치를 발령하지 않을 수 있습니다.
- 각 시·도는 지역 여건 등을 고려하여 예비저감조치 시행 시기를 별도로 결정할 수 있습니다.

2-1-2. 발령

해당 시·도 또는 광역비상저감협의회에서 당일 17시 10분까지 발령요건을 충족하였는지 검토하고, 발령요건을 충족하면 예비저감조치를 발령합니다. 해당 시·도 또는 광역비상저감협의회에서 당일 17시 10분까지 발령요건을 충족하였는지 검토하고, 발령요건을 충족하면 예비저감조치를 발령합니다.

2-2. 비상저감조치

2-2-1. 발령요건

① 다음 어느 하나의 조건을 충족하는 시·도에서 비상저감조치의 발령여부를 결정합니다.
- 당일 0시부터 16시까지의 초미세먼지 평균 농도가 50㎍/㎥을 초과하고, 다음 날의 초미세먼지 24시간 평균 농도가 50㎍/㎥을 초과할 것으로 예측되는 경우
- 당일 0시부터 16시까지의 초미세먼지 평균 농도가 50㎍/㎥을 초과하고, 다음 날의 초미세먼지 24시간 평균 농도가 50㎍/㎥을 초과할 것으로 예측되는 경우
- 다음 날의 초미세먼지 24시간 평균 농도가 75㎍/㎥을 초과("매우나쁨"수준)할 것으로 예측되는 경우
② 시·도별 당일 17시 10분까지 발령요건을 충족했는지 검토하고, 발령요건을 충족하면 비상저감조치를 발령합니다. 수능, 설연휴, 국제행사 등 특별한 날의 경우 지방자치단체 장이 해당 지방자치단체에 비상저감조치를 발령하지 않을 수 있습니다.

③ 비상저감조치의 대상지역은 비상저감조치를 발령하는 시·도지사가 관할하는 지역으로 하고, 그 지역의 전부 또는 일부에 비상저감조치를 발령할 수 있습니다.

2-3. 광역비상저감조치

2-3-1. 발령요건

2개 이상의 시·도에서 광역비상저감협의회를 구성하고 지역의 특성, 주민 생활권 등을 고려하여 광역적으로 비상저감조치를 시행하기로 합의한 경우 또는 환경부장관이 2개 이상의 시·도에 광역적으로 비상저감조치가 필요하다고 판단하여 해당 시·도지사에게 비상저감조치 시행을 요청한 경우에는 광역비상저감조치를 발령할 수 있습니다.

2-3-2. 발령

① 광역비상저감협의회 또는 수도권대기환경청·유역환경청은 당일 17시 10분까지 광역 발령요건 필요성을 검토하고, 광역비상저감조치가 필요하다고 판단된 경우 해당 시·도에 광역비상저감조치 발령을 요청합니다.

② 단, 수능, 설연휴, 국제행사 등 특별한 날의 경우 지방자치단체 장이 해당 지방자치단체에 광역비상저감조치를 발령하지 않을 수 있습니다.

3. 미세먼지 저감 방안

3-1. 대기오염물질배출시설 가동률 조정

① 환경부장관은 계절적인 요인 등으로 초미세먼지 월평균 농도가 특히 심화되는 기간(12월 1일부터 다음 해 3월 31일까지를 말함)과 대규모 화재 등 비상시적 요인으로 미세먼지등의 배출 저감 및 관리를 효율적으로 수행하기 위하여 필요하다고 인정하는 경우에는 관계 중앙행정기관의 장, 지방자치단체의 장 또는 「공공기관의 운영에 관한 법률」에 따른 공공기관이 운영하는 시설의 운영자에게 다음의 조치를 요청할 수 있습니다.

- 「대기환경보전법」에 따른 대기오염물질배출시설의 가동률 조정

및 가동시간 변경
- 「대기환경보전법」에 따른 대기오염방지시설의 효율 개선
- 사업장(「대기환경보전법」에 따라 허가를 받거나 신고하여야 하는 사업장을 말함)에서 비산배출되는 먼지 저감 등 미세먼지등의 배출 저감 및 관리를 위한 조치
- 「해양환경관리법」에 따른 선박에 대한 연료 전환, 속도 제한 또는 운행 제한
- 그 밖에 미세먼지등의 배출 저감 및 관리를 위하여 대통령령으로 정하는 사항
② 환경부장관은 대기오염물질배출시설의 가동률 조정 등의 조치를 요청하려는 경우에는 대기오염물질배출시설 가동률 조정 등 조치 요청서에 따라 서면으로 요청해야 합니다.

3-2. 가동률 조정 요청에 대한 통지 등

① 환경부장관은 가동률 조정 등을 요청 하려는 경우에는 요청사항, 대기오염물질배출시설별 특성 및 규모 등을 고려한 조치기간 및 사유를 조치 시작일 7일 전까지 통지해야 합니다. 다만, 대규모 화재 등으로 인한 심각한 대기오염에 따라 미세먼지 등의 배출을 줄이기 위하여 필요한 경우에는 통지를 생략할 수 있습니다.
② 대기오염물질배출시설의 가동률 조정 등을 요청받은 중앙행정기관의 장, 지방자치단체의 장 또는 시설운영자는 정당한 사유가 없으면 환경부장관의 요청에 따라야 합니다.

3-3. 자동차 배출가스 저감장치 부착사업

3-3-1. 배출가스 저감장치란?

자동차에서 배출되는 대기오염물질을 줄이고 연료를 절약하기 위하여 자동차에 부착하는 장치로서 배출가스저감장치의 저감효율에 적합한 장치를 말합니다.

3-3-2. 배출가스 저감장치 부착사업

① 환경부장관은 대기환경개선목표를 달성하기 위하여 필요하다고 인정

하면 특정경유자동차에 대하여 규제「대기환경보전법」 제57조에 따른 운행차배출허용기준보다 강화된 배출허용기준을 정할 수 있습니다. 이 경우 환경부장관은 관계 중앙행정기관의 장과 협의해야 합니다.

② 특정경유자동차란 배출가스 보증기간이 지난 자동차를 말합니다. 배출가스 보증기간은「대기환경보전법 시행규칙」 별표 18에서 확인할 수 있습니다.

③ 특정경유자동차의 소유자는 해당 자동차에서 배출되는 배출가스가 특정경유자동차의 배출허용기준에 맞게 유지되도록 배출가스저감장치를 부착하거나 저공해엔진으로 개조 또는 교체해야 합니다. 다만, 시·도 또는 시·군의 조례로 배출가스저감장치를 부착하거나 저공해엔진으로 개조 또는 교체하도록 명령을 받은 특정경유자동차의 소유자는 배출허용기준 적합 여부에 관계없이 이를 이행해야 합니다.

④ 배출가스저감장치의 부착의무나 저공해엔진으로 개조 또는 교체 의무를 이행하지 않으면 300만원 이하의 과태료가 부과됩니다.

3-3-3. 보조금 지원

① 환경부장관이나 시·도지사 및 시장·군수는 특정경유자동차의 소유자, 대기관리권역 외의 지역을 관할하는 지방자치단체에 등록된 사업용 경유자동차 중 대기관리권역을 연간 60일 이상 운행하는 자동차의 소유자가 배출가스저감장치를 부착하거나 저공해엔진으로 개조 또는 교체하면 그 경비를 지원할 수 있습니다.

② 배출가스 저감장치를 부착하거나 저공해엔진으로 개조한 자동차에 대한 장치부착비 지원 금액은 <한국자동차환경협회(www.aea.or.kr)>에서 확인할 수 있습니다.

3-3-4. 배출가스저감장치 미부착 차량 등의 운행제한

시·도지사 또는 시장·군수는 대기환경개선을 위하여 필요하다고 인정하는 지역에 대하여 다음의 어느 하나에 해당하는 경유자동차의 운행을 제한할 수 있습니다. 이 경우 운행이 제한되는 자동차의 범위, 지역 및 운행 제한 미이행에 따른 과태료 부과는 시·도 또는 시·군의 조례로 정합니다.
  - 운행차배출허용기준을 초과한 특정경유자동차

- 배출가스저감장치를 부착하지 아니하였거나 저공해엔진으로 개조 또는 교체하지 아니한 특정경유자동차
- 사업용 경유자동차 중 배출가스보증기간이 지난 자동차로서 배출가스저감장치를 부착하지 아니하였거나 저공해엔진으로 개조 또는 교체하지 아니한 자동차

3-4. 노후경유차 조기폐차

3-4-1. 노후차량 조기폐차 지원

① 시·도지사 또는 시장·군수는 관할 지역의 대기질 개선 또는 기후·생태계 변화유발물질 배출감소를 위하여 필요하다고 인정하면 그 지역에서 운행하는 자동차 및 건설기계 중 차령과 대기오염물질 또는 기후·생태계 변화유발물질 배출정도 등에 관하여 배출가스보증기간이 지난 자동차 중 제작차배출허용기준에 맞게 제작된 자동차를 제외한 자동차 및 건설기계의 소유자에게 그 시·도 또는 시·군의 조례에 따라 그 자동차 및 건설기계에 대하여 조기에 폐차할 것을 권고할 수 있습니다.

② 국가나 지방자치단체는 저공해자동차의 보급, 배출가스저감장치의 부착 또는 교체와 저공해엔진으로의 개조 또는 교체를 촉진하기 위하여 위 권고에 따라 자동차를 조기에 폐차하는 자에 대하여 예산의 범위에서 필요한 자금을 보조하거나 융자할 수 있습니다.

3-5. 저질소산화물(NOx)버너 설치 지원사업

3-5-1. 지원대상

전국의 가정용 "일반 보일러"를 LNG 등 가스를 연료로 하는 "저녹스 보일러"로 교체하는 분께 지원합니다. 가정용 저녹스 보일러란 미세먼지 원인물질인 질소산화물을 적게 배출하고 에너지효율은 높은 한국환경산업기술원의 환경표지 인증을 받은 제품을 말합니다.

3-5-2. 지원금액

① 지원 대상 보일러 1대당 20만원을 지원합니다. (국비 60%, 지방비

40%) 다만, 평택시의 경우 「주한미군기지 이전에 따른 평택시 등의 지원 등에 관한 특별법」에 따라 국고 70%를 지원합니다.

② 저녹스버너 설치 지원 사업에 대한 자세한 사항은 <수도권대기환경청 홈페이지(www.me.go.kr/mamo/)의 수도권대기환경청-대기마당-대기환경정보-저녹스버너설치지원사업>에서 확인할 수 있습니다.

제6절 인접국가와의 협력

1. 한 · 중 협력

① 2014년 7월 시진핑 중국 국가주석은 한국 국빈 방문시 개최된 한·중 정상회의에서 「환경협력 양해각서」를 체결하였다. 이에 따라 미세먼지 공동 대응을 위한 한·중 협력사업과 우리 기술의 중국 현지 실증사업을 추진 중이다.

② 대기질 개선을 위한 실증사업으로 중국의 대표적인 제철소 3개를 선정하여 집진, 탈황, 탈질 설비 등 우리나라의 미세먼지 저감시설을 설치·운영하는 시범사업을 벌이고 있다. 향후에는 화력발전소, 소각발전소 등 배출사업장으로 확대할 것이다. 시범사업에서 우리 기술의 우수성이 확인되면 중국 측은 우리 기술을 본격적으로 적용할 것으로 기대된다.

③ 또한 2015년 10월 「한·중 대기질 및 황사 측정자료 공유에 관한 합의서」를 체결하여 한·중 양국의 대기질 측정자료의 실시간 공유기반을 마련하였다. 2015년 12월부터는 전용선(FTP, File Transfer Protocol)을 이용하여 한국의 서울 등 3개 도시와 중국의 베이징 등 35개 도시의 실시간 대기질 관측자료를 공유하고 있다. 공유대상은 미세먼지를 비롯한 6개 대기질 항목이며, 향후에는 대상도시를 더 확대해 나갈 예정이다.

④ 대기오염의 원인규명, 대기오염물질 배출량 정보공유, 미세먼지 예보모델 개선 등을 위한 '한·중 대기질 공동연구단'의 연구활동도 2015년 6월부터 진행중에 있다. 또한 양국의 우수한 대기정책과 대기오염저감기술을 공유하기 위해 대기분야 전문인력도 교류한다.

■ 중국의 오염도 자료는 믿을 수 있나요?

Q 중국의 오염도 자료를 믿을 수 없다는 말이 많습니다. 중국의 오염도 자료는 어느 정도의 신뢰도를 가지고 있나요?

A 중국은 '89년부터 SO_2, NOx, TSP에 대한 모니터링을 수행해 왔으

며, '02년부터 PM_{10}에 대한 모니터링을 시작하였고, '13년부터 대기 중 $PM_{2.5}$ 농도 장기 관측을 개시하였습니다. 중국 정부는 대기질 개선을 위한 기초역량구축을 강화하기 위해 환경측정망의 확충 및 개선을 지속적으로 추진하였고, 그 결과 측정소를 '16년 기준 338개 도시로 확충하였습니다. 중국 내 대기질 측정자료는 생태환경부 산하 환경모니터링센터에서 총괄 관리하며, 모든 측정자료는 홈페이지 및 앱을 통해 실시간 공개되고, 월보 및 연보의 형태로 일반에게 공개되고 있습니다. 최근에는 "람천보위전 3개년 행동계획('18~20)"을 통해 환경측정 운영 및 유지 보수에 대한 관리감독 강화, 환경측정 기준 미련, 측정자료의 품질감찰을 실시하는 등 측정자료의 신뢰도 제고를 위해 환경대기질 측정자료의 품질관리를 강화하고 있습니다.

■ 중국의 오염도는 줄어드나요?

Q 우리나라에 많은 영향을 끼치고 있는 중국의 오염도는 상승하고 있나요? 줄어들고 있나요?

A 중국 74개 주요 도시의 SO_2, PM_{10}, $PM_{2.5}$ 연평균 농도는 '13년 이후 지속적으로 감소 추세에 있습니다. 북경 등 대기오염 배출원의 집중도가 높은 3대 중점 관리지역*의 연평균 $PM_{2.5}$ 농도는 지속적으로 감소 추세입니다. 주강삼각주 지역은 15년 이후로 연평균 기준인 $PM_{2.5}$ $35\mu g/㎥$ 을 만족하였으며, 17년 징진지, 장강삼각주 지역의 연평균 농도는 전년 대비 각각 9.1%, 3.8% 감소하였습니다. 주요 성시별 17년 $PM_{2.5}$ 연평균 농도는 전반적으로 13년 이후 지속적으로 감소 추세인 반면, 중국 중부 내륙 지역인 산서성, 섬서성과 서북부에 위치한 신장자치구는 '15년 이후 다소 증가하고 있습니다.

■ 중국의 대기오염 발생량을 우리나라가 조사할 수 있나요?

Q 중국의 대기오염 발생량을 우리나라가 조사할 수 있나요?

A 우리나라의 경우, 1999년부터 주요 오염발생원별 배출량 통계자료인

대기정책지원시스템(CAPSS)을 구축하여 정책수립 시 활용하고 있습니다. 현재 중국은 관련 통계조사가 아직 완료되지 않은 상태입니다. 2017년 중국 총리는 대기오염 발생 원인에 관한 조사를 위해 예산과 전문가를 투입하겠다고 언급하였습니다.

■ 중국은 대기오염물질을 줄이기 위해 어떻게 하고 있나요?

Q 중국은 대기오염물질을 줄이기 위해 어떻게 하고 있나요?

A 중국은 '13~'17년 대기오염방지행동계획에 의해 '13년 대비 '17년 $PM_{2.5}$ 농도를 징진지 39.6%, 장강삼각주 34.3%, 주강삼각주 27.7% 등 약 30% 저감했습니다. 주요 저감 수단으로서는, 석탄보일러 규제, 에너지 소비구조 개선, 기업기술개선, 운송구조 조정, 노후차량 폐차, 중오염 비상조치, 지역·시기별 집중관리, 강화감찰 등이 있습니다.

■ 중국에서 유입되는 미세먼지는 어떻게 줄일 수 있나요? 중국과의 협력사업으로 우리나라 미세먼지를 실제로 줄일 수 있나요?

Q 중국에서 유입되는 미세먼지는 어떻게 줄일 수 있나요? 중국과의 협력사업으로 우리나라 미세먼지를 실제로 줄일 수 있나요?

A 근본적으로 중국에서 발생하는 미세먼지를 줄이기 위해 중국이 미세먼지 원인을 과학적으로 분석하고 개선대책을 수립하는 것을 지원하고 있습니다. 또한 중국의 실제 배출원을 저감하기 위해서 한국과 가까운 중국 지역의 발전소 등을 대상으로 저감 실증사업을 추진중입니다. 중국도 자국의 대책을 수립하고 미세먼지 저감을 위해 노력중이므로 양국이 협력한다면 미세먼지 저감 성과가 있을 것으로 기대합니다.

■ 한·중 환경협력센터는 무슨 일을 하나요?

Q 한·중 환경협력센터는 무슨 일을 하나요?

A 한·중 환경협력센터는 양국의 환경협력 소통창구로서 2018년 6월 25일 중국 베이징에 설립되었습니다. 중국과의 환경협력 거점으로서 양국 수요에 부응하는 맞춤형 협력사업을 발굴하여 현지 정보를 우리나라에 제공하고, 우리나라의 사업기관과 중국측간의 협력을 지원하는 역할을 하고 있습니다.

■ 중국과의 연구 외에 중국에서 날아오는 미세먼지를 실제로 줄이는 사업은 없나요?

Q 중국과의 연구 외에 중국에서 날아오는 미세먼지를 실제로 줄이는 사업은 없나요?

A 양국 공동 환경현안인 미세먼지 저감을 위해 중국정부와 공동으로 '한-중 공동 미세먼지 저감 환경기술 실증 협력사업'을 '15년도부터 추진하고 있습니다. '16~'18년 까지 13건 840억원의 사업을 추진하였으며, 중국 기업 요구대비 오염저감효율을 28% 초과 달성(종료사업 기준) 하였습니다. 향후 미세먼지 저감 강화를 위해 저감기술적용 분야 확대와 지역 확대(안휘·절강·호북성, 상해 추가) 등을 추진할 예정입니다.

■ 중국 오염도가 줄었으면 우리나라에 미치는 영향도 줄어야 하는데 왜 안 줄어드나요?

Q 중국 오염도가 줄었으면 우리나라에 미치는 영향도 줄어야하는데 왜 안 줄어드나요?

A 기상상황 등이 동일하다고 가정하면 중국 오염도가 줄었을 때 우리나라에 미치는 영향은 줄어드는 것이 맞습니다. 그러나 기상상황

은 시시각각 변화하며 특히 고농도의 경우는 중국 내에서 대기정체로 오염물질이 축적된 뒤 다양한 경로를 통해 우리나라로 여전히 유입될 수 있으므로 실제 중국의 오염도가 줄었어도 국민들은 우리나라에 미치는 영향이 줄지 않았다고 느낄 수 있습니다.

■ 미세먼지는 중국에서 오는데 왜 우리가 줄여야 하나요?

Q 미세먼지는 중국에서 오는데 왜 우리가 줄여야 하나요?

A 미세먼지 농도에는 국내·외 배출량 뿐 아니라 풍향, 풍속, 대기정체 등 기상조건도 큰 영향을 끼칩니다. 다만, 기상효과를 통한 국외 유입은 예측과 대응에 한계가 있는 점을 고려할 때, 고농도 악화로 인한 건강피해를 줄이기 위해서는 주요 원인 중 하나인 국내 배출의 저감 대책이 지속적으로 추진되어야 합니다. 또한, 중·장기 배출저감과 함께 일시적(국외유입·기상 등) 고농도 발생 상황에 대비하여 비상저감조치를 철저히 준비해야 합니다.

■ 중국 정부가 베이징 주변 산업시설을 중국 동해안(한국쪽)으로 이전하여, 한국피해가 증가했다는 데 맞나요?

Q 중국 정부가 베이징 주변 산업시설을 중국 동해안(한국쪽)으로 이전하여, 한국피해가 증가했다는 데 맞나요?

A 베이징에 있던 공장이 우리나라와 가까운 지역으로 이전했다는 소문은 사실이 아닙니다. 주중 한국대사관에 따르면, 중국은 '14년부터 도심 과밀과 무분별한 성장방지를 위해 북경의 기업·물류단지 등을 허베이·텐진 등으로 골고루 이전중입니다. 우리나라와 가까운 산동성은 이전대상지역이 아닙니다. 또한 중국 전역은 모두 국가환경기준을 적용받고 있어 특정지역에만 오염기업이 입지할 수 없습니다.

■ 중국은 북경 올림픽 때 인공강우로 미세먼지를 제거했다는데 왜 우리는 못하나요?

Q 중국은 북경 올림픽 때 인공강우로 미세먼지를 제거했다는데 왜 우리는 못하나요?

A 인공강우는 인위적으로 비를 내리게 하는 일, 즉 구름 씨앗(Cloud seed)이라고 하는 응결핵이 될 만한 화학물질을 대기 중에 살포하여 수증기를 응축시켜서 비를 내리게 하는 방법입니다. 비가 일정량 이상 내린 날 공기 중 미세먼지는 세정효과로 인하여 농도가 낮아집니다. 인공강우도 같은 이유로 미세먼지를 줄이는데 효과적이라는 것이 일반적인 의견입니다. 다만 인공강우를 활용한 미세먼지 개선을 위해서는 대기 중 수증기의 양 등 최적의 기상조건이 형성되어야 함으로 실제 사용에는 제한점이 많이 있는 것이 사실입니다.

■ 중국은 거대한 선풍기로 미세먼지를 날려버린다는데 우리도 그렇게 하면 되지 않나요?

Q 중국은 거대한 선풍기로 미세먼지를 날려버린다는데 우리도 그렇게 하면 되지 않나요?

A 일반 대기 중, 즉 밀폐되지 않은 공간의 다양한 환경 조건(기상, 미세먼지농도 수준 등)에서, 송풍기를 통해 바람을 반대 방향으로 돌리는 것은 투입 비용대비 효과가 검증된 사례를 확인할 수 없습니다. 중국의 선풍기 도입 역시 그 효과가 공식적으로 발표된 바는 없습니다.

2. 한·일 협력

① 미세먼지(PM$_{2.5}$) 측정자료의 공유, 배출특성 관련 공동연구 등 한·일 협력도 추진하고 있다.

② 2014년에 개최된 3국 환경장관회의 시 열린 한·일 양자회담에서 미세먼지(PM$_{2.5}$) 협력사업을 추진하기로 합의하였다. 미세먼지 예보모델 개발과 배출목록 분야 기초연구를 공동으로 추진하기로 함에 따라 2017년까지의 한·일 공동연구계획을 마련했고 현재 세부 연구를 진행하고 있다.

3. 한·중·일 협력

① 1999년 우리나라가 처음 제안한 이래 매년 한·중·일 3국이 교대로 '3국 환경장관회의'를 개최해 오고 있다. 국외에서 유입되는 미세먼지에 공동대응하기 위해 중국, 일본 등 주변국과의 협력을 강화해 나가고 있다.

② 미세먼지 등 대기오염에 대해서는 동일운명체라는 인식이 밑바탕이 되어, 2014년부터 '한·중·일 대기분야 정책대화'를 개설하였다. 2015년 우리나라에서 열린 2차 정책대화에서는 미세먼지 등에 대한 공동대응을 위한 2개 공동작업반(WG, Working Group) 구성에 합의하여 공동연구를 추진 중에 있다.

③ 또한 2015년에 개최된 제17차 3국 환경장관회의에서는 '9대 우선협력분야 공동실행계획(2015~2019)'을 채택하였고 그 일환으로 대기오염의 예방과 관리를 위한 한·중·일 3국의 공동노력을 더욱 강화하기로 하였다.

④ 한편 3국 환경장관회의 출범 이전인 1995년부터 우리나라 주도로 동북아 지역의 장거리이동 대기오염물질에 관한 공동연구(LTP가 진행되어 왔다. 황산염·진산염 등 대기오염물질의 국가간 상호영향을 정량적으로 도출하였고, 미세먼지에 대한 공동관측과 영향분석도 하고 있다.

■ 장거리이동 대기오염물질은 무엇인가요?

Q 장거리이동 대기오염물질은 무엇인가요?

A 장거리이동 대기오염물질이란 황사, 미세먼지 등 발생 후 장거리 이동을 통하여 국가 간에 영향을 미치는 대기오염물질을 말합니다. 환경부는 황사, 미세먼지(PM_{10}), 미세먼지($PM_{2.5}$), 수은, 납 등을 장거리 이동 대기오염물질로 지정하여 주의 깊게 관찰하고 있습니다.

■ 미세먼지 관련 국제 협력 중 LTP 사업이란 무엇인가요?

Q 미세먼지 관련 국제 협력 중 LTP 사업이란 무엇인가요?

A 한국, 중국, 일본은 동북아시아 대기질 현황 파악과 개선을 위해 2000년부터 단계별 LTP 사업을 진행하고 있습니다. 이를 통해 오염물질 모니터링과 모델링을 진행하고 있습니다. 모니터링 분야의 경우 장기간 상시 관측과 단기간 집중 측정 등이 진행됩니다. 모델링 분야에서는 국가 간 대기오염물질 이동을 고려한 '배출원-수용지 관계' 연구를 하고 있습니다.

제7절 환경부 미세먼지 행동요령

1. 고농도 미세먼지 7가지 대응요령

1-1. 외출은 가급적 자제하기

야외모임, 캠프, 스포츠 등 실외활동 최소화하기

1-2. 외출시 보건용 마스크(식약처 인증) 착용하기

보건용 마스크(KF80, KF94, KF99)의 올바른 사용법을 확인 후 사용하기(마스크 착용 시 호흡이 불편할 경우 사용을 중지하고 전문가 상담 필요)

1-3. 외출시 대기오염이 심한 곳은 피하고, 활동량 줄이기

① 미세먼지 농도가 높은 도로변, 공사장 등에서 지체시간 줄이기
② 호흡량 증가로 미세먼지 흡입이 우려되는 격렬한 외부활동 줄이기

1-4. 외출 후 깨끗이 씻기

온몸을 구석구석 씻고, 특히 필수적으로 손·발·눈·코를 흐르는 물에 씻고 양치질하기

1-5. 물과 비타민C가 풍부한 과일 · 야채 섭취하기

노폐물 배출 효과가 있는 물, 항산화 효과가 있는 과일·야채 등을 충분히 섭취하기

1-6. 환기, 실내 물청소 등 실내 공기질 관리하기

① 실내·외 공기 오염도를 고려하여 적절한 환기 실시하기
② 실내 물걸레질 등 물청소 실시, 공기청정기 가동하기(필터 주기적 점검·교체)

1-7. 대기오염 유발행위 자제하기

자가용 운전 대신 대중교통 이용 등

2. 고농도 미세먼지 단계별 대응요령

2-1. 1단계 : 고농도 발생

① 가급적 외출 자제하기
② 외출시 보건용 마스크 착용하기
③ 외출시 대기오염이 심한 도로변, 공사장은 피하고 활동량 줄이기
④ 대기오염 유발행위 자제하기(대중교통 이용 등)

2-2. 2단계 : 비상저감조치 발령

① 에어코리아(www.airkorea.or.kr) 우리동네 대기정보 모바일 앱 활
   용하여 미세먼지 농도 수시 확인
② TV방송(기상예보) 미세먼지 확인
③ 차량2부제 대비 교통수단 점검하기
④ 보건용 마스크(KF80, KF94, KF99) 준비하기

2-3. 3단계 : 비상저감조치 시행

① 홀수날에는 홀수차량이, 짝수날에는 짝수 차량이 운행
② 서울시 공공기관 주차장 폐쇄, 체육·문화·의료시설 주차장은 차량
   2부제(인천, 경기 자율참여)

2-4. 4단계 : 주의보 발령

① 영유아·학생·어르신
   - 실외수업(활동) 단축 또는 금지
   - 이용시설 내 기계, 기구류 세척 등 식당 위생관리 강화
② 일반국민
   - 가급적 외출 자제하기
   - 외출시 보건용 마스크 착용하기
   - 외출시 대기오염이 심한 도로변, 공사장은 피하고 활동량 줄이기
   - 대기오염 유발행위 자제하기(대종교통 이용 등)

2-5. 5단계 : 경보 발령

① 영유아·학생·어르신
  - 등·하교(원) 시간 조정, 휴교(원) 조치 검토
  - 질환자 파악 및 특별 관리(진료, 조기귀가 등)
② 일반국민
  - 가급적 외출 자제하기
  - 외출시 보건용 마스크 착용하기
  - 외출시 대기오염이 심한 도로변, 공사장은 피하고 활동량 줄이기
  - 대기오염 유발행위 자제하기(대중교통 이용 등)

2-6. 6단계 : 주의보 · 경보 해제

① 외출 후 깨끗이 씻기
② 물과 비타민C가 풍부한 과일·야채 섭취하기
③ 실내 공기질 관리하기
  - 실내·외 공기 오염도를 고려하여 적절한 환기 실시하기
  - 실내 물걸레질 등 물청소하기

3. 계층별 대응요령(유치원, 초 · 중 · 고)

3-1. 평시

① 고농도 미세먼지 발생시 대처방안 숙지,
② 미세먼지 문자알림 서비스 신청
③ 보호자 비상연락망 구축 및 보호자 대상 피해예방, 대응조치 지도
④ 고농도 미세먼지 상황 대비 실외수업(활동) 대체를 위한 사전 계획 마련(수업전환 기준 및 대체안 마련, 예: 실내체육, 단축활동, 휴원, 일정연기 등)
⑤ 관심이 필요한 원아·학생 관리대책 마련(관심대상자 현황 파악, 위생점검 및 건강체크, 응급조치 요령 등 숙지)
⑥ 보건용마스크(KF80, KF94, KF99), 상비약 비치 및 점검(식염수, 아토피연고 등)
⑦ 학교·유치원의 실내 미세먼지 기준(PM$_{10}$ 100㎍/㎥, PM$_{2.5}$ 35㎍/㎥ 이하) 준수

3-2. 1단계 : 고농도 예보

익일 예보 "나쁨"이상(PM$_{10}$ 81㎍/㎥ 이상, PM$_{2.5}$ 36㎍/㎥이상)
① 보호자 비상연락망, 안내문 등을 통한 예보상황 및 행동요령 공지
② 익일 예정된 실외수업에 대한 점검(수업대체 여부 검토 등)
③ 미세먼지 예보 상황 및 농도변화 수시 확인(에어코리아, 우리동네 대기정보 모바일 앱 활용)

3-3. 2단계 : 고농도 발생

해당지역 인근측정소의 시간당 미세먼지 농도가 "나쁨"이상인 경우
(PM$_{10}$ 81㎍/㎥ 이상, PM$_{2.5}$ 36㎍/㎥이상 1시간 지속)
① 담당자는 미세먼지 농도를 수시로 확인, 기관 내 상황 전파
② 원아·학생 대상 행동요령 교육 및 실천(외출자체, 외출시 마스크 쓰기, 도로변 이동 자제, 깨끗이 씻기 등)
③ 실외수업(활동) 지제, 바깥공기 유입 차단
④ 호흡기 질환 등 관심이 필요한 원아·학생 관리대책 이행
⑤ 실내공기질 관리(물걸레질 청소 등)

3-4. 3단계 : 주의보

해당 권역의 PM$_{10}$ 150㎍/㎥ 이상 또는 PM$_{2.5}$ 75㎍/㎥ 이상 2시간 지속
① 실외수업(활동) 단축 또는 금지
② 시설 내 기계, 기구류 세척 등 식당 위생관리 강화

3-5. 4단계 : 경보

해당 권역의 PM$_{10}$ 300㎍/㎥ 이상 또는 PM$_{2.5}$ 150㎍/㎥이상 2시간 지속
① 질환자 파악 및 특별관리(진료, 조기귀가 등)
② 등·하교(원) 시간조정, 휴업권고(조치 시 학생보호대책 별도 마련)

3-6. 5단계 : 주의보, 경보 발령 해제

시·도 대기자동측정소의 미세먼지 시간당 평균농도가 미세먼지 주의보, 경보 해제기준에 해당하는 경우

① 주의보 PM$_{10}$: 100㎍/㎥ 미만, PM$_{2.5}$: 35㎍/㎥ 미만
경보 PM$_{10}$: 150㎍/㎥ 미만, PM$_{2.5}$: 75㎍/㎥ 미만
② 주의보, 경보 발령 해제 시 조치사항
   - 기관별 실내·외 청소 실시
   - 미세먼지 농도가 낮은 시간에 도로변 외의 창문을 통한 환기 실시
   - 환자 발생여부 파악, 휴식 또는 조기 귀가

3-7. 6단계 : 조치결과 등 보고

관계기관은 담당자 현황 및 경보 조치결과를 작성·보고
① 담당자 현황
   교육부(학교안전총괄과)는 유치원·학교(초·중·고)의 미세먼지 담당자 현황을 취합하여 환경부에 보고(3월·9월)
② 경보 조치결과
   - 유치원·학교(초·중·고)는 시·도 교육청에 보고(경보발령 후 7일 이내)
   - 교육부(학교안전총괄과)는 학교의 경보 조치결과를 환경부에 보고(3월·9월)

4. 계층별 대응요령(영·유아 어린이집)

4-1. 평시

① 고농도 미세먼지 발생시 대처방안 숙지.
② 미세먼지 문자알림 서비스 신청
③ 보호자 비상연락망 구축 및 보호자 대상 피해예방, 대응조치 지도
④ 고농도 미세먼지 상황 대비 실외활동 대체를 위한 사전 계획 마련 (활동전환 기준 및 대체안 마련, 예: 실내체육, 단축활동, 휴원, 일정연기 등)
⑤ 관심이 필요한 영·유아 관리대책 마련(관심대상자 현황 파악, 위생점검 및 건강체크, 응급조치 요령 등 숙지)

⑥ 보건용마스크(KF80, KF94, KF99), 상비약 비치 및 점검(식염수, 아토피연고 등)
⑦ 실내 미세먼지 유지기준(PM$_{10}$ 100㎍/㎥, PM$_{2.5}$ 70㎍/㎥ 이하) 준수

4-2. 1단계 : 고농도 예보

익일 예보 "나쁨"이상(PM$_{10}$ 81㎍/㎥ 이상, PM$_{2.5}$ 36㎍/㎥이상)
① 보호자 비상연락망, 안내문 등을 통한 예보상황 및 행동요령 공지
② 익일 예정된 실외활동에 대한 점검(실내활동으로 대체 여부 검토 등)
③ 미세먼지 예보 상황 및 농도변화 수시 확인(에어코리아, 우리동네대기정보 모바일 앱 활용)

4-3. 2단계 : 고농도 발생

해당지역 인근측정소의 시간당 미세먼지 농도가 "나쁨"이상인 경우
(PM$_{10}$ 81㎍/㎥ 이상, PM$_{2.5}$ 36㎍/㎥이상 1시간 지속)
① 담당자는 미세먼지 농도를 수시로 확인, 기관 내 상황 전파
② 영·유아 대상 행동요령 교육 및 실천(외출자체, 외출시 마스크 쓰기, 도로변 이동 자제, 깨끗이 씻기 등)
③ 실외활동 지제, 바깥공기 유입 차단(청문닫기, 최소한의 주기적 환기는 필요)
④ 호흡기 질환 등 관심이 필요한 원아·학생 관리대책 이행
⑤ 실내공기질 관리(물걸레질 청소 등)

4-4. 3단계 : 주의보

해당 권역의 PM$_{10}$ 150㎍/㎥ 이상 또는 PM$_{2.5}$ 75㎍/㎥ 이상 2시간 지속
① 실외활동 단축 또는 금지, 등·하원 시간 조정 등 실시(체육활동, 현장학습 등을 실내활동으로 대체)
② 시설 시설 내 기계, 기구류 세척 등 식당 위생관리 강화

4-5. 4단계 : 경보

해당 권역의 PM_{10} 300㎍/㎥ 이상 또는 $PM_{2.5}$ 150㎍/㎥이상 2시간 지속
  - 질환자 파악 및 특별관리(진료 등)

4-6. 5단계 : 주의보, 경보 발령 해제

시·도 대기자동측정소의 미세먼지 시간당 평균농도가 미세먼지 주의
보, 경보 해제기준에 해당하는 경우
① 주의보 PM_{10} : 100㎍/㎥ 미만, $PM_{2.5}$: 35㎍/㎥ 미만
  경보 PM_{10} : 150㎍/㎥ 미만, $PM_{2.5}$: 75㎍/㎥ 미만
② 주의보, 경보 발령 해제 시 조치사항
  - 기관별 실내·외 청소 실시
  - 미세먼지 농도가 낮은 시간에 도로변 외의 창문을 통한 환기 실시
  - 환자 발생여부 파악, 휴식 또는 조기 귀가

4-7. 6단계 : 조치결과 등 보고

관계기관은 담당자 현황 및 경보 조치결과를 작성·보고
① 담당자 현황
  보건복지부는 어린이집의 미세먼지 담당자 현황을 취합하여 환경
  부에 보고(3월, 9월)
② 경보 조치결과
  - 어린이집은 시·도 담당부서에 보고(경보발령 후 7일 이내)
  - 보건복지부는 어린이집의 경보 조치 결과를 환경부에 보고(3
    월·9월)

5. 계층별 대응요령(노인요양시설)

5-1. 평시

① 고농도 미세먼지 발생시 대처방안 숙지,
② 미세먼지 문자알림 서비스 신청
③ 어르신의 비상연락망 구축 및 시설 담당자 교육
④ 어르신 및 보호자대상 대기오염 피해예방, 대응조치, 행동요령을 지도

⑤ 관심이 필요한 어르신 관리대책 마련(관심대상자 현황 파악, 위생 점검 및 건강체크, 응급조치 요령 등 숙지)

⑥ 보건용마스크(KF80, KF94, KF99), 상비약 비치 및 점검(식염수, 아토피연고 등)

⑦ 실내 미세먼지 유지기준(PM_{10} 100㎍/㎥, $PM_{2.5}$ 70㎍/㎥ 이하) 준수. 다만, 연면적 1,000㎡ 미만 노인요양시설은 준수 권고

5-2. 1단계 : 고농도 예보

익일 예보 "나쁨"이상(PM_{10} 81㎍/㎥ 이상, $PM_{2.5}$ 36㎍/㎥이상)

① 비상연락망, 안내문 등을 통한 예보상황 및 행동요령 공지

③ 미세먼지 예보 상황 및 농도변화 수시 확인(에어코리아, 우리동네 대기정보 모바일 앱 활용)

5-3. 2단계 : 고농도 발생

해당지역 인근측정소의 시간당 미세먼지 농도가 "나쁨"이상인 경우 (PM_{10} 81㎍/㎥ 이상, $PM_{2.5}$ 36㎍/㎥이상 1시간 지속)

① 시설 담당자는 미세먼지 농도를 수시로 확인, 기관 내 상황 전파

② 어르신 대상 행동요령 교육 및 실천(외출자제, 외출시 마스크 쓰기, 도로변 이동 자제, 깨끗이 씻기 등)

③ 실외활동 자제 '실내생활 권고', 바깥공기 유입 차단(창문 닫기, 최소한의 주기적 환기는 필요)

④ 호흡기 질환 등 관심이 필요한 원아·학생 관리대책 이행

⑤ 실내공기질 관리(물걸레질 청소 등)

5-4. 3단계 : 주의보

해당 권역의 PM_{10} 150㎍/㎥ 이상 또는 $PM_{2.5}$ 75㎍/㎥ 이상 2시간 지속
  - 시설 시설 내 기계, 기구류 세척 등 식당 위생관리 강화

5-5. 4단계 : 경보

해당 권역의 PM$_{10}$ 300㎍/㎥ 이상 또는 PM$_{2.5}$ 150㎍/㎥이상 2시간 지속
 - 질환자 파악 및 특별관리(진료 등)

5-6. 5단계 : 주의보, 경보 발령 해제

시·도 대기자동측정소의 미세먼지 시간당 평균농도가 미세먼지 주의
보, 경보 해제기준에 해당하는 경우
① 주의보 PM$_{10}$: 100㎍/㎥ 미만, PM$_{2.5}$: 35㎍/㎥ 미만
   경보 PM$_{10}$: 150㎍/㎥ 미만, PM$_{2.5}$: 75㎍/㎥ 미만
② 주의보, 경보 발령 해제 시 조치사항
   - 기관별 실내·외 청소 실시
   - 미세먼지 농도가 낮은 시간에 도로변 외의 창문을 통한 환기 실시
   - 환자 발생여부 파악, 휴식 또는 조기 귀가

5-7. 6단계 : 조치결과 등 보고

관계기관은 담당자 현황 및 경보 조치결과를 작성·보고
① 담당자 현황
   보건복지부는 노인요양시설의 미세먼지 담당자 현황을 취합하여
   환경부에 보고(3월, 9월)
② 경보 조치결과
   - 노인요양시설은 시·도 담당부서에 보고(경보발령 후 7일 이내)
   - 보건복지부는 노인복지시설의 경보 조치 결과를 환경부에 보고
     (3월·9월)

제3장

환경분쟁 해결하는 방법

제3장
환경분쟁 해결하는 방법

1. 개념

1-1. 환경이란?

① 환경이란 자연환경과 생활환경을 말합니다(환경정책기본법 제3조제1호).

② 자연환경이란 지하·지표(해양을 포함) 및 지상의 모든 생물과 이들을 둘러싸고 있는 비생물적인 것을 포함한 자연의 상태(생태계 및 자연경관을 포함)를 말합니다(환경정책기본법 제3조제2호).

③ 생활환경이란 대기, 물, 폐기물, 소음·진동, 악취, 일조, 인공조명, 화학물질 등 사람의 일상생활과 관계되는 환경을 말합니다(환경정책기본법 제3조제3호).

1-2. 환경오염과 환경훼손

① 환경오염이란 사업활동, 그 밖에 사람의 활동에 따라 발생되는 대기오염, 수질오염, 토양오염, 해양오염, 방사능오염, 소음·진동, 악취, 일조 방해, 인공조명에 의한 빛공해 등으로서 사람의 건강이나 환경에 피해를 주는 상태를 말합니다(환경정책기본법 제3조제4호).

② 환경훼손이란 야생 동·식물의 남획 및 그 서식지의 파괴, 생태계질서의 교란, 자연경관의 훼손, 표토(表土)의 유실 등으로 인하여 자연환경의 본래적 기능에 중대한 손상을 주는 상태를 말합니다(환경정책기본법 제3조제5호).

2. 환경분쟁

2-1. 환경분쟁

환경분쟁이란 일반적으로 환경피해에 대한 다툼과 환경시설의 설치 또는 관리와 관련된 다툼을 말합니다(환경분쟁 조정법 제2조제2호).

2-2. 환경분쟁 해결방법의 종류

① 환경분쟁 해결방법에는 소송 외 구제 방법과 소송을 통한 구제 방법이 있습니다.
② 소송 외 구제 방법에는 환경분쟁조정제도가 있으며, 소송을 통한 구제 방법에는 민사소송과 행정쟁송(행정심판, 행정소송), 국가배상청구 등이 있습니다.

3. 환경분쟁조정(調整)제도

3-1. 환경분쟁조정제도란?

① 환경분쟁조정제도는 국민들이 생활 속에서 부딪히는 크고 작은 환경분쟁을 복잡한 소송절차를 통하지 않고 전문성을 가진 행정기관에서 신속히 해결하도록 하기 위해 마련한 제도입니다.
② 환경분쟁을 민사소송으로 제기하는 경우, 피해자는 가해행위와 피해발생 간의 인과관계를 입증해야 하고, 이 과정에서 법률지식이 없는 일반인은 상당한 비용을 들여 변호사의 도움을 받아야 하는데 반해, 환경분쟁조정제도를 이용하는 경우에는 환경분쟁조정위원회에서 적은 비용으로 피해사실 입증을 대신해 주고, 소송보다 절차도 간단하다는 장점이 있습니다.

3-2. 환경분쟁조정의 종류

환경분쟁조정(調整)의 종류는 다음과 같습니다.

구분	정의	처리기간
알선(斡旋)	당사자의 자리를 주선하여 분쟁당사자 간의 합의를 유도하는 절차	3개월

조정(調停)	사실조사 후 조정위원회가 조정안을 작성하여 당사자 간의 합의를 수락 권고하는 절차	9개월
재정(裁定)	사실조사 및 당사자 심문 후 재정위원회가 피해배상액을 결정하는 준사법적 절차	9개월
중재(仲裁)	당사자가 중재위원회의 중재안을 수용하기로 합의할 경우 시작되며, 사실조사 후 중재위원회가 인과관계의 유무 및 피해액을 판단하여 결정하는 절차	9개월

3-3. 환경분쟁조정(調整:알선·조정·재정·중재)의 효력

① 알선(斡旋)의 효력 : 알선위원의 중재로 당사자 간에 합의가 이루어지면 합의서를 작성하며, 합의서 작성에 따라 분쟁이 해결됩니다.

② 조정(調停)의 효력 : 조정위원회의 조정안을 당사자가 수락한 때에는 조정조서를 작성하며, 이 경우 조정조서는 재판상 화해와 동일한 효력이 있습니다(환경분쟁 조정법 제33조).

③ 재정(裁定)의 효력 : 환경분쟁조정위원회가 재정결정을 행한 경우 재정문서의 정본이 당사자에게 송달된 날부터 60일 이내에 당사자 쌍방 또는 일방이 해당 재정의 대상인 환경피해를 원인으로 하는 소송을 제기하지 않거나 소송을 제기했다가 철회한 경우 또는 「환경분쟁 조정법」 제42조제1항에 따른 신청을 하지 않은 경우, 해당 재정문서는 재판상 화해와 동일한 효력이 있습니다(환경분쟁 조정법 제42조).

④ 중재(仲裁)의 효력 : 중재위원회에서 중재가 이루어지면, 양쪽 당사자 간에 법원의 확정판결과 동일한 효력이 있습니다(환경분쟁 조정법 제45조의4).

4. 환경쟁송

4-1. 환경쟁송

환경쟁송이란 환경오염, 환경훼손과 같은 환경피해와 관련하여 다투는 소송과 심판 등을 뜻합니다.

4-2. 환경침해에 대한 구제방법

환경침해를 받은 자는 손해배상청구 또는 유지청구 등의 민사소송을 제기할 수 있으며, 그 밖에 행정심판이나 행정소송, 국가배상청구를 통해서 피해를 구제받을 수 있습니다.

4-3. 민사소송

① 민사소송에는 환경피해에 대한 배상을 청구하는 손해배상청구와 환경침해의 방지를 청구하는 유지청구가 있습니다.

② 손해배상청구소송은 불법행위를 청구원인으로 하며, 고의 또는 과실로 타인에게 손해를 가한 자는 그 손해를 배상하도록 하고 있습니다(민법 제750조).

③ 유지청구(留止請求)란 사전적 피해구제의 방법으로서 피해자가 가해자를 상대로 피해자에게 손해를 주는 행위를 중지할 것을 법원에 청구하는 것을 말합니다.

④ 「민법」 제214조 및 제217조를 근거로 하여 환경 피해를 사전에 예방하거나 제거하기 위해 환경침해발생시설의 가동 중지, 소음발생 행위의 금지 등을 구할 수 있습니다.

⑤ 민사소송은 환경분쟁조정(알선·조정·재정·중재)을 거치지 않아도 제기할 수 있습니다.

4-4. 행정쟁송

4-4-1. 행정심판

① 행정청의 위법 또는 부당한 처분(개선명령이나 인·허가 및 규제조치거부 등)이나 부작위로 인해 환경피해를 입은 자는 행정기관(행정심판위원회)에 행정심판을 제기하여 권리를 구제받을 수 있습니다(행정심판법 제1조 및 제3조).

② 행정심판의 종류(행정심판법 제5조).
- 취소심판: 행정청의 위법 또는 부당한 처분을 취소하거나 변경하는 행정심판
- 무효등확인심판: 행정청의 처분의 효력 유무 또는 존재 여부를 확인하는 행정심판

- 의무이행심판: 당사자의 신청에 대한 행정청의 위법 또는 부당한 거부처분이나 부작위에 대하여 일정한 처분을 하도록하는 행정심판
③ 환경분쟁조정위원회의 결정은 행정쟁송의 대상이 아니므로 분쟁조정결정에 대해서는 행정심판 및 행정소송을 제기할 수 없습니다.

4-4-2. 행정소송

① 행정청의 위법한 처분이나 행정심판 재결, 부작위로 인해 환경피해를 입은 자는 법원에 행정소송(항고소송)을 제기하여 권리를 구제받을 수 있습니다(행정소송법 제1조 및 제3조제1호).
② 예를 들어 행정청이 공장건설허가 등을 통해 오염원을 배출하는 공장을 건설할 수 있도록 함으로써 환경피해의 원인을 제공한 경우에는 행정처분(공장건설허가 등)의 하자에 근거해 해당 처분의 취소를 구하거나 무효 확인을 구함으로써 환경침해의 원인을 제거할 수 있습니다.
③ 행정소송(항고소송)의 종류(행정소송법 제4조)
- 취소소송: 행정청의 위법한 처분등을 취소 또는 변경하는 소송
- 무효등확인소송: 행정청의 처분등의 효력 유무 또는 존재여부를 확인하는 소송
- 부작위위법확인소송: 행정청의 부작위가 위법하다는 것을 확인하는 소송

4-4-3. 국가배상청구

① 국가배상제도란 공무원의 직무상 불법행위나 도로·하천과 같은 영조물의 설치·관리의 잘못으로 손해를 입은 국민에게 국가 또는 지방자치단체가 손해배상을 하여주는 제도입니다(국가배상법 제2조 및 제5조).
② 국가나 지방자치단체가 설치·운영하는 배출시설이나 폐기물처리시설, 도로 등에 의해 환경오염피해를 입은 자는 국가 또는 지방자치단체를 상대로 손해배상을 청구할 수 있을 것입니다(국가배상법 제5조).
③ 국가배상을 청구하려면 관할 배상심의회에 청구하거나 곧바로 소송을 제기할 수 있습니다(국가배상법 제9조).
④ 「환경분쟁 조정법」에 따른 분쟁조정절차(알선·조정·재정·중재)를 거친 경우(「환경분쟁 조정법」 제34조 및 제35조 포함)에는 「국가배상법」에 따른

배상심의회의 심의·의결을 거친 것으로 보기 때문에 국가배상을 청구하려면 곧바로 법원에 소송을 제기해야 합니다(환경분쟁 조정법 제62조).

5. 관련 법령

5-1. 「대한민국헌법」

① 모든 국민은 건강하고 쾌적한 환경에서 생활할 권리를 가지며, 국가와 국민은 환경보전을 위해 노력해야 합니다.
② 환경권의 내용과 행사에 관하여는 법률로 정합니다.
③ 판례는 사법상의 권리로서의 환경권을 인정하는 명문의 규정이 없는 경우 환경권에 기하여 직접 방해배제청구권을 인정할 수 없다고 판시하고 있습니다(대법원 1999.7.27. 선고 98다47528 판결).

5-2. 「환경정책기본법」

5-2-1. 「환경정책기본법」의 목적

「환경정책기본법」은 환경보전에 관한 국민의 권리·의무와 국가의 책무를 명확히 하고 환경정책의 기본이 되는 사항을 정하여 환경오염과 환경훼손을 예방하고 환경을 적정하고 지속가능하게 관리·보전함으로써 모든 국민이 건강하고 쾌적한 삶을 누릴 수 있도록 함을 목적으로 하고 있습니다.

5-2-2. 환경이란

① 환경이란 자연환경과 생활환경을 말합니다.
② 자연환경이란 지하·지표(해양을 포함) 및 지상의 모든 생물과 이들을 둘러싸고 있는 비생물적인 것을 포함한 자연의 상태(생태계 및 자연경관을 포함)를 말합니다.
③ 생활환경이란 대기, 물, 폐기물, 소음·진동, 악취, 일조, 인공조명, 화학물질 등 사람의 일상생활과 관계되는 환경을 말합니다.

5-2-3. 환경오염과 환경훼손

① 환경오염이란 사업활동, 그 밖에 사람의 활동에 따라 발생되는 대

기오염, 수질오염, 토양오염, 해양오염, 방사능오염, 소음·진동, 악취, 일조 방해, 인공조명에 의한 빛공해 등으로서 사람의 건강이나 환경에 피해를 주는 상태를 말합니다(환경정책기본법 제3조제4호).

② 환경훼손이란 야생동·식물의 남획 및 그 서식지의 파괴, 생태계질서의 교란, 자연경관의 훼손, 표토(表土)의 유실 등으로 인하여 자연환경의 본래적 기능에 중대한 손상을 주는 상태를 말합니다(환경정책기본법 제3조제5호).

5-2-4. 오염원인자 책임원칙

자기의 행위 또는 사업활동으로 인하여 환경오염 또는 환경훼손의 원인을 야기한 자는 그 오염·훼손의 방지와 오염·훼손된 환경을 회복·복원할 책임을 지며, 환경오염 또는 환경훼손으로 인한 피해의 구제에 소요되는 비용을 부담함을 원칙으로 합니다(환경정책기본법 제7조).

5-2-5. 환경보전을 위한 규제

정부는 환경보전을 위하여 대기오염·수질오염·토양오염 또는 해양오염의 원인이 되는 물질의 배출, 소음, 진동, 악취의 발생, 폐기물의 처리, 일조의 침해 및 자연환경의 훼손에 대하여 필요한 규제를 해야 합니다(환경정책기본법 제30조제1항).

5-2-6. 사업자의 무과실책임

① 사업장 등에서 발생되는 환경오염 또는 환경훼손으로 인해 피해가 발생한 경우에는 해당 환경오염 또는 환경훼손의 원인자가 그 피해를 배상해야 합니다(환경정책기본법 제44조제1항).

② 환경오염 또는 환경훼손의 원인자가 둘 이상인 경우에 어느 원인자에 의해 위의 피해가 발생한 것인지를 알 수 없을 때에는 각 원인자가 연대하여 배상해야 합니다(환경정책기본법 제44조제2항).

5-3. 「환경분쟁 조정법」
5-3-1. 「환경분쟁조정법」의 목적

「환경분쟁 조정법」은 환경분쟁의 알선·조정·재정 및 중재의 절차 등을 규정함으로써 환경분쟁을 신속·공정하고 효율적으로 해결하여 환경을 보전하고 국민의 건강 및 재산상의 피해를 구제함을 목적으로 합니다.

5-3-2. 환경분쟁의 개념

① 환경분쟁이란 환경피해에 대한 다툼과 「환경기술 및 환경산업 지원법」 제2조제2호에 따른 환경시설의 설치 또는 관리와 관련된 다툼을 말합니다.
② 환경피해란 사업 활동, 그 밖에 사람의 활동에 의해 발생하였거나 발생이 예상되는 대기오염, 수질오염, 토양오염, 해양오염, 소음·진동, 악취, 자연생태계파괴, 일조방해, 통풍방해, 조망저해, 인공조명에 의한 빛공해, 지하수 수위 또는 이동경로의 변화, 진동이 그 원인 중의 하나가 되는 지반침하(광물채굴로 인한 지반침하는 제외함)를 원인으로 한 건강·재산·정신에 관한 피해를 말합니다.

5-3-3. 분쟁조정의 신청

① 분쟁조정이란 환경분쟁에 대한 알선·조정·재정 및 중재를 말합니다.
② 조정을 신청하고자 하는 자는 관할 환경분쟁조정위원회에 알선·조정·재정 또는 중재 신청서를 제출해야 합니다.

5-4. 「민법」
5-4-1. 불법행위에 대한 손해배상청구

고의 또는 과실로 인한 위법행위로 타인에게 손해를 가한 자는 그 손해를 배상할 책임이 있습니다.

5-4-2. 소유물방해제거, 방해예방청구권

소유자는 소유권을 방해하는 자에 대하여 방해의 제거를 청구할 수 있고 소유권을 방해할 염려있는 행위를 하는 자에 대하여 그 예방이나 손해배상의 담보를 청구할 수 있습니다(「민법」 제214조).

5-4-3. 매연 등에 의한 인지에 대한 방해금지

① 토지소유자는 매연, 열기체, 액체, 음향, 진동, 그 밖에 이에 유사한 것으로 이웃토지의 사용을 방해하거나 이웃거주자의 생활에 고통을 주지 않도록 적당한 조처를 할 의무가 있습니다.

② 이웃거주자는 위의 사태가 이웃 토지의 통상의 용도에 적당한 것인 때에는 이를 인용할 의무가 있습니다.

5-5.「행정심판법」

5-5-1.「행정심판법」의 목적

「행정심판법」은 행정심판 절차를 통하여 행정청의 위법 또는 부당한 처분(處分)이나 부작위(不作爲)로 침해된 국민의 권리 또는 이익을 구제하고, 아울러 행정의 적정한 운영을 꾀함을 목적으로 합니다.

5-5-2. 행정심판

① 행정청의 처분 또는 부작위에 대해서는 다른 법률에 특별한 규정이 있는 경우 외에는「행정심판법」에 따라 행정심판을 청구할 수 있습니다.

② 행정청이란 행정에 관한 의사를 결정하여 표시하는 국가 또는 지방자치단체의 기관, 그 밖에 법령 또는 자치법규에 따라 행정권한을 가지고 있거나 위탁을 받은 공공단체나 그 기관 또는 사인(私人)을 말합니다.

5-5-3. 행정심판의 대상

① 처분이란 행정청이 행하는 구체적 사실에 관한 법집행으로서의 공권력의 행사 또는 그 거부, 그 밖에 이에 준하는 행정작용을 말합니다.

② 부작위란 행정청이 당사자의 신청에 대하여 상당한 기간 내에 일정한 처분을 하여야 할 법률상 의무가 있는데도 처분을 하지 않는 것을 말합니다.

5-5-4. 행정심판의 종류

행정심판의 종류는 다음과 같습니다.
- 취소심판: 행정청의 위법 또는 부당한 처분을 취소하거나 변경하는 행정심판
- 무효등확인심판: 행정청의 처분의 효력 유무 또는 존재 여부를 확인하는 행정심판
- 의무이행심판: 당사자의 신청에 대한 행정청의 위법 또는 부당한 거부처분이나 부작위에 대하여 일정한 처분을 하도록하는 행정심판

5-6. 「행정소송법」

5-6-1. 「행정소송법」의 목적

「행정소송법」은 행정소송절차를 통하여 행정청의 위법한 처분, 그 밖에 공권력의 행사·불행사 등으로 인한 국민의 권리 또는 이익의 침해를 구제하고, 공법상의 권리관계 또는 법적용에 관한 다툼을 적정하게 해결함을 목적으로 합니다.

5-6-2. 항고소송

항고소송이란 행정청의 처분 등이나 부작위에 대하여 제기하는 소송입니다.

5-6-3. 항고소송의 대상

① 처분 등이란 행정청이 행하는 구체적 사실에 관한 법집행으로서의 공권력의 행사 또는 그 거부와 그 밖에 이에 준하는 행정작용 및 행정심판에 대한 재결을 말합니다.
② 부작위란 행정청이 당사자의 신청에 대하여 상당한 기간 내에 일정한 처분을 하여야 할 법률상 의무가 있음에도 불구하고 이를 하지 않는 것을 말합니다.

5-6-4. 항고소송의 종류

항고소송은 다음과 같이 구분합니다.

- 취소소송은 행정청의 위법한 처분 등을 취소 또는 변경하는 소송입니다.
- 무효등확인소송은 행정청의 처분 등의 효력 유무 또는 존재 여부를 확인하는 소송입니다.
- 부작위위법확인소송은 행정청의 부작위가 위법하다는 것을 확인하는 소송입니다.

5-6-5. 다른 법률과의 관계

행정소송은 다른 법률에 특별한 규정이 있는 경우를 제외하고는 「행정소송법」이 정하는 바에 따르며, 행정소송에 대해 「행정소송법」에 특별한 규정이 없는 사항에 대해서는 「법원조직법」과 「민사소송법」 및 「민사집행법」을 준용합니다.

5-7. 「국가배상법」

5-7-1. 「국가배상법」의 목적

「국가배상법」은 국가나 지방자치단체의 손해배상(損害賠償)의 책임과 배상절차를 규정함을 목적으로 합니다.

5-7-2. 배상책임

국가나 지방자치단체는 공무원 또는 공무를 위탁받은 사인이 직무를 집행하면서 고의 또는 과실로 법령을 위반하여 타인에게 손해를 입히거나, 「자동차손해배상 보장법」에 따라 손해배상의 책임이 있을 때에는 그 손해를 배상해야 합니다.

5-7-3. 공공시설 등의 하자로 인한 책임

도로·하천, 그 밖의 공공의 영조물(營造物)의 설치나 관리에 하자(瑕疵)가 있기 때문에 타인에게 손해를 발생하게 하였을 때에는 국가나 지방자치단체는 그 손해를 배상해야 합니다.

5-7-4. 다른 법률과의 관계

국가나 지방자치단체의 손해배상 책임에 관하여는 「국가배상법」에 규정된 사항 외에는 「민법」에 따릅니다. 다만, 「민법」 외의 법률에 다른 규정이 있을 때에는 그 규정에 따릅니다.

5-7-5. 소송과 배상신청의 관계

「국가배상법」에 따른 손해배상의 소송은 배상심의회에 배상신청을 하지 않고도 제기할 수 있습니다.

제4장
환경분쟁조정 신청방법

제4장
환경분쟁조정 신청방법

제1절 환경분쟁조정의 신청대상 및 종류

1. 신청 대상

1-1. 환경분쟁조정제도

① 환경분쟁조정제도는 국민들이 생활 속에서 부딪히는 크고 작은 환경분쟁을 복잡한 소송절차를 통하지 않고 전문성을 가진 행정기관에서 신속히 해결하도록 하기 위해 마련한 제도입니다.

② 제도장점

환경분쟁을 민사소송으로 제기하는 경우, 피해자는 가해행위와 피해발생 간의 인과관계를 입증해야 하고 이 과정에서 법률지식이 없는 일반인은 상당한 비용을 들여 변호사의 도움을 받아야 하는데 반해, 환경분쟁조정제도를 이용하는 경우에는 환경분쟁조정위원회에서 적은 비용으로 피해사실 입증을 대신 해주고, 소송보다 절차도 간단하다는 장점이 있습니다.

1-2. 환경분쟁조정의 신청 대상

1-2-1. 환경피해에 대한 다툼

① 환경피해란 사업활동이나 그 밖에 사람의 활동에 의해 발생하였거나

발생이 예상되는 1) 대기오염, 2) 수질오염, 3) 토양오염, 4) 해양오염, 5) 소음·진동, 6) 악취, 7) 자연생태계파괴, 8) 일조방해, 9) 통풍방해, 10) 조망저해, 11) 인공조명에 의한 빛공해, 12) 지하수 수위 또는 이동경로의 변화, 13) 진동이 그 원인 중의 하나가 되는 지반침하(광물채굴로 인한 지반침하 제외)로 인한 건강·재산·정신에 관한 피해를 말합니다(환경분쟁 조정법 제2조제1호 본문 및 동법 시행령 제2조).

② 다만, 다음의 어느 하나에 해당하는 분쟁의 조정은 다음에서 정하는 경우에만 환경분쟁조정을 신청할 수 있습니다(환경분쟁 조정법 제5조제1호 단서).
  - 건축법 제2조제1항제8호의 건축으로 인한 일조 방해 및 조망 저해와 관련된 분쟁: 그 건축으로 인한 다른 분쟁과 복합되어 있는 경우
  - 지하수 수위 또는 이동경로의 변화와 관련된 분쟁: 공사 또는 작업(「지하수법」에 따른 지하수의 개발·이용을 위한 공사 또는 작업은 제외한다)으로 인한 경우

③ 방사능오염으로 인한 피해는 환경분쟁조정의 대상이 되는 환경피해에서 제외합니다(환경분쟁 조정법 제2조제1호 단서).

④ 예상되는 피해로 인한 분쟁의 알선·조정 재정 또는 중재의 신청은 사업의 시행자, 규모, 위치, 기간 등을 포함한 사업계획이 관계법령에 의한 절차에 따라 결정된 후에 할 수 있습니다(환경분쟁 조정법 시행령 제9조).

1-2-2. 환경시설의 설치 또는 관리와 관련된 다툼

환경시설이란 환경오염물질(「환경기술 및 환경산업 지원법」 제2조제1호 가목) 등으로 인한 자연환경 및 생활환경에 대한 위해를 사전에 예방 또는 감소하거나 환경오염물질의 적정한 처리 또는 폐기물 등의 재활용을 위한 시설·기계·기구, 그 밖의 물체로서 다음의 것을 말합니다(환경기술 및 환경산업 지원법 제2조제2호 및 동법 시행규칙 제2조).
  - 「환경기술 및 환경산업 지원법」 제15조제1항에 따른 환경전문공사업의 등록을 한 자가 설계·시공하는 환경오염방지시설
  - 「하수도법」 제2조제3호에 따른 하수도
  - 「물환경보전법」 제48조에 따른 공공폐수처리시설
  - 「가축분뇨의 관리 및 이용에 관한 법률」 제2조제8호 및 제9호

에 따른 처리시설 및 공공처리시설

- 「자원의 절약과 재활용촉진에 관한 법률」 제2조제10호에 따른 재활용시설
- 「폐기물관리법」 제2조제8호에 따른 폐기물처리시설
- 「수도법」 제3조제17호에 따른 수도시설
- 그 밖에 환경오염물질의 발생을 예방·저감(低減)하거나 오염된 환경을 복원하는 시설·기계·기구 및 설비로서 환경부장관이 정하여 고시하는 것

2. 종류

2-1. 환경분쟁조정(調整)의 종류

① 환경분쟁조정(調整)에는 알선(斡旋), 조정(調停), 재정(裁定) 및 중재가 있습니다(환경분쟁 조정법 제2조제3호). 구체적인 내용은 다음과 같습니다.

② 알선(斡旋)
알선이란 비교적 간단한 환경피해로 인한 분쟁사건에 대해 알선위원이 분쟁당사자의 화해를 유도하여 합의가 이루어지게 하는 절차를 말합니다.

③ 조정(調停)
조정이란 알선으로 해결이 곤란한 피해분쟁사건의 경우에 조정위원회가 사실조사 후 조정안을 작성하고 양측에 수락을 권고하는 절차를 말합니다.

④ 재정(裁定)
재정이란 알선·조정으로도 해결이 곤란한 사건에 대해 재정위원회가 인과관계의 유무 및 피해액을 판단하여 결정하는 절차를 말합니다. 당사자가 승복하면 그것으로 분쟁이 해결되는 것이지만 이에 불복할 경우에는 소송을 제기할 수 있습니다.

⑤ 중재(仲裁)
중재란 양 당사자가 중재를 통하여 분쟁을 해결하기로 합의를 한 후 어느 당사자 일방이 환경분쟁조정위원회에 신청함으로써 시작되며, 중재위원회가 환경분쟁 피해에 대해 위법성과 인과관계의 유

무, 피해규모 등에 대하여 사실조사 및 심문 등의 절차를 거쳐 법률적 판단을 내려 분쟁을 해결하는 제도입니다.

2-2. 분쟁조정의 유형 및 효력

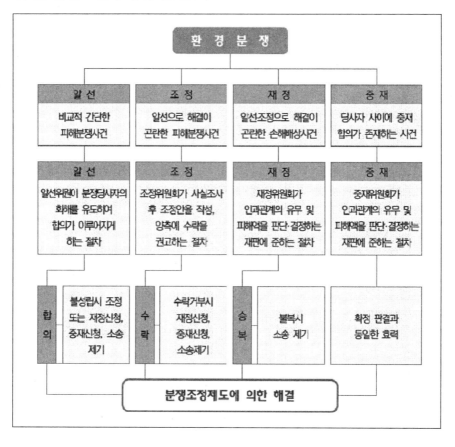

제2절 환경분쟁조정의 신청

1. 신청 및 참가

1-1. 환경분쟁조정의 신청자

1-1-1. 분쟁당사자에 의한 신청

환경오염 발생원인자 또는 환경오염 피해자는 직접 분쟁조정을 신청할 수 있습니다.

1-1-2. 선정대표자에 의한 신청

① 다수인이 공동으로 분쟁조정(알선·조정·재정)의 당사자가 되는 경우에는 그 중에서 3인 이하의 대표자를 선정할 수 있으며, 환경분쟁조정위원회(이하 '위원회'라 함)는 대표자를 선정하지 않은 경우에 필요하다고 인정할 때에는 당사자들에게 대표자를 선정할 것을 권고할 수 있습니다(환경분쟁 조정법 제19조제1항 및 제2항).

② 선정대표자는 다른 신청인 또는 피신청인을 위하여 그 사건의 분쟁조정에 관한 모든 행위를 할 수 있습니다. 다만, 신청의 철회 및 조정안의 수락은 다른 당사자들의 서면에 의한 동의를 얻어야 합니다(환경분쟁 조정법 제19조제3항).

③ 대표자가 선정된 경우에는 다른 당사자들은 그 선정대표자를 통해서만 그 사건에 관한 행위를 할 수 있습니다(환경분쟁 조정법 제19조제4항).

④ 대표자를 선정한 당사자들은 필요하다고 인정하는 경우에는 선정대표자를 해임하거나 변경할 수 있습니다. 이 경우 당사자들은 그 사실을 지체 없이 위원회에 통지해야 합니다(환경분쟁 조정법 제19조제5항).

1-1-3. 다수인관련분쟁조정의 신청(대표당사자)

① 다수인에게 같은 원인으로 인한 환경피해가 발생하거나 발생할 우려가 있는 경우에는 그 중 1명 또는 수인(數人)이 위원회의 허가를 받아 대표당사자로서 분쟁조정(알선·조정·재정·중재)을 신청할 수 있습니다(환경분쟁 조정법 제46조제1항 및 제2항).

② 다수인관련분쟁이란 같은 원인으로 인한 환경피해를 주장하는 자가 다수(多數)인 환경분쟁을 말합니다(환경분쟁 조정법 제2조제4호).

③ 다수인관련분쟁조정 신청의 허가요건은 다음과 같습니다(환경분쟁 조정법 제47조).

- 같은 원인으로 발생했거나 발생할 우려가 있는 환경피해를 청구 원인으로 할 것
- 공동의 이해관계를 가진 자가 100명 이상이며, 선정대표자에 의한 분쟁조정이 현저하게 곤란할 것
- 피해배상을 신청하는 경우에는 1명당 피해배상 요구액이 500만 원 이하일 것
- 신청인이 대표하려는 다수인 중 30명 이상이 동의할 것
- 신청인이 구성원의 이익을 공정하고 적절하게 대표할 수 있을 것

[서식] 분쟁조정신청서

중재신청서		
※ 색상이 어두운 난은 신청인이 적지 않습니다.		(앞쪽)

접수번호		접수일	처리기간 9개월 이내	
신청인	상호(명칭)			
	성명(대표자)		생년월일	
	주소 법 인	(전화번호:		)
	개 인	(전화번호:		)
선정대표자, 대리인 또는 대표당사자	상호(명칭)			
	성명			
	주소			
피신청인	상호(명칭)			
	성명(대표자)			
	주소 법 인			
	개 인			
환경피해 발생의 일시·장소				
중재를 구하는 취지 및 이유				
피해금액 또는 예상 피해금액				
분쟁의 경과				
중재를 통하여 분쟁을 해결하기로 한 당사자 간 합의 사실				
당사자 간 합의한 중재위원의 명단	* 당사자가 합의하여 위원을 선정하는 경우만 기재합니다.			
참고자료				

「환경분쟁 조정법」 제16조 및 같은 법 시행령 제8조제3호에 따라 위와 같이 신청합니다.

년   월   일

신청인   (서명 또는 인)

○○환경분쟁조정위원회 귀중

첨부서류	1. 중재의 합의 사실을 증명할 수 있는 서류 1부 2. 중재위원의 합의 사실을 증명할 수 있는 서류 1부(당사자가 합의하여 위원을 선정하는 경우에만 첨부합니다)	수수료(수입인지 또는 수입증지) 시행령 별표 또는 시·도 조례 참조

1-1-4. 환경단체에 의한 신청

① 다음의 요건을 모두 갖춘 환경단체는 중대한 자연생태계 파괴로 인한 피해가 발생하였거나 발생할 위험이 현저한 경우에는 환경분쟁조정위원회의 허가를 받아 분쟁당사자를 대리하여 위원회에 분쟁조정(알선·조정·재정·중재)을 신청할 수 있습니다(환경분쟁 조정법 제26조제1항 및 동법 시행령 제20조).
  - 「민법」 제32조에 따라 환경부장관의 허가를 받아 설립된 비영리 법인일 것
  - 정관에 따라 환경보호 등 공익의 보호와 증진을 목적으로 하는 단체일 것
  - 구성원이 100명 이상일 것
  - 신청일 현재 법인으로서의 자연환경분야 활동실적이 2년이상일 것
② 이 경우 환경단체의 권한은 서면으로 소명해야 합니다(환경분쟁 조정법 제26조제2항 및 제22조제3항).
③ 환경단체는 다음의 행위에 대해서는 특별히 위임을 받아야 합니다(환경분쟁 조정법 제26조제2항 및 제22조제4항).
  - 신청의 철회
  - 조정안의 수락
  - 복대리인의 선임

1-1-5. 중앙환경분쟁조정위원회의 직권 조정(調停)에 의한 분쟁조정 절차 개시

중앙환경분쟁조정위원회는 환경오염으로 인한 사람의 생명·신체에 대한 중대한 피해, 「환경기술 및 환경산업 지원법」 제2조제2호에 따른 환경시설의 설치 또는 관리와 관련된 다툼 등 사회적으로 파급효과가 클 것으로 우려되는 환경분쟁에 대해서는 당사자의 신청이 없는 경우에도 직권으로 조정(調停) 절차를 개시할 수 있습니다(환경분쟁 조정법 제2조제2호 및 제30조제1항).

1-2. 대리인

① 대리인

당사자는 다음 어느 하나에 해당하는 사람을 대리인으로 선임할수 있습니다(환경분쟁 조정법 제22조제1항).
- 당사자의 배우자, 직계존비속 또는 형제자매
- 당사자인 법인의 임직원
- 변호사
- 환경부장관 또는 지방자치단체의 장이 지명하는 소속공무원

② 위에서 1. 또는 2.를 대리인으로 선임하려는 경우 당사자는 위원회의 위원장의 허가를 받아야 합니다(환경분쟁 조정법 제22조제2항).

③ 대리인의 권한은 서면으로 소명해야 합니다(환경분쟁 조정법 제22조제3항).

④ 대리인은 신청의 철회, 조정안의 수락, 복대리인의 선임에 대해서는 특별한 위임을 받아야 합니다(환경분쟁 조정법 제22조제4항).

1-3. 분쟁조정의 참가

① 분쟁이 조정절차에 계류(繫留)되어 있는 경우에 같은 원인에 의한 환경피해를 주장하는 자는 위원회의 승인을 받아 당사자로서 해당 절차에 참가할 수 있습니다(환경분쟁 조정법 제20조제1항).

② 이 경우 위원회가 승인을 하고자 하는 경우에는 당사자의 의견을 들어야 합니다(환경분쟁 조정법 제20조제2항).

③ 분쟁조정절차에 참가하고자 하는 자는 서면으로 위원회에 신청해야 합니다(환경분쟁 조정법 제20조제1항 및 동법 시행령 제15조제1항).

④ 참가신청, 신청의 변경 및 통지에 관한 내용은 알선·조정·재정의 신청절차에 따르며, 참가신청서의 부본을 송부받은 상대방은 10일 이내에 이에 대한 의견을 위원회에 서면으로 제출할 수 있습니다 (환경분쟁 조정법 시행령 제15조제2항 및 제3항).

2. 다수인 관련 분쟁에서 대표당사자가 신청하는 경우

2-1. 다수인관련분쟁조정 신청

2-1-1. 다수인관련분쟁조정 신청

① 다수인에게 같은 원인으로 인한 환경피해가 발생하거나 발생할 우려가 있는 경우에는 그 중 1명 또는 수인(數人)이 대표당사자로서 분쟁조정(알선·조정·재정·중재)을 신청할 수 있습니다(환경분쟁 조정법 제46조제1항).

② 다수인관련분쟁이란 같은 원인으로 인한 환경피해를 주장하는 자가 다수(多數)인 환경분쟁을 말합니다(환경분쟁 조정법 제2조제4호).

③ 위에 따른 분쟁조정을 신청하기 위해서는 환경분쟁조정위원회(이하 '위원회'라 함)의 허가를 받아야 하며, 허가의 신청은 서면으로 해야 합니다(환경분쟁 조정법 제46조제2항 및 제3항).

④ 허가 신청서(「환경분쟁 조정법 시행규칙」 별지 제26호서식)에 기재해야 할 사항은 다음과 같습니다(환경분쟁 조정법 제46조제4항).
- 신청인의 주소 및 성명
- 대리인이 신청하는 경우에는 대리인의 주소 및 성명
- 피신청인이 될 자의 주소 및 성명
- 신청인이 대표하고자 하는 다수인의 범위
- 손해배상을 청구하는 경우에는 1인당 배상청구액의 상한
- 분쟁조정신청의 취지 및 원인

2-1-2. 허가의 요건

위의 허가요건은 다음과 같습니다(환경분쟁 조정법 제47조).
- 같은 원인으로 발생했거나 발생할 우려가 있는 환경피해를 청구원인으로 할 것
- 공동의 이해관계를 가진 자가 100명 이상이며, 선정대표자에 의한 분쟁조정이 현저하게 곤란할 것
- 피해배상을 신청하는 경우에는 1명당 피해배상요구액이 500만원 이하일 것
- 신청인이 대표하려는 다수인 중 30명 이상이 동의할 것
- 신청인이 구성원의 이익을 공정하고 적절하게 대표할 수 있을 것

2-1-3. 신청의 경합

① 위원회는 다수인관련분쟁조정의 허가신청이 경합하는 경우에는 사건을 분리 또는 병합하는 등의 방법을 각 신청인에게 권고할 수 있습니다(환경분쟁 조정법 제48조제1항).

② 위원회는 위의 권고가 수락되지 않은 경우에는 해당 신청에 대해 불허가결정을 할 수 있습니다(환경분쟁 조정법 제48조제2항).

2-1-4. 허가 결정

① 위원회는 다수인관련분쟁조정의 허가결정을 한 경우에는 즉시 신청인과 피신청인에게 이를 통지해야 합니다(환경분쟁 조정법 제49조제2항).

② 위원회가 다수인관련분쟁조정의 허가결정을 한 경우에는 「환경분쟁 조정법」 제46조에 따른 다수인관련분쟁조정 허가신청을 한 때에 조정이 신청된 것으로 봅니다(환경분쟁 조정법 제49조제3항).

2-1-5. 대표당사자의 감독 등

① 위원회는 필요하다고 인정하는 경우에는 대표당사자에게 필요한 보고를 할 것을 요구할 수 있습니다(환경분쟁 조정법 제50조제1항).

② 위원회는 대표당사자가 구성원을 공정하고 적절하게 대표하지 않는다고 인정하는 경우에는 구성원의 신청 또는 직권에 따라 그 대표당사자를 변경하거나 허가를 취소할 수 있습니다(환경분쟁 조정법 제50조제2항).

2-2. 공고 및 참가 신청

2-2-1. 공고

① 위원회는 다수인관련분쟁조정이 신청된 경우에는 다음의 사항을 신청 후 15일 이내에 공고하고, 해당 공고안을 그 분쟁이 발생한 지방자치단체의 사무소에서 공람할 수 있도록 해야 합니다(환경분쟁 조정법 제51조제1항).
- 신청인과 피신청인의 주소 및 성명
- 대리인의 주소 및 성명

- 구성원의 범위 및 구성원 1명당 배상청구액의 상한
- 신청의 취지 및 원인의 요지
- 사건번호 및 사건명
- 참가신청의 방법 및 기간과 참가신청을 하지 않은 사람에 대해 서는 분쟁조정의 효력이 미치지 않는다는 사항
- 그 밖에 위원회가 필요하다고 인정하는 사항
② 위에 따른 공고는 관보 또는 일간신문에 게재하거나 그 밖에 위원 회가 적절하다고 인정하는 방법에 따라 할 수 있습니다(환경분쟁 조정법 제51조제2항).
③ 위원회는 위에 따른 공고에 소요되는 비용을 대표당사자로 하여금 부담하게 할 수 있습니다(환경분쟁 조정법 제51조제3항).

2-2-2. 참가의 신청

① 대표당사자가 아닌 자로서 해당 분쟁의 조정결과와 이해관계가 있 는 자는 위의 공고가 있은 날부터 60일 이내에 분쟁조정절차에의 참가를 신청할 수 있습니다(환경분쟁 조정법 제52조제1항).
② 「환경분쟁 조정법」 제47조제4호에 따라 동의를 한 자는 참가를 한 것 으로 봅니다(환경분쟁 조정법 제52조제2항).

2-2-3. 동일분쟁에 대한 조정신청의 금지

① 위에 따라 참가의 신청을 하지 않은 자는 그 신청원인 및 신청취 지상 동일한 분쟁으로 인정되는 사건에 대해서는 다시 분쟁조정을 신청할 수 없습니다(환경분쟁 조정법 제54조).

Q 아파트 옆 공사장에서 나는 소음으로 인해 아파트 입주민 전체가 고통을 받고 있어요. 분쟁조정을 신청하여 다함께 해결하고 싶은데, 어떻게 해야 하나요?

A 피해를 입은 주민들 중 1인 또는 수인이 대표당사자가 되어 환경분쟁조정을 신청하면 됩니다.

◇ 다수인관련분쟁조정 신청

① 다수인에게 동일한 원인으로 인한 환경피해가 발생하거나 발생할 우려가 있는 경우에는 그 중의 1인 또는 수인이 대표당사자로서 분쟁조정(알선 · 조정 · 재정)을 신청할 수 있습니다.

② 다수인관련분쟁이란 동일한 원인으로 인한 환경피해를 주장하는 자가 다수인 환경분쟁을 말합니다.

③ 위에 따른 분쟁조정을 신청하기 위해서는 환경분쟁조정위원회의 허가를 받아야 하며, 허가의 신청은 서면으로 해야 합니다

◇ 허가

① 다수인관련분쟁조정 신청에 대한 허가요건은 다음과 같습니다.

- 동일한 원인에 따라 발생했거나 발생할 우려가 있는 환경피해를 청구원인으로 할 것

- 공동의 이해관계를 가진 자가 100명 이상이며, 「환경분쟁조정법」 제19조에 따른 선정대표자에 의한 분쟁조정이 현저하게 곤란할 것

- 피해배상을 신청하는 경우에는 1인당 피해배상요구액이 500만원 이하일 것

- 신청인이 대표하고자 하는 다수인 중 30명 이상의 동의가 있을 것

- 신청인이 구성원의 이익을 공정하고 적절하게 대표할 수 있을 것

3. 환경분쟁조정의 관할

3-1. 환경분쟁조정위원회의 설치

① 중앙환경분쟁조정위원회 및 지방환경분쟁조정위원회는 환경분쟁의 조정을 담당합니다(환경분쟁 조정법 제5조제1호).

② 환경부에 중앙환경분쟁조정위원회를, 특별시·광역시·도 또는 특별자치도에 지방환경분쟁조정위원회를 각각 설치합니다(환경분쟁 조정법 제4조).

3-2. 중앙환경분쟁조정위원회

3-2-1. 관할 사무

중앙환경분쟁조정위원회는 분쟁조정사무 중 ①조정목적의 가액(이하 '조정가액'이라 함)이 1억원을 초과하는 분쟁의 재정 및 중재, ②국가 또는 지방자치단체를 당사자로 하는 분쟁의 조정(알선·조정·재정), ③ 둘 이상의 시·도의 관할구역에 걸치는 분쟁의 조정(알선·조정·재정), ④ 「환경분쟁조정법」 제30조에 따른 직권조정, ⑤지방환경분쟁조정위원회 가 스스로 조정하기 곤란하다고 결정하여 이송한 분쟁을 관할한다.

3-2-2. 직권조정대상

직권조정(職權調停)의 대상은 다음과 같습니다(환경분쟁 조정법 제30 조 및 동법 시행령 제23조제1항).

- 환경피해로 인하여 사람이 사망하거나 신체에 중대한 장애가 발생한 분쟁
- 「환경기술 및 환경산업 지원법」 제2조제2호에 따른 환경시설의 설치 또는 관리와 관련한 분쟁
- 분쟁조정 예정가액이 10억원 이상인 분쟁

3-3. 지방환경분쟁조정위원회

3-3-1. 관할 사무

지방환경분쟁조정위원회는 분쟁조정사무 중 다음의 사항을 관할합니다(환경분쟁 조정법 제6조제2항 및 동법 시행령 제3조제2항).

- 해당 시·도의 관할구역 안에서 발생한 분쟁조정(알선·조정·재정) 사무 중 위의 2.부터 5.까지의 사무 외의 사무. 해당시·도의 관할구역 안에서 발생한 분쟁의 조정사무 중 국가 또는 지방자치단체를 당사자로 하지 않는 분쟁의 조정·알선은 지방환경분쟁조정위원회에서 관할합니다.
- 일조방해, 통풍방해, 조망저해로 인한 분쟁은 제외한 것으로서 해당 시·도의 관할구역 안에서 발생한 조정 가액이 1억원 이하인 분쟁의 재정 및 중재사무. 다만, 중앙환경분쟁조정위원회에서 진행 중이거나 재정 또는 중재된 사건과 같은 원인으로 발생한 분쟁의 재정 또는 중재사무는 제외합니다.

3-3-2. 중앙환경분쟁조정위원회와 각 지방환경분쟁조정위원회 연락처 및 주소

기관명	담당부서	전화번호	주소
중앙환경분쟁조정위원회		044-201-7999	세종특별자치시 도움6로 11 정부세종청사 6동 472호
서울특별시	환경정책과	02-2133-3546	서울특별시 중구 세종대로 110
부산광역시	환경정책과	051-888-3614	부산광역시 연제구 중앙대로 1001
대구광역시	환경정책과	053-803-3682	대구광역시 중구 공평로 88
인천광역시	환경정책과	032-440-3543	인천광역시 남동구 정각로 29
광주광역시	환경정책과	062-613-4161	광주광역시 서구 내방로 111
대전광역시	환경정책과	042-270-5432	대전광역시 서구 둔산로 100
울산광역시	환경보전과	052-229-3152	울산광역시 남구 중앙로 201
세종특별자치시	환경정책과	044-300-4212	세종특별자치시 한누리대로 2130

경기도	(남부) 환경정책과	031-8008-3536	경기도 수원시 팔달구 효원로 1
	(북부) 환경관리과	031-8030-2483	경기 의정부시 청사로 1
강원도	환경과	033-249-2580	강원도 춘천시 중앙로1
충청북도	기후대기과	043-220-4033	충청북도 청주시 상당구 상당로 82
충청남도	기후 환경정책과	041-635-4414	충청남도 홍성군 홍북면 충남대로 21
전라북도	환경보전과	063-280-3552	전라북도 전주시 완산구 효자로 225
전라남도	기후생태과	061-286-7021	전라남도 무안군 삼향읍 오룡길 1
경상북도	환경정책과	054-880-3515	경북 안동시 풍천면 도청대로 455
경상남도	환경정책과	055-211-6624	경남 진주시 월아산로 2026
제주 특별자치도	생활환경과	064-710-4112	제주특별자치도 제주시 문연로 6

■ 국가를 상대로 환경분쟁조정을 신청하려면 어디에 신청해야 하나요?

Q 국가를 상대로 환경분쟁조정을 신청하려고 합니다. 지방환경
분쟁조정위원회와 중앙환경분쟁조정위원회 중 어디에 신청해
야 하나요?

A 중앙분쟁조정위원회에 분쟁조정을 신청해야 합니다.
중앙분쟁조정위원회는 국가 또는 지방자치단체를 당사자로 하는 분
쟁의 조정을 관할하기 때문입니다.

◇ 중앙환경분쟁조정위원회의 관할

① 중앙환경분쟁조정위원회는 환경부에 설치됩니다.

② 중앙환경분쟁조정위원회는 분쟁조정사무 중 다음의 사항을 관할합니다.

1. 조정목적의 가액이 1억원을 초과하는 분쟁의 재정 및 중재

2. 국가 또는 지방자치단체를 당사자로 하는 분쟁의 조정

3. 둘 이상의 시·도의 관할구역에 걸치는 분쟁의 조정

4. 「환경분쟁 조정법」 제30조에 따른 직권조정

5. 지방환경분쟁조정위원회가 스스로 조정하기 곤란하다고 결정하여 이송한 분쟁

◇ 지방환경분쟁조정위원회의 관할

① 지방환경분쟁조정위원회는 특별시·광역시 또는 도에 각각 설치됩니다.

② 지방환경분쟁조정위원회는 분쟁조정사무 중 다음의 사항을 관할합니다.

1. 해당 시·도의 관할구역 안에서 발생한 분쟁조정 사무 중 위의 2.부터 5.까지의 사무 외의 사무

2. 일조방해, 통풍방해, 조망저해로 인한 분쟁은 제외한 것으로서 해당 시·도의 관할구역 안에서 발생한 조정 가액이 1억원 이하인 분쟁의 재정 및 중재 사무

4. 사전 준비 및 신청서 작성

4-1. 사전준비

4-1-1. 양 당사자 사전준비 사항

환경분쟁이 발생한 경우에는 개인은 물론 국가적으로도 손실을 가져오게 되므로, 이를 예방하기 위해 환경오염 유발 행위자 또는 피해를 입은 자는 다음 사항을 준수해야 합니다.

4-1-2. 환경오염 유발자

① 사전에 환경기준 또는 규제기준을 준수해야 하며, 환경기준 등을 지키는 경우에도 주변에 피해대상의 존재 유무와 피해발생 가능 여부를 면밀히 검토하여 저소음·진동 공법사용 등 피해방지 대책을 미리 강구해야 합니다.

② 피해방지대책을 충분히 했음에도 불구하고 환경피해분쟁이 발생될 가능성이 있으면 사전에 환경오염현황, 피해대상물의 상태, 저소음·진동 장비 사용, 환경오염방지시설(이동식 추가 방지시설 포함) 운영상태 등을 확인할 수 있는 사진, 서류 등 증거를 확보해야 합니다.

4-1-3. 환경오염 피해자

① 사전에 그 원인행위자에게 피해방지 대책의 강구를 요구하고, 이에 불응할 경우에는 환경오염현황, 피해대상물의 상태 등을 확인할 수 있는 증거를 확보해야 합니다.
② 타인의 사업활동 등으로 환경피해를 받게 될 것이 예상되는 자는 사전에 스스로 할 수 있는 피해방지 대책을 강구하여 피해를 최소화해야 합니다.
③ 피해를 받은 자는 오염행위자와 공동으로 오염현황, 피해상황 등을 조사·확인 후 증거를 확보하고 조속히 대책을 강구하여 피해를 최소화해야 합니다.

4-2. 신청서 작성

4-2-1. 신청서 작성

① 분쟁조정을 신청하고자 하는 자는 관할 환경분쟁조정위원회에 알선·조정·재정 또는 중재 신청서를 제출해야 합니다(환경분쟁 조정법 제16조제1항).
② 신청서는 각 관할 환경분쟁조정위원회에 직접 제출합니다. 중앙환경분쟁조정위원회에 분쟁조정(알선·조정·재정)을 신청하는 경우에는 중앙환경분쟁조정위원회 사이트에서 온라인으로 분쟁조정 신청이 가능합니다.

4-2-2. 구비서류

① 공통서류
 - 신청서 정본 1부
 - 선정대표자 선정 및 동의서 각 1부 (3인 이상의 신청에 한함)
 - 증거 및 참고자료
② 정신적 피해의 경우
  주민등록등본(최근 3년 이내로서 세대주의 전입일보다 가족의 전
  입일이 빠른 경우에는 주민등록초본을 첨부해야 합니다. 정신적
  피해보상 요구는 세입자도 신청이 가능합니다.)
③ 건강피해의 경우
  공사기간 중 소음 등으로 인한 질병임을 증명하는 의사의 소견서
④ 재산피해의 경우

피해유형	참고자료
건물 피해	피해사진 건축물관리대장 또는 등기사항증명서 공사원가 계산서 지적도
축산물 피해	축산업(가축사육업) 등록증 사본피해입증 현황 자료 및 산출내역서 사육개체 현황(젖소, 한우, 돼지) 축산물 구입 및 판매거래명세표(최근 3년간) 공인·전문기관의 진단서피해사진
과수 및 농작물 피해	토지대장 및 등기부등본 지적도 연도별 판매거래명세표(최근 3년간) 피해사진 및 주변 환경 사진 피해과수 및 농작물 현황자료 등
수산물 피해	어업허가권 사본 종패, 치어 등의 구입 및 관리 비용의 자료(최근 3년간) 피해 현황자료 판매대장(최근 3년간)
일조·조망·통풍 피해	건축물관리대장 및 등기부등본 지적도(필요한 경우) 피해 사진
층간소음 피해 (건축·분양자를 상대로 신청하는 경우)	바닥충격음 측정치(전문기관)

영업피해	사업자 등록증 사본 영업판매실적(최근 3년간) 부가가치세과세표준증명(최근 3년간)

4-3. 피신청인 경정

① 환경분쟁조정위원회(이하 '위원회'라 함)의 위원장은 신청인이 피신청인을 잘못 지정한 것이 명백한 경우에는 신청인의 신청에 의해 피신청인의 경정을 허가할 수 있습니다(환경분쟁 조정법 제21조제1항).

② 위원회의 위원장은 피신청인의 경정을 허가한 경우에는 이를 당사자와 새로운 피신청인에게 통보해야 합니다(환경분쟁 조정법 제21조제2항).

③ 피신청인의 경정 허가가 있는 때에는 종전의 피신청인에 대한 조정신청은 철회되고 새로운 피신청인에 대한 조정신청이 경정신청이 있은 때에 있는 것으로 봅니다(환경분쟁 조정법 제21조제3항).

4-4. 분쟁조정 비용 및 신청 수수료

4-4-1. 분쟁조정 비용

위원회가 행하는 분쟁조정절차에 필요한 비용은 다음의 사항을 제외하고는 각 당사자가 비용을 부담합니다(환경분쟁 조정법 제63조제1항 및 동법 시행령 제34조).

    1) 위원회의 위원·심사관·직원 및 관계전문가의 출장에 드는 비용
    2) 위촉한 관계전문가의 조사 비용
    3) 협조를 요청받은 자의 출장에 드는 비용
    4) 참고인 또는 감정인의 출석에 드는 비용
    5) 분쟁조정절차의 진행과 관련한 우편료 및 전신료

4-4-2. 신청 수수료 납부

알선·조정·재정·중재 또는 증거보전을 신청하는 자는 소정의 수수료를 수입인지로 내야하고, 알선·조정·재정 또는 중재를 구하는 가액이 취지의 변경 등으로 증가한 경우에는 증가 전 수수료와 증가 후의 수수료 차액에 해당하는 금액을 수입인지로 내야 합니다(환경분쟁 조정법 제63조제2항 및 동법 시행령 제35조).

4-4-3. 분쟁조정 유형별 수수료

① 알선: 10,000원
② 조정

1. 조정가액 500만원 이하	10,000원
2. 조정가액 500만원 초과 5천만원 이하	1. 의 수수료에 500만원을 초과하는 1만원마다 15원을 가산한 금액
3. 조정가액 5천만원 초과	2. 의 수수료에 5천만원을 초과한 1만원마다 10원을 가산한 금액

③ 재정 및 중재

1. 조정가액 500만원 이하	20,000원
2. 조정가액 500만원 초과 5천만원이하	1.의 수수료에 500만원을 초과한 1만원마다 30원을 가산한 금액
3. 조정가액 5천만원 초과	2.의 수수료에 5천만원을 초과한 1만원마다 20원을 가산한 금액

④ 참가신청의 경우
   1) 조정절차에 참가신청하는 경우: 해당 참가인이 조정가액에 대해 조정신청의 수수료 산출방식에 따라 산출한 금액
   2) 재정절차에 참가신청하는 경우: 해당 참가인이 조정가액에 대해 재정신청의 수수료 산출방식에 따라 산출한 금액

4-4-4. 환경피해 청구액별 수수료

(단위: 원)

구분	500만원 이하	5천만원	1억원	5억원
알선	10,000	10,000	10,000	10,000
조정	10,000	77,500	127,500	527,500
재정	20,000	155,000	255,000	1,055,000

제3절 환경분쟁조정의 절차와 효력

1. 환경분쟁 조정절차 개요

1-1. 환경분쟁 조정절차

환경분쟁 조정절차는 다음과 같이 진행됩니다.

분쟁조정신청 (신청인)	○ 斡旋·調停·裁定仲裁의 구분 ○ 분정조정 신청서 작성 ○ 분정발생경위 및 피해 입증서류 제출
신청서 접수	○ 중앙 또는 지방분쟁조정위원회 접수 ○ 신청요건 및 구비서류 검토 ※ 처리기간 알선 : 3월이내 조정·자정·중재 : 9월이내
사건배정	○ 접수일로부터 7일 이내에 조정위원 및 심사관 지명 ○ 지명결과통보 : 신청인, 피신청인, 조정위원, 심사관
사실조사 (심사관)	○ 사실조사(당사자 의견 청취 포함) ○ 알선종결 ○ 인과관계 규명(관계전문가 자문 등) ○ 심사보고서 작성
조정위원회 의결	○ 조정위원회 개최·당사자 심문 ○ 조정·재정·증재위원회 의결
조정문서 송달	○ 민사소송 중 송달에 관한 규정 준용

1-2. 신청서 작성 및 접수

① 분쟁조정 신청은 당사자(피해자 또는 가해자)의 신청서가 제출됨에 따라 개시됩니다.

② 신청이 되면 분쟁처리기관은 그 사건을 담당하는 조정위원회를 설치합니다.

1-3. 위원의 제척ㆍ기피

① 위원회의 위원은 아래의 어느 하나에 해당하는 경우에는 위원회의 직권 또는 당사자의 신청에 따른 결정으로 그 직무의 집행에서 제척됩니다(환경분쟁 조정법 제12조제1항 및 제2항).
- 위원 또는 그 배우자나 배우자이었던 자가 해당 분쟁사건(이하 '사건'이라 함)의 당사자가 되거나 해당 사건에 대해 당사자와 공동권리자 또는 의무자의 관계에 있는 경우
- 위원이 해당 사건의 당사자와 친족관계에 있거나 있었던 경우
- 위원이 해당 사건에 대해 진술이나 감정을 한 경우
- 위원이 해당 사건에 대해 당사자의 대리인으로서 관여하거나 관여하였던 경우
- 위원이 해당 사건의 원인이 된 처분 또는 부작위에 관여한 경우

② 당사자는 위원에게 공정한 직무집행을 기대하기 어려운 사정이 있는 경우에는 위원회에 기피신청을 할 수 있으며, 위원회는 기피신청이 타당하다고 인정하는 경우에는 기피의 결정을 해야 합니다(환경분쟁 조정법 제12조제3항).

③ 위원회는 기피신청이 있는 경우에는 그 신청에 대한 결정이 있을 때까지 분쟁조정절차를 중지해야 합니다(환경분쟁 조정법 제12조제5항).

④ 위원회의 위원에 대한 제척 또는 기피의 신청은 관할위원회에 그 원인과 소명방법을 명시하여 서면으로 제출해야 합니다(환경분쟁 조정법 시행령 제5조제1항).

⑤ 제척 또는 기피신청에 관한 위원회의 결정에 대해서는 불복신청을 할 수 없습니다(환경분쟁 조정법 시행령 제5조제3항).

⑥ 위 규정은 분쟁조정절차에 관여하는 직원 및 특정사건에 관한 전

문적인 사항을 처리하기 위해 위촉한 관계전문가에도 준용합니다
(환경분쟁 조정법 제12조제6항).

1-4. 신청의 각하

① 환경분쟁조정위원회(이하 '위원회'라 함)는 분쟁조정(알선·조정·재정)
의 신청이 부적법한 경우에는 상당한 기간을 정하여 그 기간 내에
흠을 바로 잡을 것을 명할 수 있습니다. 그러나 신청인이 흠을 바로
잡으라는 명령에 불응하거나 흠을 바로 잡을 수 없는 경우에는 결
정으로 분쟁조정신청을 각하합니다(환경분쟁 조정법 제17조제1항
및 제2항).
② 위원회는 다른 법률에서 정하고 있는 조정절차를 이미 거쳤거나 거
치고 있는 분쟁의 조정신청에 대해서는 결정으로 각하해야 합니다
(환경분쟁 조정법 제17조제3항).

1-5. 사실조사 및 심사보고서 작성

① 예비조사: 환경피해 진행상태의 현장확인 및 분쟁 당시의 증거 확보
② 사건처리 계획 수립: 분쟁개요, 관계전문가 조사, 위원회 개최 등
③ 사실조사: 인과관계 규명, 피해배상액 산정에 필요한 자료 수집,
참고인 진술 청취, 사실조사서 작성 등
④ 심사보고서 작성: 사건개요, 사실조사결과, 재정(안) 등

1-6. 조정위원회 의결

① 심사결과 보고
② 당사자(필요시 관계자) 심문
③ 의결: 위원 전원참석 과반수의 찬성

1-7. 조정문서의 송달

① 조정위원회 결정사항을 재정문 또는 조정조서로 작성하여 「민사소
송법」 중 송달에 관한 규정을 준용하여 당사자에게 통지합니다.
② 조정위원회가 행하는 조정의 절차는 「환경분쟁 조정법」에 특별한

규정이 있는 경우를 제외하고는 공개하지 않습니다(환경분쟁 조정법 제25조).

[행정심판례]

> **(사건번호 200509727, 기피신청기각결정처분취소청구)**
> 환경분쟁조정위원회 위원 및 심사관에 대한 기피신청에 대하여 피청구인이 행한 기각 결정은 환경분쟁조정의 본안사건을 심리하는 과정에서 그에 부대되어 이루어지므로 독자적인 처분성을 인정하기 어렵다 할 것이고, 「환경분쟁조정법 시행령」 제5조제3항에서는 기피신청의 기각결정에 대하여는 불복신청을 할 수 없다고 규정되어 있으므로, 이 건 청구는 행정심판의 대상이 되지 않는 사항을 대상으로 하여 제기된 부적법한 청구라 할 것이다.

2. 알선

2-1. 알선의 개념

알선이란 알선위원이 환경분쟁에 대해 당사자 간에 해당 분쟁이 자주적으로 해결되도록 교섭 장소의 제공, 자료의 제시 및 쟁점의 정리 등을 통해 그간의 교섭과 상의가 원활하게 진행되도록 중개하는 제도입니다.

2-2. 알선의 절차

2-2-1. 알선의 개시와 처리기간

① 환경분쟁조정위원회(이하 '위원회'라 함)는 알선의 신청을 받은 때에는 지체 없이 알선절차를 개시해야 합니다(환경분쟁 조정법 제16조제3항).
② 위원회는 알선 신청을 받은 때에는 3개월 내에 절차를 완료하여야 하고, 당사자·선정대표자·대리인 또는 대표당사자(이하 '당사자 등'이라 함)의 동의가 있는 경우 등에는 위원회의 결정으로 처리기간을 1회에 한하여 3개월 내에서 연장할 수 있습니다(환경분쟁 조정법 제16조제6항 및 동법 시행령 제12조).

2-2-2. 알선의 처리절차

알선신청의 처리절차는 다음과 같습니다.

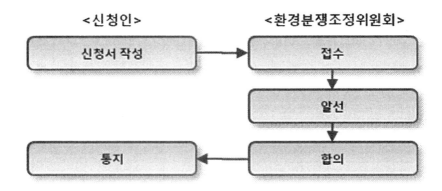

2-2-3. 알선위원의 지명

① 위원회에 따른 알선은 3인 이내의 위원(이하 '알선위원'이라 함)이 수행하며, 알선위원은 사건마다 각각 위원회의 위원 중에서 위원장이 지명합니다(환경분쟁 조정법 제27조).
② 위원회의 위원장은 신청서가 접수된 날부터 7일 내에 알선위원을 지명하고, 당사자 등에게 지체 없이 그 명단과 분쟁조정절차에 관여하는 심사관의 명단을 통지해야 합니다(환경분쟁 조정법 시행령 제21조제1항).
③ 알선위원은 당사자 쌍방이 주장하는 요점을 확인하여 사건이 공정하게 해결되도록 노력해야 합니다(환경분쟁 조정법 제28조).

2-2-4. 알선의 중단

① 알선위원은 알선으로써는 분쟁의 해결의 가능성이 없다고 인정되는 경우에는 알선을 중단할 수 있습니다(환경분쟁 조정법 제29조제1항).
② 또한, 알선 절차가 진행 중인 분쟁에 대해 조정(調停)·재정 또는 중재 신청이 있는 경우에는 해당 알선은 중단된 것으로 봅니다(환경분쟁 조정법 제29조제2항).

2-3. 알선의 종결

① 알선에 따라 합의된 내용대로 합의서가 작성되면 합의가 성립됩니다.
② 합의가 성립되지 않은 경우에는 조정(調停)이나 재정을 신청할 수 있으며, 법원에 소송을 제기할 수 있습니다.

■ 분쟁조정결과에 이의를 제기하려면 어떻게 해야 하나요?

Q 환경분쟁조정위원회의 분쟁조정결과가 상대방에게만 유리한 것 같습니다. 분쟁조정결과에 이의를 제기하려면 어떻게 해야 하나요?

A 분쟁조정결과에 대해 이의가 있는 경우
　① 알선의 경우에는 조정 또는 재정을 신청하거나 민사소송을 제기할 수 있고
　② 조정을 통해서도 합의가 성립하지 않은 경우에는 재정신청을 하거나 민사소송을 제기할 수 있습니다.
　③ 재정 결정에 대해 불복하는 경우에는 민사소송을 제기할 수 있습니다.

◇ 알선에 대한 불복
　알선에 따라 합의된 내용대로 합의서가 작성되면 합의가 성립됩니다. 합의가 성립되지 않은 경우에는 조정(調停)이나 재정을 신청할 수 있으며, 법원에 소송을 제기할 수 있습니다.

◇ 조정에 대한 불복
　① 조정에 따라 합의가 성립되지 않은 경우에는 재정신청을 하거나 민사소송을 제기할 수 있습니다.
　② 조정 종결의 통지를 받은 당사자가 통지를 받은 날부터 30일 이내에 소송을 제기한 경우 시효의 중단 및 제소기간의 계산에 있어서는 조정의 신청을 재판상의 청구로 봅니다.

◇ 재정에 대한 불복
　① 조정에 따라 합의가 성립되지 않은 경우에는 재정신청을 하거나 민사소송을 제기할 수 있습니다.
　② 조정 종결의 통지를 받은 당사자가 통지를 받은 날부터 30일 이내

에 소송을 제기한 경우 시효의 중단 및 제소기간의 계산에 있어서는 조정의 신청을 재판상의 청구로 봅니다.

③ 그러나 환경분쟁조정위원회의 결정은 행정쟁송의 대상이 아니므로 분쟁조정결정(알선, 조정, 재정 결정) 자체에 대해서는 행정심판 및 행정소송을 제기할 수 없습니다.

■ **환경분쟁조정을 신청하려고 하는데, 알선, 조정, 재정은 어떻게 다른가요?**

Q 환경분쟁조정을 신청하려고 하는데, 알선, 조정, 재정은 어떻게 다른가요?

A 알선은 알선위원이 당사자 간의 화해를 유도하여 합의가 이루어지게 하는 것이며,

조정(調停)은 알선으로 해결이 곤란한 분쟁을 조정위원회가 사실조사 후 조정안을 작성하고 양측에 수락을 권고하여 분쟁의 해결을 도모하는 방법입니다.

재정은 알선·조정으로 해결이 곤란한 손해배상 사건 등을 재정위원회가 인과관계의 유무 및 피해액을 판단하여 결정하는 것으로, 재판에 준하는 절차를 말합니다.

◇ 알선

① 알선이란 알선위원이 환경 분쟁에 대해 당사자 간에 해당 분쟁이 자주적으로 해결되도록 교섭 장소의 제공, 자료의 제시 및 쟁점의 정리 등을 통해 그간의 교섭과 상의가 원활하게 진행되도록 중개하는 제도입니다.

② 알선에 따라 합의된 내용대로 합의서가 작성되면 합의가 성립됩니다.

◇ 조정

① 조정이란 제3자인 조정위원회에서 특정한 분쟁사건에 대하여 양 당사자의 주장을 들어보고 쟁점이 되는 사실을 조사하여 사건의 전모를 파악한 후 조정안을 작성하여 당사자 간에 상호 양보를 구하여 합의

를 유도하거나 위원회가 작성한 조정안의 수락을 권고하여 분쟁을 해결하는 제도입니다.

② 조정은 당사자가 조정위원회의 조정안을 수락하고 이를 조서에 기재함으로써 성립되며, 이 경우 원칙적으로 재판상 화해와 동일한 효력이 있습니다.

◇ 재정

① 재정이란 제3자인 재정위원회가 당사자 간의 환경분쟁에 대하여 사실조사를 하고 심문을 하여 법률적인 판단으로 분쟁을 해결하는 제도입니다.

② 재정문서의 정본이 당사자에게 송달된 날부터 60일 이내에 당사자 쌍방 또는 일방으로부터 해당 재정의 대상인 환경피해를 원인으로 하는 소송이 제기되지 않거나 그 소송이 철회된 경우에는 해당 재정문서는 재판상 화해와 동일한 효력이 있습니다.

3. 조정

3-1. 조정의 개념

조정이란 제3자인 조정위원회에서 특정한 분쟁사건에 대하여 양 당사자의 주장을 들어보고 쟁점이 되는 사실을 조사하여 사건의 전모를 파악한 후 조정안을 작성하여 당사자 간에 상호 양보를 구하여 합의를 유도하거나 위원회가 작성한 조정안의 수락을 권고하여 분쟁을 해결하는 제도입니다.

3-2. 조정의 절차

3-2-1. 조정의 개시와 처리기간

① 환경분쟁조정위원회(이하 '위원회'라 함)는 조정의 신청을 받은 때에는 지체 없이 조정절차를 개시해야 합니다(환경분쟁 조정법 제16조제3항).

② 위원회는 조정 신청을 받은 때에는 9개월 내에 절차를 완료하여야 하고, 당사자·선정대표자·대리인 또는 대표당사자(이하 '당사자 등'이라 함)의 동의가 있는 경우 등에는 위원회의 결정으로 처리기간

을 1회에 한하여 9개월 내에서 연장할 수 있습니다(환경분쟁 조정법 제16조제6항 및 동법 시행령 제12조).

3-2-2. 조정의 처리절차

조정신청의 처리절차는 다음과 같습니다.

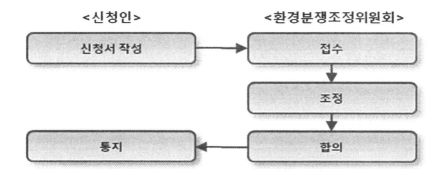

3-2-3. 조정위원회의 구성 및 운영

① 조정은 3명의 위원으로 구성되는 조정위원회에서 수행하며, 조정위원회의 위원(이하 '조정위원'이라 함)은 사건마다 위원회의 위원 중에서 위원장이 지명하되, 판사·검사 또는 변호사의 직에 6년 이상 재직한 위원 1명 이상이 포함되어야 합니다(환경분쟁 조정법 제31조제1항 및 제2항).

② 위원회의 위원장은 신청서가 접수된 날부터 7일 내에 조정위원을 지명하고, 당사자 등에게 지체 없이 그 명단과 분쟁조정절차에 관여하는 심사관의 명단을 통지해야 합니다(환경분쟁 조정법 시행령 제21조제1항).

③ 조정위원회의 회의는 조정위원회 위원장이 소집하며, 구성원 전원의 출석으로 개의하고 구성된 과반수의 찬성으로 의결합니다(환경분쟁 조정법 제31조제3항 및 제4항).

3-2-4. 조정위원회의 조사

① 조정위원회는 분쟁의 조정을 위하여 필요하다고 인정하는 경우에

는 조정위원회의 위원 또는 심사관으로 하여금 당사자가 점유하고 있는 공장·사업장, 그 밖에 사건과 관련이 있는 장소에 출입하여 관계문서 또는 물건을 조사·열람 또는 복사하도록 하거나 참고인 의 진술을 들을 수 있도록 할 수 있습니다(환경분쟁 조정법 제32 조제1항).

② 이 경우에 조정위원회의 위원 또는 심사관은 그 권한을 나타내는 증표를 지니고 이를 관계인에게 내보여야 합니다(환경분쟁 조정법 제32조제3항).

③ 위원회는 위에 따른 조사결과를 조정의 자료로 할 경우에는 당사자의 의견을 들어야 합니다(환경분쟁 조정법 제32조제2항).

④ 조정위원회는 해당 분쟁이 그 성질상 조정을 하는 것이 적당하지 않다고 인정되거나 당사자가 부당한 목적으로 조정을 신청한 것으로 인정되는 경우에는 조정을 하지 않을 수 있습니다(환경분쟁 조정법 제34조제1항).

3-3. 조정의 종결

① 조정위원회는 조정안을 작성하고 30일 이상의 기간을 정하여 당사자에게 수락을 권고할 수 있습니다(환경분쟁 조정법 제33조제1항).

② 조정은 당사자가 조정안을 수락하고 이를 조서에 기재함으로써 성립됩니다(환경분쟁 조정법 제33조제1항).

③ 이에 따른 조서는 재판상 화해와 동일한 효력이 있습니다. 다만, 당사자가 임의로 처분할 수 없는 사항에 관한 것은 그렇지 않습니다(환경분쟁 조정법 제33조제2항).

> ※ 재판상 화해
> 소송상의 화해와 제소 전의 화해를 포함합니다. 소송상의 화해는 당사자 쌍방이 수소법원의 면전에서 서로 주장을 양보하여 소송을 종료시키는 행위입니다. 화해의 결과, 당사자의 진술을 조서에 기재하면 소송이 종료되며 이 화해조서는 확정판결과 동일한 효력을 갖게 됩니다.

④ 위의 권고가 있은 후 지정된 기간 내에 당사자로부터 수락한다는 뜻의 통지가 없는 경우에는 당사자 간의 조정은 종결됩니다(환경

분쟁 조정법 제35조제2항).

⑤ 위에 따라 조정이 종결된 경우에는 이를 당사자에게 통지해야 합니다(환경분쟁 조정법 제35조제4항).

⑥ 조정위원회는 해당 조정사건에 대해 당사자 간에 합의가 이루어질 가능성이 없다고 인정하는 경우에는 조정을 하지 않는 결정으로 조정을 종결시킬 수 있습니다(환경분쟁 조정법 제35조제1항). 위에 따라 조정이 종결된 경우에는 이를 당사자에게 통지해야 합니다(환경분쟁 조정법 제35조제4항).

⑦ 조정절차가 진행 중인 분쟁에 대해 재정 또는 중재 신청이 있으면 그 조정은 종결됩니다(환경분쟁 조정법 제35조제3항).

⑧ 조정에 따라 합의가 성립되지 않은 경우에는 재정신청을 하거나 민사소송을 제기할 수 있습니다. 조정 종결의 통지를 받은 당사자가 통지를 받은 날부터 30일 이내에 소송을 제기한 경우 시효의 중단 및 제소기간의 계산에 있어서는 조정의 신청을 재판상의 청구로 봅니다(환경분쟁 조정법 제35조제5항).

4. 재정

4-1. 재정의 개념

재정이란 제3자인 재정위원회가 서로 대립하는 당사자 간의 환경분쟁에 대하여 사실조사 및 심문 등의 절차를 거쳐 법률적인 판단으로 분쟁을 해결하는 제도입니다.

4-2. 재정의 절차

4-2-1. 재정의 개시와 처리기간

① 환경분쟁조정위원회(이하 '위원회'라 함)는 재정의 신청을 받은 때에는 지체 없이 재정절차를 개시해야 합니다(환경분쟁 조정법 제16조제3항).

② 재정절차는 손해배상을 청구하는 자, 즉 피해를 입은 당사자나 알선 또는 조정이 중단된 경우에 어느 당사자 일방이 환경분쟁조정위원회(이하 '위원회'라 함)에 신청함으로써 시작됩니다.

③ 위원회는 재정의 신청 전에 미리 증거조사를 하지 않으면 그 증거

를 확보하기가 곤란하다고 인정하는 경우에는 재정을 신청하려는 자의 신청으로 다음의 행위를 할 수 있습니다(환경분쟁 조정법 제39조제1항 및 제38조제1항).

- 당사자 또는 참고인에 대한 출석의 요구·질문 및 진술청취 감정인의 출석 및 감정의 요구
- 사건과 관계있는 문서 또는 물건의 열람·복사·제출요구 및 유치
- 사건과 관계있는 장소의 출입·조사

④ 위원회는 재정 신청을 받은 때에는 9개월 내에 절차를 완료해야 하고, 당사자·선정대표자·대리인 또는 대표당사자(이하 '당사자 등'이라 함)의 동의가 있는 경우 등에는 위원회의 결정으로 처리기간을 1회에 한해 9개월 내에서 연장할 수 있습니다(환경분쟁 조정법 제16조제6항 및 동법 시행령 제12조).

4-2-2. 재정의 처리절차

재정신청의 처리절차는 다음과 같습니다.

4-2-3. 재정위원회의 구성 및 운영

① 재정은 5명의 위원으로 구성되는 재정위원회에서 행합니다(환경분쟁 조정법 제36조제1항 본문).

② 다만, 다수인의 생명·신체에 중대한 피해가 발생한 분쟁이나 환경시설의 설치 또는 관리와 관련된 다툼 등 사회적으로 파급효과가 클 것으로 우려되는 사건으로서 다음의 사건은 10명 이상의 위원으로 구성되는 재정위원회에서 할 수 있습니다(환경분쟁 조정법 제36조제1항제1호 및 동법 시행령 제26조제1항).

- 환경피해로 인하여 5명 이상의 사람이 사망하거나 신체에 중대한 장애가 발생한 분쟁사건
- 「환경기술 및 환경산업 지원법」 제2조제2호에 따른 환경시설의 설치 또는 관리와 관련된 분쟁사건
- 환경피해 중 건강상 또는 재산상의 피해로서 조정가액이 20억원 이상인 분쟁사건
- 그 밖에 사회적으로 파급효과가 클 것으로 우려되는 사건으로 재정위원회의 위원장이 인정하는 분쟁사건

③ 조정가액이 중앙조정위원회는 2억원 이하, 지방조정위원회는 5천만원 이하의 분쟁사건의 경우에는 3명의 위원으로 구성된 재정위원회에서 재정을 할 수 있습니다(환경분쟁 조정법 제36조제1항제2호 및 동법 시행령 제26조제2항).

④ 위원회의 위원장은 신청서가 접수된 날부터 7일 이내에 사건마다 각각 위원회의 위원 중에서 재정위원을 지명하여 재정위원회를 구성하고, 당사자 등에게 지체 없이 그 명단과 분쟁절차에 관여하는 심사관의 명단을 통지해야 합니다(환경분쟁 조정법 제36조제2항 및 동법 시행령 제21조제1항).

⑤ 재정위원회의 위원은 판사·검사 또는 변호사의 직에 6년 이상 재직한 위원 중 1명 이상이 포함되어야 합니다(환경분쟁 조정법 제36조제2항).

⑥ 재정위원회의 회의는 재정위원회의 위원장이 소집하며, 구성원 전원의 출석으로 개의하고, 구성원 과반수의 찬성으로 의결합니다(환경분쟁 조정법 제36조제3항 및 제4항).

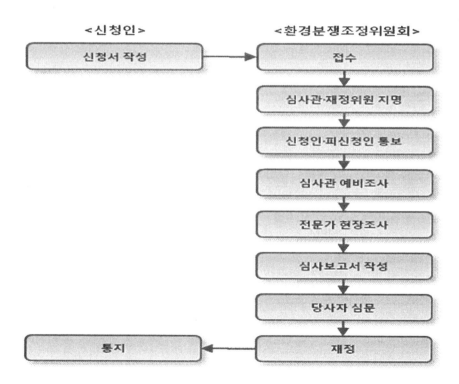

4-2-4. 재정위원회의 심문

① 재정위원회는 심문의 기일을 정해 당사자에게 의견 진술을 하게 해야 합니다. 이 경우 심문기일을 심문기일 7일 전까지 당사자에게 통지해야 합니다(환경분쟁 조정법 제37조제1항 및 제2항).

② 심문은 공개해야 합니다(환경분쟁 조정법 제37조제3항 본문). 다만, 재정위원회가 당사자의 사생활 또는 사업상의 비밀을 유지할 필요가 있다고 인정하거나 절차의 공정을 해칠 염려가 있다고 인정하는 경우, 그 밖에 공익상의 필요가 있다고 인정하는 경우에는 공개하지 않을 수 있습니다(환경분쟁 조정법 제37조제3항 단서).

4-2-5. 재정위원회의 조사권 등

① 재정위원회는 분쟁의 재정을 위해 필요하다고 인정하는 경우에는 당사자의 신청에 의해 또는 직권으로 다음을 행할 수 있습니다(환경분쟁 조정법 제38조제1항).
- 당사자 또는 참고인에 대한 출석의 요구·질문 및 진술청취
- 감정인의 출석 및 감정의 요구
- 사건과 관계있는 문서 또는 물건의 열람·복사·제출요구 및 유치
- 사건과 관계있는 장소의 출입·조사

② 위의 출석요구를 받고 정당한 사유 없이 출석하지 않거나 문서 또는 물건을 제출하지 않은 자 또는 허위의 문서·물건을 제출한 자는 100만원 이하의 과태료에 처합니다(환경분쟁 조정법 제66조제1항).

③ 사건과 관계있는 장소의 출입·조사를 하는 경우에 재정위원회의 위원 또는 심사관은 그 권한을 나타내는 증표를 지니고 이를 관계인에게 내보여야 합니다(환경분쟁 조정법 제38조제5항).

④ 당사자는 위에 따른 조사 등에 참여할 수 있습니다(환경분쟁 조정법 제38조제2항).

⑤ 재정위원회는 당사자 또는 참고인에게 진술하게 하거나 감정인에게 감정하게 하는 때에는 당사자·참고인 또는 감정인으로 하여금 선서를 하도록 해야 합니다(환경분쟁 조정법 제38조제4항).

⑥ 선서한 당사자·참고인 또는 감정인이 허위의 진술 또는 감정을 한 경우에는 50만원 이하의 과태료에 처합니다(환경분쟁 조정법 제66조제2항).

⑦ 재정위원회가 직권으로 위의 조사 등을 한 경우에는 그 결과에 대해 당사자의 의견을 들어야 합니다(환경분쟁 조정법 제38조제3항).

4-2-6. 조정에의 회부

① 재정위원회는 재정신청된 사건을 조정에 회부하는 것이 적합하다고 인정하는 경우에는 직권으로 직접 조정하거나 관할위원회에 송부하여 조정하게 할 수 있습니다(환경분쟁 조정법 제43조제1항).
② 위에 따라 조정에 회부된 사건에 관하여 당사자 간에 합의가 이루어지지 않은 경우에는 재정절차를 속행하고, 합의가 이루어진 경우에는 재정의 신청은 철회된 것으로 봅니다(환경분쟁 조정법 제43조제2항).

4-2-7. 재정신청의 철회

재정절차가 진행 중인 분쟁에 대해 중재신청이 있으면 그 재정신청은 철회된 것으로 봅니다(환경분쟁 조정법 제43조의2).

4-2-8. 소송과의 관계

① 재정이 신청된 사건에 대해 소송이 진행 중인 경우에는 수소법원은 재정이 있을 때까지 소송절차를 중지할 수 있습니다(환경분쟁 조정법 제45조제1항).
② 재정위원회는 위에 따른 소송절차의 중지가 없는 경우에는 해당 사건의 재정절차를 중지해야 합니다(환경분쟁 조정법 제45조제2항).
③ 재정위원회는 재정이 신청된 사건과 동일한 원인으로 다수인이 관련되는 동종·유사 사건에 대한 소송이 진행 중인 경우에는 결정으로 재정절차를 중지할 수 있습니다(환경분쟁 조정법 제45조제3항).

4-3. 재정의 종결

① 재정은 문서로 해야 하며, 1) 사건번호와 사건명, 2) 당사자·선정대표자·대표당사자 및 대리인의 주소 및 성명(법인의 경우에는 명칭을 말함), 3) 주문, 4) 신청의 취지, 5) 이유, 6) 재정한 날짜를 기재하고 재정위원이 기명·날인해야 합니다(환경분쟁 조정법 제40조제1항).
② 재정문서의 정본이 당사자에게 송달된 날부터 60일 이내에 당사자

쌍방 또는 일방으로부터 해당 재정의 대상인 환경피해를 원인으로 하는 소송이 제기되지 않거나 그 소송이 철회된 경우에는 해당 재정문서는 재판상 화해와 동일한 효력이 있습니다. 다만, 당사자가 임의로 처분할 수 없는 사항에 관한 것은 그렇지 않습니다(환경분쟁 조정법 제42조제2항).

> ※ 재판상 화해
>
> 소송상의 화해와 제소 전의 화해를 포함합니다. 소송상의 화해는 당사자 쌍방이 수소법원의 면전에서 서로 주장을 양보하여 소송을 종료시키는 행위입니다. 화해의 결과, 당사자의 진술을 조서에 기재하면 소송이 종료되며 이 화해조서는 확정판결과 동일한 효력을 갖게 됩니다.

③ 원상회복

재정위원회는 환경피해의 복구를 위해 원상회복이 필요하다고 인정하는 경우에는 손해배상에 갈음하여 당사자에게 원상회복을 명하는 재정결정을 해야 합니다(환경분쟁 조정법 제41조 본문). 다만, 원상회복에 과다한 비용이 소요되거나 그 밖의 사유로 인해 그 이행이 현저히 곤란하다고 인정하는 경우에는 그렇지 않습니다 (환경분쟁 조정법 제41조 단서).

④ 재정결정에 대해 불복하는 경우에는 민사소송을 제기할 수 있습니다.

- 당사자가 재정에 불복하여 소송을 제기한 경우 시효의 중단 및 제소기간의 계산에 있어서는 재정의 신청을 재판상의 청구로 봅니다 (환경분쟁 조정법 제44조).
- 환경분쟁조정위원회의 결정은 행정쟁송의 대상이 아니므로 분쟁조정결정에 대해서는 행정심판 및 행정소송을 제기할 수 없습니다.

[행정심판위원회 재결]

> ※ 2006. 5. 1. 국무총리 행정심판위원회 재결: 200601777, 환경분쟁 재정결정처분 취소청구(각하)
>
> "「환경분쟁조정법」 제42조제2항에 의하면, 재정위원회가 재정을 행한 경우에 재정문서의 정본이 당사자에게 송달된 날부터 60일

이내에 당사자 쌍방 또는 일방으로부터 해당 재정의 대상인 환경피해를 원인으로 하는 소송이 제기되지 않거나 그 소송이 철회된 때에는 당사자 간에 해당 재정내용과 동일한 합의가 성립된 것으로 본다고 규정되어 있는 점, 환경분쟁조정제도는 일종의 준사법적인 분쟁해결기능을 지닌 행정위원회에 의해 환경오염으로 인한 분쟁을 소송 외적인 방법으로 신속·공정하게 해결하도록 하려는 취지를 지닌 제도로서, 피청구인이 행한 재정결정은 청구인들과 주식회사 한신공영 사이의 손해배상청구에 관한 결정인 점에 비추어 볼 때, 신청인들이 재정결정에 대하여 불복을 할 경우 민사상 손해배상소송을 제기할 수 있음을 별론으로 하고, 이건 재정결정은 「행정심판법」 제2조제1항에서 규정하고 있는 처분이라고 볼 수 없으므로, 이 건 심판청구는 행정심판의 대상이 아닌 것에 대하여 제기된 부적법한 심판청구이다."

■ 분쟁조정결과가 상대방에게만 유리한 경우, 분쟁조정결과에 이의를 제기하려면 어떻게 해야 하나요?

Q 환경분쟁조정위원회의 분쟁조정결과가 상대방에게만 유리한 것 같습니다. 분쟁조정결과에 이의를 제기하려면 어떻게 해야 하나요?

A 분쟁조정결과에 대해 이의가 있는 경우

① 알선의 경우에는 조정 또는 재정을 신청하거나 민사소송을 제기할 수 있고

② 조정을 통해서도 합의가 성립하지 않은 경우에는 재정신청을 하거나 민사소송을 제기할 수 있습니다.

③ 재정 결정에 대해 불복하는 경우에는 민사소송을 제기할 수 있습니다.

◇ 알선에 대한 불복

알선에 따라 합의된 내용대로 합의서가 작성되면 합의가 성립됩니다. 합의가 성립되지 않은 경우에는 조정(調停)이나 재정을 신청할 수 있으며, 법원에 소송을 제기할 수 있습니다.

◇ 조정에 대한 불복

① 조정에 따라 합의가 성립되지 않은 경우에는 재정신청을 하거나 민사소송을 제기할 수 있습니다.

② 조정 종결의 통지를 받은 당사자가 통지를 받은 날부터 30일 이내에 소송을 제기한 경우 시효의 중단 및 제소기간의 계산에 있어서는 조정의 신청을 재판상의 청구로 봅니다.

◇ 재정에 대한 불복

① 조정에 따라 합의가 성립되지 않은 경우에는 재정신청을 하거나 민사소송을 제기할 수 있습니다.

② 조정 종결의 통지를 받은 당사자가 통지를 받은 날부터 30일 이내에 소송을 제기한 경우 시효의 중단 및 제소기간의 계산에 있어서는 조정의 신청을 재판상의 청구로 봅니다.

③ 그러나 환경분쟁조정위원회의 결정은 행정쟁송의 대상이 아니므로 분쟁조정결정(알선, 조정, 재정 결정) 자체에 대해서는 행정심판 및 행정소송을 제기할 수 없습니다.

■ 환경분쟁조정을 신청하려고 하는데, 알선, 조정, 재정은 어떻게 다른가요?

Q 환경분쟁조정을 신청하려고 하는데, 알선, 조정, 재정은 어떻게 다른가요?

A 알선은 알선위원이 당사자 간의 화해를 유도하여 합의가 이루어지게 하는 것이며, 조정(調停)은 알선으로 해결이 곤란한 분쟁을 조정위원회가 사실조사 후 조정안을 작성하고 양측에 수락을 권고하여 분쟁의 해결을 도모하는 방법입니다.

재정은 알선·조정으로 해결이 곤란한 손해배상 사건 등을 재정위원회가 인과관계의 유무 및 피해액을 판단하여 결정하는 것으로, 재판에 준하는 절차를 말합니다.

◇ 알선

① 알선이란 알선위원이 환경 분쟁에 대해 당사자 간에 해당 분쟁이 자

주적으로 해결되도록 교섭 장소의 제공, 자료의 제시 및 쟁점의 정리 등을 통해 그간의 교섭과 상의가 원활하게 진행되도록 중개하는 제도입니다.

② 알선에 따라 합의된 내용대로 합의서가 작성되면 합의가 성립됩니다.

◇ 조정

① 조정이란 제3자인 조정위원회에서 특정한 분쟁사건에 대하여 양 당사자의 주장을 들어보고 쟁점이 되는 사실을 조사하여 사건의 전모를 파악한 후 조정안을 작성하여 당사자 간에 상호 양보를 구하여 합의를 유도하거나 위원회가 작성한 조정안의 수락을 권고하여 분쟁을 해결하는 제도입니다.

② 조정은 당사자가 조정위원회의 조정안을 수락하고 이를 조서에 기재함으로써 성립되며, 이 경우 원칙적으로 재판상 화해와 동일한 효력이 있습니다.

◇ 재정

① 재정이란 제3자인 재정위원회가 당사자 간의 환경분쟁에 대하여 사실조사를 하고 심문을 하여 법률적인 판단으로 분쟁을 해결하는 제도입니다.

② 재정문서의 정본이 당사자에게 송달된 날부터 60일 이내에 당사자 쌍방 또는 일방으로부터 해당 재정의 대상인 환경피해를 원인으로 하는 소송이 제기되지 않거나 그 소송이 철회된 경우에는 해당 재정문서는 재판상 화해와 동일한 효력이 있습니다.

[행정심판례]

(사건번호 200601777, 환경분쟁재정결정처분취소청구)

「환경분쟁조정법」 제42조제2항의 규정에 의하면, 재정위원회가 재정을 행한 경우에 재정문서의 정본이 당사자에게 송달된 날부터 60일 이내에 당사자 쌍방 또는 일방으로부터 해당 재정의 대상인 환경피해를 원인으로 하는 소송이 제기되지 않거나 그 소송이 철회된 때에는 당사자 간에 해당 재정내용과 동일한 합의가 성립된 것으로 본다고 규정되어 있는 점, 환경분쟁조정제도는 일종의 준사법적인 분쟁해결기능을 지닌 행정위원회에 의해 환경오염으로 인한 분쟁을 소송 외적인 방법으로 신속·공정하게 해결하도록 하려는 취지를 지닌 제도로서, 피청구인이 행한 재정결정은 청구인들과 주식회사 한신공영 사이의 손해배상청구에 관한 결정인 점에 비추어 볼 때, 신청인들이 재정결정에 대하여 불복을 할 경우 민사상 손해배상소송을 제기할 수 있음을 별론으로 하고, 이 건 재정결정은 「행정심판법」 제2조제1항에서 규정하고 있는 처분이라고 볼 수 없으므로, 이 건 심판청구는 행정심판의 대상이 아닌 것에 대하여 제기된 부적법한 심판청구이다.

5. 다수인관련분쟁조정의 효력 및 손해배상금의 배분

5-1. 다수인관련분쟁조정의 효력

① 분쟁조정(알선·조정·재정)의 효력은 대표당사자와 「환경분쟁 조정법」 제52조에 따라 참가를 신청한 자에게만 미칩니다(환경분쟁 조정법 제53조).

② 다수인관련분쟁이란 동일한 원인으로 인한 환경피해를 주장하는 자가 다수인 환경분쟁을 말합니다(환경분쟁 조정법 제2조제4호).

5-2. 손해배상금의 배분

① 대표당사자가 분쟁조정에 따라 손해배상금을 지급받은 경우에는 환경분쟁조정위원회(이하 '위원회'라 함)가 정하는 기간 내에 배분계획을 작성하여 위원회의 인가를 받은 후 그 배분계획에 따라 이를 배분해야 합니다(환경분쟁 조정법 제56조).

5-3. 배분계획의 기재사항

손해배상금의 배분계획에는 다음 사항이 포함되어야 합니다(환경분쟁 조정법 제57조).

- 손해배상금을 지급받을 자 및 1인당 채권액의 상한
- 피신청인이 지급하는 금전의 총액
- 「환경분쟁 조정법」 제59조에 따른 공제항목 및 그 금액

- 배분에 충당하는 금액
- 배분기준
- 지급신청기간·신청장소 및 신청방법에 관한 사항
- 채권의 확인방법에 관한 사항
- 배분금의 수령기간·수령장소 및 수령방법에 관한 사항
- 그 밖에 위원회가 정하는 사항

5-4. 배분계획의 인가에 대한 불복

① 배분계획 인가에 대한 불복은 해당 결정이 있음을 안 날부터 14일 이내에 해당 위원회에 이의를 제기할 수 있습니다(환경분쟁 조정법 제60조제3항 및 제23조제1항).
② 위원회는 이의제기가 이유있다고 인정할 경우에는 그 결정을 경정해야 하며, 이의제기가 이유없다고 인정할 경우에는 이를 기각해야 합니다(환경분쟁 조정법 제60조제3항 및 제23조제2항).

5-5. 배분계획의 인가 시 공고

① 위원회는 배분계획을 인가한 경우에는 다음 사항을 공고해야 합니다(환경분쟁 조정법 제60조제1항).
　1) 재정 또는 조정조서의 요지
　2) 손해배상금의 배분계획에 포함된 위의 1.부터 9.까지의 사항
　3) 대표당사자의 주소 및 성명
② 위에 따른 공고는 관보 또는 일간신문에 게재하거나 그 밖에 위원회가 상당하다고 인정하는 방법에 따라 할 수 있습니다(환경분쟁 조정법 제51조제2항 및 제60조제2항).
③ 위원회는 배분계획 공고에 소요되는 비용을 대표당사자로 하여금 부담하게 할 수 있습니다(환경분쟁 조정법 제51조제3항 및 제60조제2항).

5-6. 배분계획의 변경

① 위에 따라 공고된 배분계획에 이의가 있는 당사자는 공고 후 7일 이내에 위원회에 의견을 제출할 수 있습니다(환경분쟁 조정법 제61조제1항).

② 위원회는 배분계획을 인가한 후 이를 변경할 필요가 있다고 인정하는 경우에는 결정으로 배분계획을 변경할 수 있습니다. 다만, 직권으로 변경하는 경우에는 대표당사자의 의견을 들어야 합니다(환경분쟁 조정법 제61조제2항).

③ 위원회는 위에 따라 변경된 내용을 공고해야 합니다(환경분쟁 조정법 제61조제3항).

④ 위에 따른 공고는 관보 또는 일간신문에 게재하거나 그 밖에 위원회가 상당하다고 인정하는 방법에 따라 할 수 있습니다(환경분쟁 조정법 제51조제2항 및 제61조제4항).

⑤ 위원회는 위에 따른 공고에 소요되는 비용을 대표당사자로 하여금 부담하게 할 수 있습니다(「환경분쟁 조정법」 제51조제3항 및 제61조제4항).

5-7. 손해배상금 배분기준

① 손해배상금의 배분은 재정의 이유 또는 조정조서의 기재내용을 기준으로 해야 합니다(환경분쟁 조정법 제58조제1항).

② 확인된 채권의 총액이 배분에 충당하는 금액을 초과하는 경우에는 각 채권의 가액에 비례하여 배분해야 합니다(환경분쟁 조정법 제58조제2항).

■ 분쟁조정결과가 상대방에게만 유리한 것 경우, 분쟁조정결과에 이의를 제기하려면 어떻게 해야 하나요?

Q 환경분쟁조정위원회의 분쟁조정결과가 상대방에게만 유리한 것 같습니다. 분쟁조정결과에 이의를 제기하려면 어떻게 해야 하나요?

A 분쟁조정결과에 대해 이의가 있는 경우
　　① 알선의 경우에는 조정 또는 재정을 신청하거나 민사소송을 제기할 수 있고
　　② 조정을 통해서도 합의가 성립하지 않은 경우에는 재정신청을 하거나

민사소송을 제기할 수 있습니다.

③ 재정 결정에 대해 불복하는 경우에는 민사소송을 제기할 수 있습니다.

◇ 알선에 대한 불복

알선에 따라 합의된 내용대로 합의서가 작성되면 합의가 성립됩니다. 합의가 성립되지 않은 경우에는 조정(調停)이나 재정을 신청할 수 있으며, 법원에 소송을 제기할 수 있습니다.

◇ 조정에 대한 불복

① 조정에 따라 합의가 성립되지 않은 경우에는 재정신청을 하거나 민사소송을 제기할 수 있습니다.

② 조정 종결의 통지를 받은 당사자가 통지를 받은 날부터 30일 이내에 소송을 제기한 경우 시효의 중단 및 제소기간의 계산에 있어서는 조정의 신청을 재판상의 청구로 봅니다.

◇ 재정에 대한 불복

① 조정에 따라 합의가 성립되지 않은 경우에는 재정신청을 하거나 민사소송을 제기할 수 있습니다.

② 조정 종결의 통지를 받은 당사자가 통지를 받은 날부터 30일 이내에 소송을 제기한 경우 시효의 중단 및 제소기간의 계산에 있어서는 조정의 신청을 재판상의 청구로 봅니다.

③ 그러나 환경분쟁조정위원회의 결정은 행정쟁송의 대상이 아니므로 분쟁조정결정(알선, 조정, 재정 결정) 자체에 대해서는 행정심판 및 행정소송을 제기할 수 없습니다.

제5장

환경쟁송의 종류

제5장
환경쟁송의 종류

제1절 환경쟁송 개요

1. 환경쟁송의 대상

1-1. 환경이란

① 환경이란 자연환경과 생활환경을 말합니다(환경정책기본법 제3조제1호).

② 자연환경이란 지하·지표(해양을 포함) 및 지상의 모든 생물과 이들을 둘러싸고 있는 비생물적인 것을 포함한 자연의 상태(생태계 및 자연경관을 포함)를 말합니다(환경정책기본법 제3조제2호).

③ 생활환경이란 대기, 물, 폐기물, 소음·진동, 악취, 일조, 인공조명, 화학물질 등 사람의 일상생활과 관계되는 환경을 말합니다(환경정책기본법 제3조제3호).

1-2. 환경침해(환경오염과 환경훼손)

① 환경오염이란 사업활동, 그 밖에 사람의 활동에 따라 발생되는 대기오염, 수질오염, 토양오염, 해양오염, 방사능오염, 소음·진동, 악취, 일조 방해, 인공조명에 의한 빛공해 등으로서 사람의 건강이나 환경에 피해를 주는 상태를 말합니다(환경정책기본법 제3조제4호).

② 환경훼손이란 야생동·식물의 남획 및 그 서식지의 파괴, 생태계질

서의 교란, 자연경관의 훼손, 표토(表土)의 유실 등으로 인하여 자연환경의 본래적 기능에 중대한 손상을 주는 상태를 말합니다(환경정책기본법 제3조제5호).

2. 환경쟁송이란

① 환경쟁송이란 환경오염, 환경훼손과 같은 환경피해와 관련하여 제기하는 소송 및 심판 등을 뜻합니다.
② 환경침해를 받은 자는 손해배상청구 또는 유지청구 등의 민사소송을 제기할 수 있으며, 그 밖에 행정심판이나 행정소송, 국가배상청구를 통해서 피해를 구제받을 수 있습니다.

3. 민사소송

① 손해배상청구소송은 불법행위를 청구원인으로 하며, 고의 또는 과실로 타인에게 손해를 가한 자는 그 손해를 배상하도록 하고 있습니다(민법 제750조).
② 환경분쟁조정위원회의 재정결정에 불복하여 민사상의 손해배상을 청구하는 경우에는 재정문서의 정본이 당사자에게 송달된 날부터 60일 이내에 소송을 제기해야 합니다(환경분쟁 조정법 제42조제2항).
③ 유지청구(留止請求)란 사전적 피해구제의 방법으로서 피해자가 가해자를 상대로 피해자에게 손해를 주는 행위를 중지할 것을 법원에 청구하는 것을 말합니다. 이에 따라 환경 피해를 사전에 예방하거나 제거하기 위해 환경침해발생시설의 가동 중지 또는 소음발생 행위의 금지 등을 구할 수 있습니다(민법 제214조 및 제217조).
④ 민사소송은 환경분쟁조정(調整)을 거치지 않아도 제기할 수 있습니다.

4. 행정쟁송

4-1. 행정심판

① 행정청의 위법 또는 부당한 처분(개선명령이나 인·허가 및 규제조치거부 등)이나 부작위로 환경피해를 입은 자는 행정심판(취소심판, 무효등확인심판, 의무이행심판)을 제기하여 권리를 구제받을 수 있

습니다(행정심판법 제1조, 제2조, 제5조).

② 다만, 환경분쟁조정위원회의 결정은 행정쟁송의 대상이 아니므로 분쟁조정결정에 대해서는 행정심판 및 행정소송을 제기할 수 없습니다.

[행정심판례]

※ 2006. 5. 1. 국무총리 행정심판위원회 재결: 200601777, 환경분쟁재정결정처분 취소청구(각하)

"「환경분쟁조정법」 제42조제2항의 규정에 의하면, 재정위원회가 재정을 행한 경우에 재정문서의 정본이 당사자에게 송달된 날부터 60일 이내에 당사자 쌍방 또는 일방으로부터 해당 재정의 대상인 환경피해를 원인으로 하는 소송이 제기되지 않거나 그 소송이 철회된 때에는 당사자 간에 해당 재정내용과 동일한 합의가 성립된 것으로 본다고 규정되어 있는 점, 환경분쟁조정제도는 일종의 준사법적인 분쟁해결기능을 지닌 행정위원회에 의해 환경오염으로 인한 분쟁을 소송 외적인 방법으로 신속·공정하게 해결하도록 하려는 취지를 지닌 제도로서, 피청구인이 행한 재정결정은 청구인들과 주식회사 한신공영 사이의 손해배상청구에 관한 결정인 점에 비추어 볼 때, 신청인들이 재정결정에 대하여 불복을 할 경우 민사상 손해배상소송을 제기할 수 있음을 별론으로 하고, 이 건 재정결정은 「행정심판법」 제2조제1항에서 규정하고 있는 처분이라고 볼 수 없으므로, 이 건 심판청구는 행정심판의 대상이 아닌 것에 대하여 제기된 부적법한 심판청구이다."

4-2. 행정소송

행정청의 위법한 처분(오염원을 배출하는 공장의 건설허가 등) 및 행정심판 재결로 인해 환경피해를 입은 자는 행정소송(취소소송, 무효등확인소송, 부작위위법확인소송)을 제기하여 권리를 구제받을 수 있습니다(행정소송법 제1~2조, 제4조).

■ 행정청을 상대로 한 행정쟁송과 공장을 상대로 한 민사소송을 동시에 제기할 수 있나요?

Q 집 앞 공장에서 내는 소음·진동으로 인해 피해를 입고 있습니다. 이 경우에 행정청을 상대로 한 행정쟁송과 공장을 상대로 한 민사소송을 동시에 제기할 수 있나요?

A 행정쟁송은 일반적으로 위법한 행정청의 처분에 대해 제기할 수 있으며, 민사소송은 개인 간의 다툼을 해결하기 위한 절차입니다. 따라서 집 앞 공장에서 내는 소음 · 진동으로 피해를 입고 있는 경우, 행정청이 공장에 대해 조업정지명령이나 개선명령 등을 하지 않는 경우에는 행정청을 상대로 의무이행심판 등 행정쟁송을 제기할 수 있으며, 동시에 공장을 상대로 민사소송을 제기하여 물리적 · 정신적 피해 등에 대한 손해배상을 청구할 수 있습니다.

5. 국가배상청구

① 국가배상청구란 공무원의 직무상 불법행위나 도로·하천과 같은 영조물의 설치·관리의 잘못으로 손해를 입은 국민이 국가 또는 지방자치단체를 상대로 손해배상을 청구하는 것을 말합니다.(국가배상법 제2조 및 제5조).

② 따라서, 국가나 지방자치단체가 설치·운영하는 배출시설이나 폐기물처리시설, 도로 등에 의해 환경오염피해를 입은 자는 국가 또는 지방자치단체를 상대로 손해배상을 청구할 수 있을 것입니다(국가배상법 제5조).

6. 재정(裁定)과 소송 간의 관계

① 환경분쟁조정에 있어서 재정이 신청된 사건에 대해 소송이 진행 중인 경우에는 수소법원(受訴法院)은 재정이 있을 때까지 소송절차를 중지할 수 있습니다(환경분쟁조정법 제45조제1항).

② 재정위원회는 위에 따른 소송절차의 중지가 없는 경우에는 해당

사건의 재정절차를 중지해야 합니다(환경분쟁조정법 제45조제2항).

③ 또한 재정위원회는 재정이 신청된 사건과 동일한 원인으로 다수인이 관련되는 동종·유사 사건에 대한 소송이 진행 중인 경우에는 결정으로 재정절차를 중지할 수 있습니다(환경분쟁조정법 제45조제3항).

제2절 민사소송

1. 민사소송의 내용

1-1. 민사소송의 내용

환경침해에 대한 민사소송에는 불법행위에 따른 손해배상청구와 환경 침해 자체의 제거, 예방을 구하는 유지청구가 있습니다.

1-2. 불법행위에 따른 손해배상청구

① 불법행위에 따른 손해배상청구는 환경오염으로 인해 피해를 입은 경우에 이를 금전적으로 배상받는 것을 말합니다.

② 환경오염으로 인한 피해에 대해 손해배상책임이 성립하기 위해서는 다음과 같은 요건을 모두 갖추어야 합니다(민법 제750조). 다만, 환경오염 또는 환경훼손으로 피해가 발생한 경우에는 해당 환경오염 또는 환경훼손의 원인자가 그 피해를 배상해야 합니다(환경정책기본법 제44조제1항).
- 가해자에게 고의 또는 과실이 있을 것
- 가해행위가 위법한 행위일 것
- 가해행위와 피해의 발생 사이에 인과관계가 있을 것
- 손해가 발생할 것

③ 공작물의 설치 또는 보존의 하자로 인해 손해가 발생한 경우에는 공작물 점유자에게 환경침해에 대한 손해배상을 청구할 수 있습니다. 그러나 점유자가 손해의 방지에 필요한 주의를 해태하지 않은 경우에는 그 소유자가 손해를 배상할 책임이 있습니다(민법 제758조제1항).

> ※ **공작물이란**
> 인위적인 노력을 가함으로써 토지에 고정하여 설비된 물건을 말합니다. 건물은 대표적인 공작물이나, 그 밖에 다리, 제방, 터널 등도 전부 공작물에 해당합니다.

1-3. 유지청구(留止請求)

① 유지청구는 환경오염으로 인한 피해가 현실로 발생하였다든가 발생이 예측되는 경우에 그의 배제 또는 예방을 구하는 것을 말합니다.

② 판례는 유지청구와 관련해서 「민법」 제214조의 소유권에 기한 방해제거, 방해예방청구권을 근거로 하거나 「민법」 제217조의 생활방해금지권을 근거로 들어 환경침해가 수인한도를 넘을 경우에는 방해의 제거나 예방 등의 조치를 청구할 수 있다고 하고 있습니다 (대법원 1998.4.28. 선고 97다48913 판결, 부산고법 1995.5.18. 선고 95카합5 판결).

③ 소유자는 소유권을 방해하는 자에게 방해의 제거를 청구할 수 있고 소유권을 방해할 염려 있는 행위를 하는 자에게 그 예방이나 손해배상의 담보를 청구할 수 있습니다(민법 제214조).

④ 토지소유자는 매연, 열기체, 액체, 음향, 진동 기타 이에 유사한 것으로 이웃토지의 사용을 방해하거나 이웃거주자의 생활에 고통을 주지 않도록 적당한 조처를 할 의무가 있습니다(민법 제217조).

⑤ 일반적으로 유지청구를 하기 위해서는 피해의 성질과 정도에 비추어 금전적 평가가 곤란하고, 금전 보상만으로는 피해회복이 어려워야 하며, 피해가 일시적인 것이 아니라 계속적으로 중대하고 명백하게 부당한 것이어야 합니다(부산고법 1995. 5. 18. 선고 95카합5 판결).

⑥ 유지청구는 손해배상청구와 달리 피해가 발생할 우려가 있을 경우에도 발하여질 수 있으므로 그 요건이 손해배상청구의 요건보다 엄격하게 심사됩니다(부산지법 2009.8.28. 자 2009카합1295 결정).

1-4. 손해배상 청구 사례

1-4-1. 환경오염으로 인한 손해배상사건에 있어서 「환경정책기본법」에 의한 손해배상책임과 「민법」상의 불법행위책임과의 관계

(인천지법 부천지원 2004. 10. 22. 선고 2002가단23361 판결)

※ 양식장 인근 야적장에 적치된 토사를 덤프트럭으로 반출하는 과정에서 발생한 소음과 진동으로 인하여 위 양식장에서 양식 중인 숭어가 집단 폐사한 사안에서, 사업자에게 「환경정책기본법」 제31조제1항에 따른 손해배상책임을 인정한 사례

이 사건 폐사는 피고 회사가 2002. 5. 24.부터 덤프트럭 등을 집중 투입하여 이 사건 양식장 앞의 야적장에 적치된 토사를 위 양식장 3호지 앞 도로를 통하여 대량 운반하면서 발생한 소음과 진동으로 인하여 발생하였다고 봄이 상당하므로(그 직접적인 원인은 소음과 진동 때문에 3호지 내 숭어의 집단 요동현상이 일어나 아랫물과 윗물이 뒤집어지고 흙탕물이 생겨 용존산소량이 부족해지고 수질이 급격히 악화된 데 있었다고 보여진다), 피고들은 환경오염 피해에 대한 무과실책임을 규정한 「환경정책기본법」제31조제1항에 의하여 그 사업장인 위 토사반출현장에서 발생한 환경오염의 하나인 소음·진동으로 인한 원고의 피해를 배상할 의무가 있다 할 것이다(원고는「민법」제750조의 일반 불법행위법을 근거로 피고들에게 손해배상을 구하나, 위「환경정책기본법」의 규정은 손해의 책임과 발생에 관한 입증책임을 환경오염을 발생시키는 사업자에게 지우는 것으로서「민법」제750조에 대한 특별규정이라고 보아야 하므로 환경오염으로 인한 손해배상사건에 관하여는 그 피해자가 위 법률의 적용을 구하는 주장을 하였는지 여부를 가리지 아니하고 민법상의 손해배상 규정에 우선하여 적용하여야 할 것이다).

1-4-2. 공해(公害) 소송에 있어서 인과관계의 입증책임을 지는 자

(대법원 2002. 10. 22. 선고 2000다65666 판결)

※ 발전소의 온배수 배출로 인해 피고들이 양식하는 김 수확량이 감소됨으로써 입은 손해 사이에는 상당한 인과관계가 인정되고 원고(발전소)가 인과관계를 부정할 만한 반증을 들지 못하고 있는 이상 그 손해배상책임을 면할 수 없다고 한 사례

일반적으로 불법행위로 인한 손해배상청구사건에 있어서 가해행위와 손해발생 간의 인과관계의 입증책임은 청구자인 피해자가 부담하나, 대기오염이나 수질오염에 의한 공해로 인한 손해배상을 청구하는 소송에 있어서는 기업이 배출한 원인물질이 물을 매체로 하여 간접적으로 손해를 끼치는 수가 많고 공해문제에 관하여는 현재의 과학수준으로도 해명할수 없는 분야가 있기 때문에 가해행위와 손해의 발생 사이의 인과관계를 구성하는 하나하나의 고리를 자연과학적으로 증명한다는 것은 극히 곤란하거나 불가능한 경우가 대부분이므로, 이러한 공해소송에 있어서 피해자에게 사실적인 인과관계의 존재에 관하여 과학적으로 엄밀한 증명을 요구한다는 것은 공해로 인한 사법적 구제를 사실상 거부하는 결

과가 될 우려가 있는 반면에 가해기업은 기술적, 경제적으로 피해자보다 훨씬 원인조사가 용이한 경우가 많을 뿐만 아니라, 그 원인을 은폐할 염려가 있고 가해기업이 어떠한 유해한 원인물질을 배출하고 그것이 피해물건에 도달하여 손해가 발생하였다면 가해자측에서 그것이 무해하다는 것을 입증하지 못하는 한 책임을 면할 수 없다고 보는 것이 사회형평의 관념에 적합하다.

1-4-3. 적법시설이나 공용시설로부터 발생하는 유해배출물로 인하여 손해가 발생한 경우(대법원 2001. 2. 9. 선고 99다55434 판결)

※ 고속도로의 확장으로 인하여 소음·진동이 증가하여 인근 양돈업자가 양돈업을 폐업하게 된 사안에서 한국도로공사의 손해배상책임을 인정한 사례

고속도로의 사용이나 자동차의 통행 그 자체가 공익적인 것이고, 고속도로에서의 차량통행으로 인한 소음·진동이 불가피하게 발생한다 하더라도 그 정도가 수인한도를 넘어 원고들에게 양돈업을 폐업하게 하는 손해를 입혔다면 피고는 원고들에 대하여 그로 인한 손해배상책임을 면할 수 없다 할 것이다.
「환경정책기본법」 제31조제1항 및 제3조제1호, 제3호, 제4호에 의하면, 사업장 등에서 발생되는 환경오염으로 인하여 피해가 발생한 경우에는 당해 사업자는 귀책사유가 없더라도 그 피해를 배상하여야 하고, 위 환경오염에는 소음·진동으로 사람의 건강이나 환경에 피해를 주는 것도 포함되므로, 이 사건 원고들의 손해에 대하여 피고는 그 귀책사유가 없더라도 특별한 사정이 없는 한 이를 배상할 의무가 있다고 할 것이다.

1-4-4. 고속도로로부터 발생하는 소음으로 인한 피해
(대법원 2007. 6. 15. 선고 2004다37904, 37911 판결)

※ 1일 평균 소음이 65㏈ 이상인 주택에 거주하는 주민들의 유지청구 및 손해배상청구에 대해 이 사건 고속도로를 설치·관리하는 한국도로공사는 그 설치·관리상의 하자로 인한 손해배상책임이 있다고 한 사례

「민법」 제758조 소정의 '공작물의 설치 또는 보존의 하자'라 함은 공작물이 그 용도에 따라 갖추어야 할 안전성을 갖추지 못한 상태에 있음을 말하고, 안전성을 갖추지 못한 상태, 즉 타인에게 위해를 끼칠 위험성

이 있는 상태라 함은 해당 공작물을 구성하는 물적 시설 그 자체에 있는 물리적·외형적 흠결이나 불비로 인하여 그 이용자에게 위해를 끼칠 위험성이 있는 경우뿐만 아니라, 그 공작물이 이용됨에 있어 그 이용상태 및 정도가 일정한 한도를 초과하여 제3자에게 사회통념상 수인할 것이 기대되는 한도를 넘는 피해를 입히는 경우까지 포함된다고 보아야 하고, 이 경우 제3자의 수인한도의 기준을 결정함에 있어서는 일반적으로 침해되는 권리나 이익의 성질과 침해의 정도뿐만 아니라 침해행위가 갖는 공공성의 내용과 정도, 그 지역환경의 특수성, 공법적인 규제에 의하여 확보하려는 환경기준, 침해를 방지 또는 경감시키거나 손해를 회피할 방안의 유무 및 그 난이 정도 등 여러 사정을 종합적으로 고려하여 구체적 사건에 따라 개별적으로 결정하여야 한다.
원고가 관리하는 이 사건 고속도로의 공공적 기능, 원고가 이 사건 고속도로를 설치, 관리함에 있어서 소음 피해를 줄이기 위한 노력을 경주한 면이 있다고 하더라도, 원고가 이 사건 고속도로의 확장공사 착공 후 이 사건 빌라 부지를 매도하여 이 사건 빌라가 신축되었다는 사정을 고려한다면, 이 사건 빌라의 각 주택의 소음과 관련하여 「환경정책기본법」상 소음환경기준인 65dB 이상의 소음이 발생하는 경우에는 사회생활상 통상의 수인한도를 넘는 것으로서 위법하다

1-5. 유지청구 사례(공사금지 또는 공사중지를 청구한 경우)

1-5-1. 지하수의 대량취수에 의한 생활용수방해의 예방을 위하여 필요한 한도 내에서 지하수 개발공사의 중지를 청구할 수 있는지 여부(대법원 1998. 4. 28. 선고 97다48913 판결)

※ 새로운 지하수 개발 및 취수로 인하여 인근 토지 소유자의 기존 생활용수에 장해가 생기거나 장해의 염려가 있는 경우, 인근 토지 소유자의 생활용수 방해제거 및 예방청구권이 있다고 한 사례

소유권 방해제거·예방청구권에 관한 「민법」 제214조의 규정과 용수장해로 인한 용수권자의 손해배상청구권 및 원상회복청구권에 관한 「민법」 제236조의 규정을 종합하여 보면, 어느 토지 소유자가 새로이 지하수 개발공사를 시행하여 설치한 취수공 등을 통하여 지하수를 취수함으로 말미암아 그 이전부터 인근 토지 내의 원천에서 나오는 지하수를 이용하고 있는 인근 토지 소유자의 음료수 기타 생활상 필요한 용수에

장해가 생기거나 그 장해의 염려가 있는 때에는, 생활용수 방해를 정당화하는 사유가 없는 한 인근 토지 소유자는 그 생활용수 방해의 제거(원상회복)나 예방을 청구할 수 있다.

따라서 지하수 개발공사 자체만으로는 인근 토지 소유자의 생활용수에 장해가 생기지 않는다고 하더라도, 인근 토지 소유자는 지하수의 대량취수에 의한 생활방해의 예방을 위하여 필요한 한도 내에서 대량취수를 위한 지하수 개발공사의 중지를 구할 수 있다.

1-5-2. 소유권에 기하여 건물의 건축 금지 등 방해제거 및 예방을 위한 청구를 할 수 있는지 여부 및 그 요건(대법원 1999. 7. 27. 선고 98다47528 판결)

※ 봉은사(사찰) 인접 대지에 건물이 건축됨으로 인하여 입는 환경 등 생활이익의 침해를 이유로 건축공사금지 청구를 인정한 사례

환경권은 명문의 법률규정이나 관계 법령의 규정 취지 및 조리에 비추어 권리의 주체, 대상, 내용, 행사 방법 등이 구체적으로 정립될 수 있어야만 인정되는 것이므로, 사법상의 권리로서의 환경권을 인정하는 명문의 규정이 없는데도 환경권에 기하여 직접 방해배제청구권을 인정할 수는 없다 할 것이다.

그러나 어느 토지나 건물의 소유자가 종전부터 향유하고 있던 경관이나 조망, 조용하고 쾌적한 종교적 환경 등이 그에게 하나의 생활이익으로서의 가치를 가지고 있다고 객관적으로 인정된다면 법적인 보호의 대상이 될 수 있는 것이므로, 인접 대지 위에 건물의 건축 등으로 그와 같은 생활이익이 침해되고 그 침해가 사회통념상 일반적으로 수인할 정도를 넘어선다고 인정되는 경우에는 위 토지 등의 소유자는 그 소유권에 기하여 건물의 건축 금지 등 방해의 제거나 예방을 위하여 필요한 청구를 할 수 있다고 할 것이고(대법원 1995. 9. 15. 선고 95다23378 판결 참조), 위와 같은 청구를 하기 위한 요건으로서 반드시 위 건물이 문화재보호법이나 건축법 등의 관계 규정에 위반하여 건축되거나 또는 그 건축으로 인하여 그 토지 안에 있는 문화재 등에 대하여 직접적인 침해가 있거나 그 우려가 있을 것을 요하는 것은 아니라고 할 것이다.

1-5-3. 공장 가동 과정에서 발생하는 소음 · 진동 · 악취 · 분진으로 인한 생활방해(서울동부지법 2004. 7. 22. 선고 2002가합371)

※ 공장의 소음 · 악취로 인한 생활방해에 대한 사전 구제수단으로서 공장의 기계작동금지를 청구할 수 있다고 한 사례

준공업지역에 위치한 염색공장을 운영하면서 매일 05:00~22:00의 17시간 동안에 소음·악취를 발생시킨 행위는 상린관계에 따라 인접 주택의 거주자가 수인하여야 할 통상의 범위 내에 속하고, 거주자가 일상생활을 영위함에 필요한 최소한의 휴식을 위한 시간인 매일 22:00 ~ 다음날 05:00까지 7시간 동안에 소음·악취를 발생시킨 행위는 사회통념상 수인한도를 넘는 위법한 가해행위로서 불법행위가 된다.

공장의 소음·악취로 인한 생활방해로 사회통념상 수인한도를 넘는 행위를 한 공장경영자는 장래에 있어서 그러한 행위로 인하여 인접 주택 거주자의 일상생활에 고통을 주지 아니하기 위한 적당한 조치로서 수인한도를 넘는 시간 동안 공장 내에 설치되어 있는 기계를 작동하지 아니할 의무가 있고, 인접 주택 거주자는 공장경영자에 대하여 위 시간 동안 기계의 작동금지를 청구할 수 있다.

■ 인근 공장의 매연으로 농작물에 피해를 입은 경우 손해배상을 청구하려면 어떤 요건이 갖추어져야 하나요?

Q 인근 공장의 매연으로 농작물에 피해를 입었습니다. 손해배상을 청구하려면 어떤 요건이 갖추어져야 하나요?

A 민사소송을 통해 손해배상을 청구하기 위해서는 일반적으로 ① 가해자에게 고의 또는 과실이 있어야 하고 ② 가해행위가 위법해야 하며 ③ 가해행위와 피해의 발생 사이에 인과관계가 인정되고 ④ 피해자에게 손해가 발생해야 합니다.

그러나 사업장 등에서 발생되는 환경침해로 인하여 피해가 발생한 경우에는 해당 사업자의 과실과 관계없이 손해배상을 청구할 수 있습니다.

◇ 불법행위에 따른 손해배상청구

① 환경침해에 대한 민사소송에는 불법행위에 따른 손해배상청구와 환경침해 자체의 제거, 예방을 구하는 유지청구가 있습니다.

② 이 중에서 불법행위에 따른 손해배상청구는 환경오염으로 인해 피해를 입은 경우에 이를 금전적으로 배상받는 것을 말합니다.

◇ 손해배상청구 요건

① 환경오염으로 인한 피해에 대해 손해배상책임이 성립하기 위해서는 다음과 같은 요건을 모두 갖추어야 합니다.

- 가해자에게 고의 또는 과실이 있을 것
- 가해행위가 위법한 행위일 것
- 가해행위와 피해의 발생 사이에 인과관계가 있을 것
- 손해가 발생할 것

② 그러나 사업장 등에서 발생되는 환경침해(환경오염 또는 환경훼손)로 인하여 피해가 발생한 경우에는 「민법」 제750조에 따른 일반적인 손해배상책임과 다르게 해당 사업자가 과실과 관계없이 손해배상책임을 집니다.

(관련판례)

가해건물의 신축으로 인하여 일조피해를 받게 되는 건물이 이미 다른 기존 건물에 의하여 일조방해를 받고 있는 경우 또는 피해건물이 남향이 아니거나 처마가 돌출되어 있는 등 그 구조 자체가 충분한 일조를 확보하기 어렵게 되어 있는 경우에는, 가해건물 신축 결과 피해건물이 동짓날 08시부터 16시 사이에 합계 4시간 이상 그리고 동짓날 09시부터 15시 사이에 연속하여 2시간 이상의 일조를 확보하지 못하게 되더라도 언제나 수인한도를 초과하는 일조피해가 있다고 단정할 수는 없고, 가해건물이 신축되기 전부터 있었던 일조방해의 정도, 신축 건물에 의하여 발생하는 일조방해의 정도, 가해건물 신축 후 위 두 개의 원인이 결합하여 피해건물에 끼치는 전체 일조방해의 정도, 종전의 원인에 의한 일조방해와 신축 건물에 의한 일조방해가 겹치는 정도, 신축 건물에 의하여 발생하는 일조방해시간이 전체 일조방해시간 중 차지하는 비율, 종전의 원인만으로 발생하는 일조방해시간과 신축 건물만에 의하여 발생하는 일조방해시간 중 어느 것이 더 긴 것인지 등을 종합적으로 고려하여 신축 건물에 의한 일조방해가 수인한도를 넘었는지 여부를 판단하여야 한다(부산지법 2009.8.28. 자 2009카합1295 결정).

Q 甲은 A 지역에 비행장이 있는지 모르는 상태에서 A 지역으로 이사를 하였습니다. 비행장이 건설되기 전부터 A 지역에 거주하고 있던 다른 주민들은 국가로부터 손해배상을 받을 수 있다고 하는데 甲도 다른 주민들과 마찬가지로 손해배상을 받을 수 있는지요?

A 대법원은 이에 대하여 "소음 등의 공해로 인한 법적 쟁송이 제기되거나 그 피해에 대한 보상이 실시되는 등 피해지역임이 구체적으로 드러나고 또한 이러한 사실이 그 지역에 널리 알려진 이후에 이주하여 오는 경우에는 위와 같은 위험에의 접근에 따른 가해자의 면책 여부를 보다 적극적으로 인정할 여지가 있다. 다만 일반인이 공해 등의 위험지역으로 이주하여 거주하는 경우라고 하더라도 위험에 접근할 당시에 그러한 위험이 존재하는 사실을 정확하게 알 수 없는 경우가 많고, 그 밖에 위험에 접근하게 된 경위와 동기 등의 여러 가지 사정을 종합하여 그와 같은 위험의 존재를 인식하면서도 위험으로 인한 피해를 용인하면서 접근하였다고 볼 수 없는 경우에는 손해배상액의 산정에 있어 형평의 원칙상 과실상계에 준하여 감액사유로 고려하여야 한다(대법원 2010. 11. 25. 선고 2007 다74560 판결)"라고 판시한 바 있습니다. 또한 공군사격장 주변지역에서 발생하는 소음 등으로 피해를 입은 주민들이 국가를 상대로 손해배상을 청구한 사안에서, 사격장의 소음피해를 인식하거나 과실로 인식하지 못하고 이주한 일부 주민들의 경우, 비록 소음으로 인한 피해를 용인하고 이용하기 위하여 이주하였다는 등의 사정이 인정되지 않아 국가의 손해배상책임을 완전히 면제 할 수는 없다고 하더라도, 손해배상액을 산정함에 있어 그와 같은 사정을 전혀 참작하지 아니하여 감경조차 아니 한 것은 형평의 원칙에 비

추어 현저히 불합리하다고 판시한 경우(대법원 2010. 11. 11. 선고 2008다57975 판결)도 있습니다. 따라서 비행장의 소음을 과실로 인식하지 못하고 이주한 경우 국가배상책임액 전액을 인정받을 수는 없으나 제반사정을 고려한 감경된 금액만큼만 배상받으실 수 있을 것입니다.

(관련판례)

준공업지역에 위치한 염색공장을 운영하면서 매일 05:00~22:00의 17시간 동안에 소음·악취를 발생시킨 행위는 상린관계에 따라 인접 주택의 거주자가 수인하여야 할 통상의 범위 내에 속하고, 거주자가 일상생활을 영위함에 필요한 최소한의 휴식을 위한 시간인 매일 22:00~다음날 05:00의 7시간 동안에 소음·악취를 발생시킨 행위는 사회통념상 수인한도를 넘는 위법한 가해행위로서 불법행위가 된다(서울동부지법 2004. 7. 22. 선고 2002가합371 판결).

■ 공해 소송에서 인과관계의 입증책임은 가해자와 피해자 중 누구에게 있는 것인지요?

Q 공해 소송에서 인과관계의 입증책임은 가해자와 피해자 중 누구에게 있는 것인지요?

A 대법원은 이에 대하여 "일반적으로 불법행위로 인한 손해배상청구 사건에 있어서 가해행위와 손해발생 간의 인과관계의 입증책임은 청구자인 피해자가 부담하나, 대기오염이나 수질오염에 의한 공해로 인한 손해배상을 청구하는 소송에 있어서는 기업이 배출한 원인물질이 물을 매체로 하여 간접적으로 손해를 끼치는 수가 많고 공해문제에 관하여는 현재의 과학수준으로도 해명할 수 없는 분야가 있기 때문에 가해행위와 손해의 발생 사이의 인과관계를 구성하는 하나 하나의 고리를 자연과학적으로 증명한다는 것은 극히 곤란하거나 불가능한 경우가 대부분이므로, 이러한 공해소송에 있어서 피해자에게 사실적인 인과관계의 존재에 관하여 과학적으로 엄밀한 증명을 요구한다는 것은 공해로 인한 사법적 구제를 사실상 거부하는 결과가 될 우려가 있는 반면에, 가해기업은 기술적·경제적으로 피해자보다 훨씬 원인조사가 용이한 경우가 많을 뿐만 아니라, 그 원인을 은폐할 염려가 있고 가해기업이 어떠한 유해한 원인물질을 배출하고 그것이 피해물건에 도달하여 손해가 발생하였다면 가해자 측에서 그것이 무해하다는 것을 입증하지 못하는 한 책임을 면할 수 없다고 보는 것이 사회형평의 관념에 적합하다(대법원 2002. 10. 22. 선고 2000다65666 판결)."고 판시하였는바, 일반 불법행위보다는 그 입증책임을 완화해서 해석하고 있습니다.

(관련판례)

불법행위로 인한 손해배상에 관하여 가해자와 피해자 사이에 피해자가 일정한 금액을 지급받으면서 향후 일체의 청구를 포기하기로 합의하였으나, 일반적으로 비록 합의서의 권리포기조항이 문언상으로는 나머지 일체의 청구권을 포기한다고 되어 있다 할지라도, 당사자 쌍방간에 있어 손해의 대체의 범위가 암묵리에 상정되어 있고, 후에 생긴 손해가 위 범위를 현저히 일탈할 정도로 중대하여 당초의 손해금과 비교할 때 심히 균형을 잃고 있으며, 합의의 경위, 내용, 시기 기타 일체의 사정을 고려하더라도 처음의 합의에 의하여 후의 손해 전부를 포함하도록 함이 당사자의 신의, 공평에 반한다고 인정되는 경우에는 먼저의 합의에 있어서 권리포기조항은 그 후에 발생한 손해에는 미치지 않는 것으로, 즉 합의 당시에 예측하였던 손해만을 포기한 것으로 한정적으로 해석함이 당사자의 합리적 의사에 합치한다고 보아 그 합의 당시 예상하지 못하였던 추가손해의 배상을 인정한 원심의 판단을 정당하다(대법원 2002. 10. 22. 선고 2000다65666 판결).

Q 농장의 관상수들이 고사하게 된 직접 원인은 동해(凍害)
이지만 인근 공장에서 배출된 아황산가스도 고사의 원인
이 된 경우 공장 소유자의 손해배상책임이 인정되는지요?

A 대법원은 이에 대하여 농장의 관상수들이 고사하게 된 직접원인은
한파로 인한 동해(凍害)이지만 인근공장에서 배출된 아황산가스의
일부가 대기를 통하여 위 농장에 도달됨으로 인하여 유황이 잎 내
에 축적되어 수목의 성장에 장해가 됨으로써 동해(凍害)에 상조작
용을 한 경우에 있어 공장주의 손해배상책임을 인정한다는 판시를
한 바 있습니다(대법원 1991. 7. 23. 선고 89다카1275 판결). 아울
러 동일 판례에서 공해사건에서 피해자의 손해가 한파, 낙뢰와 같
은 자연력과 가해자의 과실행위가 경합되어 발생된 경우 가해자의
배상의 범위는 손해의 공평한 부담이라는 견지에서 손해에 대한
자연력의 기여분을 제한부분으로 제한하여야 한다는 판시도 하였
는바, 주된 원인이 아니더라도 일정 부분 원인이 된다면 공장의 손
해배상책임이 인정될 것입니다.

(관련판례)

공장의 소음·악취로 인한 생활방해로 사회통념상 수인한도를 넘는 행위를 한
공장경영자는 장래에 있어서 그러한 행위로 인하여 인접 주택 거주자의 일상생
활에 고통을 주지 아니하기 위한 적당한 조치로서 수인한도를 넘는 시간 동안
공장 내에 설치되어 있는 기계를 작동하지 아니할 의무가 있고, 인접 주택 거
주자는 공장경영자에 대하여 위 시간 동안 기계의 작동금지를 청구할 수 있다
(서울동부지법 2004. 7. 22. 선고 2002가합371 판결).

■ 소음 등을 포함한 공해 등의 위험지역으로 이주하여 거주하는 경우, 이를 손해배상액의 산정에 있어 감경 또는 면제사유로 고려하여야 하는지요?

Q 저는 약 5년 전에 현재 거주하고 있는 곳으로 이사를 왔습니다. 해당 지역 인근에는 약 10년 전부터 사격훈련장이 운영되고 있었습니다. 최근 사격훈련장에서 발생하는 소음 등에 관한 소음공해가 인정되어 손해배상액이 정해졌습니다. 그런데 저의 경우에는 다른 지역 주민들과 달리 손해배상액이 매우 적게 책정되었습니다. 이게 합당한 근거가 있는 건가요?

A 수인한도를 넘는 소음 등이 발생한 경우 이에 대한 손해배상을 하여야 하나, 소음 등을 포함한 공해 등의 위험지역으로 이주하여 들어가 거주하는 경우와 같이 위험의 존재를 인식하거나 과실로 인식하지 못하고 이주한 경우에는 손해배상액의 산정에 있어 형평의 원칙상 과실상계에 준하여 감경 또는 면제사유로 고려하여야 한다는 것이 판례의 입장입니다(대법원 2010. 11. 11. 선고 2008다57975 판결 참조). 따라서 상담인께서 기존에 사격훈련장이 위치한 지역으로 이사를 온 것이라면 특별한 사정이 없다면 그 위험의 존재를 인식하고 이주한 것으로 평가되는 것이므로 손해배상액이 사격훈련장 설치 전부터 거주하던 지역주민들 보다 적은 금액으로 정해졌다 하더라도 그것이 불합리하다고 볼 수는 없을 것입니다.

(관련판례)

공장을 운영하는 자가 그 공장을 가동하는 과정에서 소음·진동·악취·분진을 발생시킴으로써 인접 토지의 거주자에게 사회통념상 수인할 수 있는 한도를 넘는 신체적·정신적 손해를 가한 경우 그 침해행위는 사법상 위법한 가해행위로서 불법행위가 되는데, 그 경우 사회통념상 수인할 수 있는 한도를 넘었는지 여부는 그 지역의 환경과 소음 등에 관한 공법적 규제기준, 피침해자의 생활상황, 침해행위의 태양과 침해의 정도, 사회적 유용성, 가해자의 침해방지대책에 관한 태도 등을 종합적으로 고려하여 결정하여야 한다(서울동부지법 2004. 7. 22. 선고 2002가합371 판결).

2. 가처분

2-1. 가처분 신청

2-1-1. 가처분이란

① 가처분이란 환경을 침해하는 자에게 일정한 적극적 행위를 하는 것을 금지하는 부작위 의무를 명하는 것으로, 현상이 바뀌면 당사자가 권리를 실행하지 못하거나 이를 실행하는 것이 매우 곤란할 염려가 있을 경우에 행합니다(민사집행법 제300조).

② 일조, 조망, 소음 등의 환경이익을 이유로 한 아파트, 빌딩 등 대규모 건축물의 공사금지 가처분 신청이 많습니다.

2-1-2. 가처분 신청

가처분 신청 관할법원은 현재 본안소송(통상의 소송절차 및 독촉절차, 제소전화해절차, 조정절차, 중재판정절차 등)이 계속 중이라면 그 법원이 관할법원이 되고, 현재 본안이 계속 중에 있지 않으면 앞으로 본안이 제소되었을 때 이를 관할할 수 있는 법원에 제출하면 됩니다.

2-2. 가처분 사례

2-2-1. 학교 인근 재건축공사 사건(서울중앙지법 2006. 3. 9. 선고 2006카합246)

※ 인근 재건축공사로 인하여 학교 건물 내에서 측정한 소음의 정도가 「학교보건법」상의 기준을 초과한 바 있고, 향후 굴착공사가 진행될 경우 그 소음이 상당한 기간 지속될 수밖에 없을 것으로 판단되는 경우 학교 인근 대지상의 재건축공사로 인하여 학교 학생들의 적절한 환경에서 교육을 받을 권리가 수인한도를 초과하는 정도로 침해되고 있다고 판단하여 위 학교 학생들의 공사중지 가처분 신청을 일부 인용한 사례

> 이 사건 공사로 인하여 신청인들의 적절한 환경에서 교육을 받을 권리가 수인한도를 초과하는 정도로 침해되고 있다고 보지 아니할 수 없고, 피신청인들이 이 사건 공사의 지연으로 인한 경제적 손실을 이유로 공사를 강행할 예정임을 명백히 하고 있는 점, 신청인들의 적절한 환경에서 교육을 받을 권리가 침해되는 경우 이를 금전배상으로 전보하는 것도 그 시기적 특성상 한계가 있다고 보이는 점에 비추어 보전의 필요성

도 인정된다고 할 것이므로, 피신청인들에게 이 사건 공사의 중지를 명하기로 하되, 이 사건 가처분으로써 공사를 금지할 범위에 관하여는, 피신청인들은 서울 서초구 반포동 20-1 외 28필지 지상에서 반포주공3단지 재건축공사를 진행함에, 같은 동 22 소재 서울원촌중학교의 방학기간을 제외한 기간 동안 평일 08:00부터 16:00까지, 토요일 08:00부터 14:00까지 위 서울원촌중학교의 학교부지 경계선으로부터 50m 이내의 장소에서 위 공사를 진행하여서는 아니 된다.

2-2-2. 도롱뇽 사건(대법원 2006.6.2.선고 2004마1148,1149 판결)

※ 자연물인 '도롱뇽'과 환경단체인 '도롱뇽의 친구들'이 신청인으로서 제기한 터널공사착공금지 가처분 신청에 대하여 '도롱뇽'에 대해서는 당사자능력이 없다는 이유로 신청을 각하하고, '도롱뇽의 친구들'에 대해서는 피보전권리로 주장하는 '자연방위권' 등으로부터 직접적·구체적인 사법상의 권리가 생긴다고 볼 수 없다는 이유로 신청을 기각한 사례

민사상의 가처분은 그 가처분에 의해 보전될 권리관계가 존재하여야 하고, 그 권리관계는 민사소송에 의하여 보호를 받을 자격이 있어야 하는 것이며, 민사소송은 사법(私法)상의 권리에 대한 침해의 구제 및 이를 통한 사법질서(私法秩序)의 유지를 그 목적으로 하는 것인바, 신청인 단체가 이 사건 가처분 신청의 피보전권리로 삼은 「대한민국 헌법」상의 환경권에 관하여 보건대, 「대한민국 헌법」 제35조제1항은 환경권을 기본권의 하나로서 승인하고 있으며, 사법의 해석 및 적용에 있어서도 이러한 기본권이 충분히 보장되도록 배려하여야 하나, 헌법상의 기본권으로서 환경권에 관한 위 규정만으로는 그 보호대상인 환경의 내용과 범위, 권리의 주체가 되는 권리자의 범위 등이 명확하지 못하여 이 규정이 개개의 국민에게 직접 구체적인 사법상의 권리를 부여한 것이라고 보기는 어렵고, 환경의 보전이라는 이념과 국토와 산업의 개발에 대한 공익상의 요청 및 경제활동의 자유 그리고 환경의 보전을 통한 국민의 복리 증진과 개발을 통한 인근 지역 주민들의 이익이나 국가적 편익의 증대 사이에는 그 서 있는 위치와 보는 관점에 따라 다양한 시각들이 존재할 수 있는 탓에 상호 대립하는 법익들 중 어느 것을 우선시킬 것이며, 이를 어떻게 조정하고 조화시킬 것인가 하는 문제는 기본적으로 국민을 대표하는 국회에서 법률에 의해 결정하여야 할 성질의 것이므로, 「대한민국 헌법」 제35조제2항은 '환경권의 내용과 행사에 관하여는 법률로 정한다.'고 규정하고 있는 것이고, 따라서 사법상의 권리로서 환

경권이 인정되려면 그에 관한 명문의 법률 규정이 있거나 관계 법령의 규정취지나 조리에 비추어 권리의 주체, 대상, 내용, 행사방법 등이 구체적으로 정립될 수 있어야 하는 것인바, 신청인 단체가 내세우는 환경권의 취지는 현행의 사법체계 아래서 인정되는 생활이익 내지 상린관계에 터잡은 사법적 구제를 초과하는 의미임이 그 주장에 비추어 명백하므로 그에 기하여는 피신청인에 대하여 민사상의 가처분으로 이 사건 터널공사의 착공금지를 구할 수 없는 것이다.

2-2-3. 공원 근처 골프연습장 설치 사건(대법원 1995. 5. 23. 선고 94마 2218 판결)

※ 청담공원 내의 피신청인 소유 토지상에 골프연습장을 설치하려는 경우 청담공원 인근 주민들인 신청인들이 한 골프연습장건설금지가처분 신청을 기각한 사례

피신청인이 이 사건 골프연습장을 설치 운영함으로 인하여 위 골프연습장에 출입하는 차량에 의한 교통체증과 소음, 골프연습장에서의 골프공 타격 소리와 연습장 내 조명 등으로 인근 주민들인 신청인들의 생활환경을 침해하게 된다는 신청인들의 주장에 대하여, 피신청인이 서울특별시 강남구청장으로부터 위 골프연습장설치 인가처분을 받음에 있어 위 골프연습장에 대한 주차장의 충분한 확보, 완벽한 방음시설, 건물 전면에 소로 개설, 주택가로의 조명 차단, 그린(Green)에 인조잔디를 입힐 것 및 최소한의 녹지훼손 등을 인가조건으로 하여 인가처분을 받았는데 그 인가조건의 내용에 비추어 보아 앞으로 이 사건 골프연습장을 위 인가조건에 충족하도록 건립하는 경우에는 위 골프연습장의 운영으로 말미암아 그 인근 주민인 신청인들이 입게 되는 생활환경 침해는 그것이 인근 주민들이 사회 통념상 수인할 수 있는 정도의 범위 내라고 봄이 상당하다 할 것이고, 달리 피신청인이 골프연습장 건립에 있어 위 인가조건을 준수하지 않을 것으로 보인다거나 위 골프연습장의 운영으로 인하여 신청인들에게 수인할 수 없을 정도의 생활환경 침해 결과가 발생한다고 단정할 만한 자료가 없으므로 「민법」상의 상린관계 내지 신청인들의 생활이익을 피보전권리로 한 가처분 주장은 이유 없다.

Q 학교 인근에 대규모 아파트의 신축공사가 시작되면서 소음 때문에 학생들과 교사들이 고통에 시달리고 있습니다. 당장 공사의 진행을 중지시킬 방법이 없을까요?

A 소음으로 인한 피해가 사회통념상 그 기간이나 정도에 있어서 도저히 참기 어려운 상태에 있고, 계속 진행될 경우 큰 피해가 발생할 수 있는 경우에는 공사중지 가처분을 신청할 수 있습니다.
공사중지 가처분의 신청은 공사중지청구소송을 제기하면서 함께 할 수 있고 소송 제기 전이라도 잠정적으로 미리 할 수 있습니다.

◇ 가처분

① 가처분이란 환경을 침해하는 자에게 일정한 적극적 행위를 하는 것을 금지하는 부작위 의무를 명하는 것으로, 현상이 바뀌면 당사자가 권리를 실행하지 못하거나 이를 실행하는 것이 매우 곤란할 염려가 있을 경우에 행합니다.

② 일조, 조망, 소음 등의 환경이익을 이유로 한 아파트, 빌딩 등 대규모 건축물의 공사금지 가처분 신청이 많습니다.

◇ 가처분 신청

가처분 신청 관할법원은 현재 본안소송(통상의 소송절차 및 독촉절차, 제소전화해절차, 조정절차, 중재판정절차 등)이 계속 중이라면 그 법원이 관할법원이 되고, 현재 본안이 계속 중에 있지 않으면 앞으로 본안이 제소되었을 때 이를 관할할 수 있는 법원에 제출하면 됩니다.

◇ 학교 인근 재건축공사 사건

대법원은 인근 재건축공사로 인하여 학교 건물 내에서 측정한 소음의 정도가 「학교보건법」상의 기준을 초과한 바 있고, 향후 굴착공사가 진행될 경우 그 소음이 상당한 기간 지속될 수밖에 없을 것으로 판단되는 경우 이로 인하여 학교 학생들의 적절한 환경에서 교육을 받을 권리가 수인한도를 초과하는 정도로 침해되고 있다고 판단하여 위 학교 학생들의 공사중지 가처분 신청을 일부 인용한 예가 있습니다.

(관련판례)

학교 인근 대지상의 재건축공사로 인하여 위 학교 학생들의 적절한 환경에서 교육을 받을 권리가 수인한도를 초과하는 정도로 침해되고 있다고 판단하여 위 학교 학생들의 공사중지가처분신청을 일부 인용한 사례(서울중앙지법 2006. 3. 9. 자 2006카합246 결정)

(관련판례)

「헌법」 제35조 제1항은 "모든 국민은 건강하고 쾌적한 환경에서 생활할 권리를 가지며, 국가와 국민은 환경보전을 위하여 노력하여야 한다."고 규정하여 환경권을 헌법상의 기본권으로 명시함과 동시에 국가와 국민에게 환경보전을 위하여 노력할 의무를 부과하므로, 국가는 각종 개발·건설계획을 수립하고 시행함에 있어 소중한 자연환경을 보호하여 그 자연환경 속에서 살아가는 국민들이 건강하고 쾌적한 삶을 영위할 수 있도록 보장하고 나아가 우리의 후손에게 이를 물려줄 수 있도록 적극적인 조치를 취하여야 할 책무를 부담한다(대법원 2006. 6. 2. 선고 2004마1148,1149 판결).

(관련판례)

환경영향평가제도는 환경 등에 미치는 영향이 큰 사업에 대한 계획을 수립·시행함에 있어서 그 사업이 환경 등에 미칠 영향을 미리 평가·검토하여 건전하고 지속가능한 개발이 되도록 함으로써 쾌적하고 안전한 국민생활을 도모함을 목적으로 하는바(환경·교통·재해 등에 관한 영향평가법 제1조), 한국철도시설공단이 국가의 전 지역에서 장기간 이루어지는 고속철도사업을 시행함에 있어서는 위 법에 의한 환경영향평가 절차를 충실히 이행할 뿐 아니라, 환경영향평가절차를 이행한 후 환경영향평가 시에 고려되지 아니하였던 새로운 사정이 발견되어 그 사업으로 인하여 사업시행구간 관련 토지소유자들의 환경이익을 침해할 수 있다는 개연성이 나타나고 종전의 환경영향평가만으로는 그와 같은 개연성에 관한 우려를 해소하기에 충분하지 못한 경우에는 새로이 환경영향평가를 실시하거나 그 환경이익의 침해를 예방할 수 있는 적절한 조처를 먼저 행한 후 사업을 시행하도록 함이 상당하고, 위 토지소유자들은 이를 사법상의 권리로 청구할 수 있을 것이다. 그러나 위와 같은 환경영향평가를 통한 권리의 보장은 실체적인 환경이익의 침해를 보호하기 위한 것이므로, 비록 위와 같이 다시 환경영향평가를 함이 상당한 새로운 사정들이 발생되었다고 하더라도, 그 새로운 사정들과 소유자들의 환경이익 사이에 구체적인 피해가능성 내지는 연관성을 인정하기 어려운 사정이 소명되는 경우 또는 새로운 환경영향평가절차 내지는 이에 준하는 조사가 이루어지고 환경이익의 침해를 예방할 수 있는 적절한 방법이 보완되는 등 소유자들의 환경이익이 침해될 수 있다는 개연성이 부정될 만한 사정이 소명되는 경우에는 더 이상 사업시행의 중지를 구할 수는 없다(대법원 2006. 6. 2. 선고 2004마1148,1149 판결).

(관련판례)

「헌법」 제35조 제1항은 환경권을 기본권의 하나로 승인하고 있으므로, 사법의 해석과 적용에 있어서도 이러한 기본권이 충분히 보장되도록 배려하여야 하나, 헌법상의 기본권으로서의 환경권에 관한 위 규정만으로서는 그 보호대상인 환경의 내용과 범위, 권리의 주체가 되는 권리자의 범위 등이 명확하지 못하여 이 규정이 개개의 국민에게 직접으로 구체적인 사법상의 권리를 부여한 것이라고 보기는 어렵고, 사법적 권리인 환경권을 인정하면 그 상대방의 활동의 자유와 권리를 불가피하게 제약할 수밖에 없으므로, 사법상의 권리로서의 환경권이 인정되려면 그에 관한 명문의 법률규정이 있거나 관계 법령의 규정취지나 조리에 비추어 권리의 주체, 대상, 내용, 행사방법 등이 구체적으로 정립될 수 있어야 한다(대법원 1995. 5. 23. 선고 94마2218).

(관련판례)

관할행정청으로부터 도시공원법상의 근린공원 내의 개인 소유 토지상에 골프연습장을 설치할 수 있다는 인가처분을 받은 데 하자가 있다는 점만으로 바로 그 근린공원 인근 주민들에게 토지소유자에 대하여 골프연습장 건설의 금지를 구할 사법상의 권리가 생기는 것이라고는 할 수 없다(대법원 1995. 5. 23. 선고 94마2218).

3. 민사소송의 절차

민사소송 절차는 다음과 같습니다.

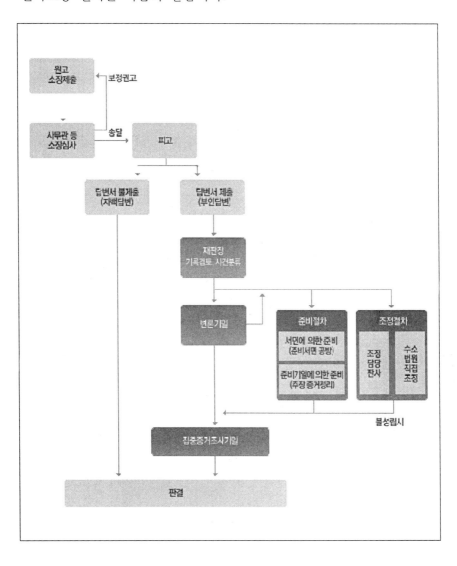

3-1. 원고의 소장의 제출

① 소를 제기하려면 우선 소장을 작성하여 법원에 제출해야 합니다 (민사소송법 제248조).

② 각급법원 민원실에 소장의 양식 견본이 비치되어 있습니다.

③ 소장의 중요한 기재사항은 다음과 같습니다(민사소송법 제249조).
   - 원고와 피고 당사자의 성명, 명칭 또는 상호와 주소, 주민등록번호
   - 대리인이 있는 경우 대리인의 성명과 주소
   - 일과 중 연락 가능한 전화번호, 팩스번호, E-Mail 주소
   - 청구취지 (청구를 구하는 내용, 범위 등을 간결하게 표시)
   - 청구원인 (권리 또는 법률관계의 성립원인 사실을 기재)
   - 부속서류의 표시(소장에 첨부하는 증거서류 등)
   - 작성 연월일
   - 법원의 표시
   - 작성자의 기명날인 및 간인

④ 위의 기재사항에 어긋나는 경우와 소장에 법률의 규정에 따른 인지를 붙이지 않은 경우에는 재판장은 상당한 기간을 정하고, 그 기간 이내에 흠을 보정하도록 명하여야 합니다. 소장에 법률의 규정에 따른 인지를 붙이지 않은 경우에도 또한 같습니다. 원고가 위의 기간 내에 흠을 보정하지 않은 경우에는 재판장은 명령으로 소장을 각하해야 합니다(민사소송법 제254조제1항 전단 및 제2항).

[서식] 민사소송 소장

<table>
<tr><td>접 수 인

</td><td colspan="2" style="text-align:center">소　　　장</td></tr>
</table>

사 건 번 호	
배당순위번호	
담　　　당	제　　단독

사 건 명

원　　고　　(이름)　　(주민등록번호　　-　　　)
　　　　　　(주소)　　(연락처)

1. 피　고　　(이름)　　(주민등록번호　　-　　　)
　　　　　　(주소)　　(연락처)

2. 피　고　　(이름)　　(주민등록번호　　-　　　)
　　　　　　(주소)　　(연락처)

소송목적의 값	원	인지	원
(인지첩부란)			

청 구 취 지

1. (예시)피고는 원고에게 55,000,000원 및 이에 대하여 소장부본 송달 다음 날부터 다 갚는 날까지 연 12%의 비율로 계산한 돈을 지급하라.
2. 소송비용은 피고가 부담한다.
3. 제1항은 가집행할 수 있다.
라는 판결을 구함.

청 구 원 인

1.
2.
3.

입 증 방 법

1. 계약서
2.

첨 부 서 류

1. 위 입증서류   각 1통
1. 소장부본   1부
1. 송달료납부서   1부

20 .   .   .
위 원고   ○○○   (서명 또는 날인)

휴대전화를 통한 정보수신 신청
위 사건에 관한 재판기일의 지정.변경.취소 및 문건접수 사실을 예납의
무자가 납부한 송달료 잔액 범위 내에서 아래 휴대전화를 통하여 알려
주실 것을 신청합니다.

■ 휴대전화 번호 :
20 .   .   .
신청인   원고   (서명 또는 날인)

※ 종이기록사건에서 위에서 신청한 정보가 법원재판사무시스템에 입력되는 당일
   문자메시지로 발송됩니다(전자기록사건은 전자소송홈페이지에서 전자소송 동의
   후 알림서비스를 신청할 수 있음).
※ 문자메시지 서비스 이용금액은 메시지 1건당 17원씩 납부된 송달료에서 지급됩
   니다(송달료가 부족하면 문자메시지가 발송되지 않습니다.).
※ 추후 서비스 대상 정보, 이용금액 등이 변동될 수 있습니다.
※ 휴대전화를 통한 문자메시지는 원칙적으로 법적인 효력이 없으니 참고자료로만
   활용하시기 바랍니다.

○○ 지방법원 귀중

◇유의사항◇
1. 연락처란에는 언제든지 연락 가능한 전화번호나 휴대전화번호, 그 밖에
   팩스번호.이메일 주소 등이 있으면 함께 기재하여 주시기 바랍니다. 피고
   의 연락처는 확인이 가능한 경우에 기재하면 됩니다.
2. 첨부할 인지가 많은 경우에는 뒷면을 활용하시기 바랍니다.

3-2. 소장 부본의 송달과 답변서 제출

① 소장이 접수되면 법원은 그 소장 부본을 피고에게 송달하고, 피고는 원고의 청구를 다투는 경우에는 소장의 부본을 송달받은 날부터 30일 이내에 답변서를 제출해야 합니다(민사소송법 제255조 및 제256조).

② 피고가 답변서를 제출하지 않거나 자백하는 취지의 답변서를 제출하면, 청구의 원인이 된 사실을 자백한 것으로 보고 변론 없이 판결할 수 있습니다(민사소송법 제257조).

③ 법원은 답변서의 부본을 원고에게 송달해야 합니다(민사소송법 제256조제3항).

3-3. 변론준비절차

① 변론준비절차에서는 변론이 효율적이고 집중적으로 실시될 수 있도록 당사자의 주장과 증거를 정리해야 합니다(민사소송법 제279조제1항).

② 변론준비절차는 기간을 정하여, 당사자로 하여금 준비서면, 그 밖의 서류를 제출하게 하거나 당사자 사이에 이를 교환하게 하고 주장사실을 증명할 증거를 신청하게 하는 방법으로 진행합니다(민사소송법 제280조제1항).

③ 변론준비절차기간에는 원고와 피고 간 준비서면 공방이 이루어지며, 증거제출과 증인신청, 검증·감정신청을 하는 등 변론기일 전에 증거조사를 합니다.

3-4. 변론준비기일

① 재판장은 변론준비절차를 진행하는 동안에 주장 및 증거를 정리하기 위하여 필요하다고 인정하는 경우에는 변론준비기일을 열어 당사자를 출석하게 할 수 있습니다(민사소송법 제282조제1항).

② 당사자는 변론준비기일이 끝날 때까지 변론의 준비에 필요한 주장과 증거를 정리하여 제출해야 합니다(민사소송법 제282조제4항).

③ 변론준비절차를 통해 기본서면 공방이 종료되면 재판장은 기록 등을 검토하여 쟁점이 부각되고 변론기일 전 증거제출이 일단 완료되었다고 판단되는 분쟁에 대해 쟁점정리기일(변론준비기일)을 지정할 수 있습니다.

3-5. 변론기일

① 법원은 변론준비절차를 마친 경우에는 첫 변론기일을 거친 뒤 바로 변론을 종결할 수 있도록 해야 하며, 당사자는 이에 협력하여야 합니다(민사소송법 제287조제1항).

② 당사자는 변론준비기일을 마친 뒤의 변론기일에서 변론준비기일의 결과를 진술해야 합니다(민사소송법 제287조제2항).

③ 법원은 변론기일에 변론준비절차에서 정리된 결과에 따라서 바로 증거조사를 해야 합니다(민사소송법 제287조제3항).

④ 제1차 변론기일(집중증거조사기일)에는 쟁점정리기일에 정리된 결과에 따라서 분쟁에 관련된 원고와 피고 및 양측의 증인을 집중적으로 신문(訊問)하고, 신문을 마치면 그로부터 단기간 내에 판결을 선고받게 됩니다.

3-6. 변론종결

① 변론이 종결되면 더 이상의 증거조사는 불가능하고 변론종결 이후에 나타난 사정은 이를 재판자료로 삼을 수 없게 됩니다(민사소송법 제142조).

② 다만, 예외적으로 법원은 변론을 종결하였더라도 심리미진, 주요사실의 발견 등 필요하다고 인정되면 자유재량으로 변론을 재개할 수 있습니다.

3-7. 판결선고

① 판결은 원칙적으로 소가 제기된 날부터 5개월 이내에 선고하며, 선고기일은 변론종결기일에 재판장이 지정합니다(민사소송법 제199조).

② 재판장은 변론종결 후 판결내용의 확정에 들어가고, 판결내용이 확정되면 그 내용을 표시한 판결서 또는 판결원본을 작성한 후 변론이 종결된 날부터 2주(늦어도 4주) 이내에 판결원본에 따라 주문을 읽어 선고합니다(민사소송법 제206조, 제207조 및 제208조).

③ 판결은 선고로 효력이 생기게 되며, 법원사무관 등은 판결서를 받은 날부터 2주 이내에 당사자에게 정본으로 송달합니다(민사소송법 제205조 및 제210조).

④ 판결에 패소한 당사자가 이의를 제기하지 않으면 판결이 확정됩니다.
⑤ 판결에 이의가 있는 경우에는 판결서가 송달된 날부터 2주 이내에 법원에 항소장을 제출할 수 있습니다(민사소송법 제396조 및 제408조).

■ 공해 소송에서 인과관계의 입증책임은 가해자와 피해자 중 누구에게 있는 것인지요?

Q 공해 소송에서 인과관계의 입증책임은 가해자와 피해자 중 누구에게 있는 것인지요?

A 대법원은 이에 대하여 "일반적으로 불법행위로 인한 손해배상청구 사건에 있어서 가해행위와 손해발생 간의 인과관계의 입증책임은 청구자인 피해자가 부담하나, 대기오염이나 수질오염에 의한 공해로 인한 손해배상을 청구하는 소송에 있어서는 기업이 배출한 원인물질이 물을 매체로 하여 간접적으로 손해를 끼치는 수가 많고 공해문제에 관하여는 현재의 과학수준으로도 해명할 수 없는 분야가 있기 때문에 가해행위와 손해의 발생 사이의 인과관계를 구성하는 하나하나의 고리를 자연과학적으로 증명한다는 것은 극히 곤란하거나 불가능한 경우가 대부분이므로, 이러한 공해소송에 있어서 피해자에게 사실적인 인과관계의 존재에 관하여 과학적으로 엄밀한 증명을 요구한다는 것은 공해로 인한 사법적 구제를 사실상 거부하는 결과가 될 우려가 있는 반면에, 가해기업은 기술적·경제적으로 피해자보다 훨씬 원인조사가 용이한 경우가 많을 뿐만 아니라, 그 원인을 은폐할 염려가 있고 가해기업이 어떠한 유해한 원인물질을 배출하고 그것이 피해물건에 도달하여 손해가 발생하였다면 가해자 측에서 그것이 무해하다는 것을 입증하지 못하는 한 책임을 면할 수 없다고 보는 것이 사회형평의 관념에 적합하다(대법원 2002. 10. 22. 선고 2000다65666 판결)."고 판시하였는바, 일반 불법행위보다는 그 입증책임을 완화해서 해석하고 있습니다.

■ 주된 원인은 자연재해이나 공해도 그 원인이 된 경우 손해배상책임이 인정되는지요?

Q 농장의 관상수들이 고사하게 된 직접 원인은 동해(凍害)이지만 인근 공장에서 배출된 아황산가스도 고사의 원인이 된 경우 공장 소유자의 손해배상책임이 인정되는지요?

A 대법원은 이에 대하여 농장의 관상수들이 고사하게 된 직접원인은 한파로 인한 동해(凍害)이지만 인근공장에서 배출된 아황산가스의 일부가 대기를 통하여 위 농장에 도달됨으로 인하여 유황이 잎 내에 축적되어 수목의 성장에 장해가 됨으로써 동해(凍害)에 상조작용을 한 경우에 있어 공장주의 손해배상책임을 인정한다는 판시를 한 바 있습니다(대법원 1991. 7. 23. 선고 89다카1275 판결). 아울러 동일 판례에서 공해사건에서 피해자의 손해가 한파, 낙뢰와 같은 자연력과 가해자의 과실행위가 경합되어 발생된 경우 가해자의 배상의 범위는 손해의 공평한 부담이라는 견지에서 손해에 대한 자연력의 기여분을 제한부분으로 제한하여야 한다는 판시도 하였는바, 주된 원인이 아니더라도 일정 부분 원인이 된다면 공장의 손해배상책임이 인정될 것입니다.

(관련판례)

농장의 관상수들이 고사하게 된 직접원인은 한파로 인한 동해이지만 인근공장에서 배출된 아황산가스의 일부가 대기를 통하여 위 농장에 도달됨으로 인하여 유황이 잎 내에 축적되어 수목의 성장에 장해가 됨으로써 동해에 상조작용을 한 경우에 있어 공장주의 손해배상책임을 인정한 사례(대법원 1991. 7. 23. 선고 89다카1275 판결).

[서식 예] 손해배상(공)청구의 소

소 　 　 장

원　　고　　○○○ (주민등록번호)
　　　　　　○○시 ○○구 ○○길 ○○(우편번호 ○○○○○)
　　　　　　전화.휴대폰번호:
　　　　　　팩스번호, 전자우편(e-mail)주소:
피　　고　　◇◇주식회사
　　　　　　○○시 ○○구 ○○길 ○○(우편번호 ○○○○○)
　　　　　　대표이사 ◇◇◇
　　　　　　전화.휴대폰번호:
　　　　　　팩스번호, 전자우편(e-mail)주소:

손해배상(공)청구의 소

청 　 구 　 취 　 지

1. 피고는 원고에게 금 ○○○원 및 이에 대하여 20○○. ○○. ○
　○.부터 이 사건 소장부본 송달일까지는 연 5%의, 그 다음날부터
　다 갚는 날까지는 연 12%의 각 비율에 의한 돈을 지급하라.
2. 소송비용은 피고의 부담으로 한다.
3. 위 제1항은 가집행 할 수 있다.
라는 판결을 구합니다.

청 　 구 　 원 　 인

1. 당사자 관계
　원고는 이 사건의 직접적인 피해자 본인이고, 피고는 원고 소유
　의 수목 농장에 인접하여 모직류를 제조하는 공장을 설치.가동하여
　오면서 그 연료로 벙커시유를 사용함으로써 그 연소과정에서 생
　성된 유해물질인 아황산가스 및 낙진을 굴뚝을 통하여 대기 중

에 배출시킴으로써 원고가 위 농장에서 재배하는 각종 관상수의 원형질분리와 파괴, 황화현상, 이상낙엽, 고사 등의 손해를 입힌 가해자입니다.

2. 피고의 불법행위책임

가. 원고는 ○○과 ○○○시 사이의 국도에서 동쪽으로 약 1km 떨어진 ○○산 부근인 ○○○시 ○○동 산 ○○○의 임야 299,421.62㎡에 19○○년도부터 ◎◎농장이라는 이름으로 주목, 반송, 백송, 향나무, 옥향, 목련 등 고급 관상수를 재배하여 왔습니다. 피고는 19○○. ○.경부터 위 ◎◎농장과 서북쪽으로 접한 같은 동 ○○○ 지상에 모직류를 제조하는 공장을 설치.가동하여 오면서 그 연료로 벙커시유를 사용함으로써 그 연소과정에서 생성된 유해물질인 아황산가스 및 낙진을 굴뚝을 통하여 대기 중에 반출시켜왔습니다.

나. 그런데 20○○. ○.경을 전후하여 원고 농장의 주목, 향나무, 반송, 백송 등 일부 관상수들이 갯솜조직과 표피세포의 원형질분리로 누렇게 변색되어 잎이 떨어지고 수목자체까지 고사하기도 하였으며, 특히 피고 공장의 굴뚝에서 동남쪽으로 약 200m 떨어진 곳 부근(다음부터 피해 극심지역이라 함)의 관상수들에게서 그 현상이 심하게 나타났습니다. 한편, 피고 소유의 공장에서 배출되는 아황산가스는 수목 잎의 기공을 통하여 잎 내에 침투한 후 공변세포와 엽록소를 손상시켜 잎의 호흡, 증산탄소동화작용 등을 저해함으로써 탈수현상과 세포파괴를 초래하여 수목을 고사케 하며 이러한 아황산가스의 수목에 대한 침해정도는 수목의 종류, 아황산가스의 농도, 접촉시기와 기간, 기상조건 및 토양조건 등에 따라 달라지기는 하나 대체로 아황산가스의 대기중 농도가 0.4ppm 이상일 때 급성피해를 입게 되고 0.1ppm 내지 0.2ppm 이상일 때 수목에서 서서히 나쁜 영향을 미쳐 만성적으로 피해를 가져오는 것입니다.

다. 원고는 20○○. ○.초경 원고 농장의 위 피해 수목을 조사한 바, 피해수목의 엽내 유황함량은 대부분 0.18% 내지 0.31% 정도이고 피해증세가 심한 수목일수록 이에 비례하여 그 유황함량이 많았으며 피해 극심지역에 피해수목이 집중되어 있고 그 이외의 지역에서는 별 피해가 없거나 근소하였습니다.

라. 이에 원고는 피고에게 여러 차례 아황산가스의 배출로 인한 원고 소유의 수목에 가해진 손해를 배상해줄 것을 요구하였으나 피고는 20○○. ○.과 20○○○. ○○. 사이의 ○년만의 최대한 파로 인한 동해(冬害)일뿐 아황산가스로 인한 피해가 아니라는 이유로 그 손해의 배상을 거절하고 있습니다. 그러나 대기중 아황산가스의 농도가 낮다고 하더라도 그것이 잎 내에 축적되어 수목의 성장에 장해가 됨으로써, 아황산가스로 인한 피해증상과 같은 세포의 원형질분리와 파괴, 황화현상, 이상낙엽, 고사 등의 순으로 나타나는 이 동해에 상조작용을 한 것입니다.

마. 원고 농장의 관상수들이 고사하게 된 직접적인 원인은 위 한파로 인한 동해이고 피고 공장에서 배출된 아황산가스로 인한 것은 아니라 할지라도, 위 아황산가스는 위 관상수들이 한파에 의하여 쉽사리 동해를 입게 된 원인이 되었다고 할 것이고, 공해문제에 관하여는 현재의 과학수준으로 해명할 수 없는 분야가 있기 때문에 가해행위와 손해발생간의 인과관계의 과정을 모두 자연과학적으로 피해자가 입증한다는 것은 극히 어렵거나 불가능한 경우가 대부분인 점 등에 비추어 가해기업이 배출한 어떤 유해한 원인물질이 피해물건에 도달하여 손해가 발생하였다면 가해자측에서 그 무해함을 입증하지 못하는 한 책임을 면할 수 없다고 봄이 사회형평의 관념에 적합하다고 판시한 판결(대법원 1997. 6. 27. 선고 95다2692 판결)을 종합하여 보면, 피고는 피고 공장에서 배출된 아황산가스가 관상수들의 동해에 상조 작용하여 수목을 고사케 함으로써 원고가 입게된 손해를 배상할 책임이 있다고 할 것입니다.

3. 손해배상의 정도

피고가 원고에게 입힌 손해는 고사한 수목의 시가에 상당하는 금액과 그에 따라 원고가 받은 정신적 고통에 대한 위자료 상당이 될 것인바 우선 금 ○○○원을 청구하고 추후 목적물의 감정을 통하여 추가 청구하겠습니다.

4. 결론

따라서 원고는 피고로부터 금 ○○○원 및 이에 대하여 20○○.
○○. ○○.부터 이 사건 소장부본 송달일까지는 민법에서 정한
연 5%의, 그 다음날부터 다 갚는 날까지는 소송촉진등에관한특례
법에서 정한 연 12%의 각 비율에 의한 지연손해금을 지급 받기
위하여 이 사건 청구에 이른 것입니다.

증 명 방 법

1. 갑 제1호증의 1 내지 7   각 고사된 수목 사진
1. 갑 제2호증   감정서

첨 부 서 류

1. 위 증명방법   각 1통
1. 법인등기사항증명서   1통
1. 소장부본   1통
1. 송달료납부서   1통

20○○. ○. ○.

위 원고   ○○○ (서명 또는 날인)

○○지방법원 귀중

(관련판례)

일반적으로 불법행위로 인한 손해배상청구사건에 있어서 가해행위와 손해발생
간의 인과관계의 입증책임은 청구자인 피해자가 부담하나, 대기오염이나 수질
오염에 의한 공해로 인한 손해배상을 청구하는 소송에 있어서는 기업이 배출
한 원인물질이 물을 매체로 하여 간접적으로 손해를 끼치는 수가 많고 공해문
제에 관하여는 현재의 과학수준으로도 해명할 수 없는 분야가 있기 때문에
가해행위와 손해의 발생 사이의 인과관계를 구성하는 하나 하나의 고리를 자
연과학적으로 증명한다는 것은 극히 곤란하거나 불가능한 경우가 대부분이므

로, 이러한 공해소송에 있어서 피해자에게 사실적인 인과관계의 존재에 관하여 과학적으로 엄밀한 증명을 요구한다는 것은 공해로 인한 사법적 구제를 사실상 거부하는 결과가 될 우려가 있는 반면에, 가해기업은 기술적·경제적으로 피해자보다 훨씬 원인조사가 용이한 경우가 많을 뿐만 아니라, 그 원인을 은폐할 염려가 있고 가해기업이 어떠한 유해한 원인물질을 배출하고 그것이 피해물건에 도달하여 손해가 발생하였다면 가해자측에서 그것이 무해하다는 것을 입증하지 못하는 한 책임을 면할 수 없다고 보는 것이 사회형평의 관념에 적합함(대법원 2002. 10. 22. 선고 2000다65666 등 판결, 1997. 6. 27. 선고 95다2692 판결).

(관련판례)

공해사건에서 피해자의 손해가 한파, 낙뢰와 같은 자연력과 가해자의 과실행위가 경합되어 발생된 경우 가해자의 배상의 범위는 손해의 공평한 부담이라는 견지에서 손해에 대한 자연력의 기여분을 제한부분으로 제한하여야 한다(대법원 1991. 7. 23. 선고 89다카1275 판결).

(관련판례)

대기오염이 수인한도를 넘은 것으로서 위법성을 띠게 되는 것인지의 여부는 피침해이익의 종류 및 정도, 침해행위의 공공성, 그 지역의 현실적인 토지이용상황, 토지이용의 선후관계, 가해자의 방지시설설치여부, 손해의 회피가능성, 공법적 규제 및 인·허가와의 관계, 환경영향평가 및 민주적 절차의 이행여부 등을 모두 비교교량하여 판단하여야 한다.(서울민사지방법원 1989. 1.12. 선고 88가합2897 판결)

소 　 　 장

원　　고　　○○○ (주민등록번호)
　　　　　　○○시 ○○구 ○○길 ○○(우편번호 ○○○○○)
　　　　　　전화.휴대폰번호:
　　　　　　팩스번호, 전자우편(e-mail)주소:
피　　고　　◇◇◇ (주민등록번호)
　　　　　　○○시 ○○구 ○○길 ○○(우편번호 ○○○○○)
　　　　　　전화.휴대폰번호:
　　　　　　팩스번호, 전자우편(e-mail)주소:

손해배상(공)청구의 소

청 구 취 지

1. 피고는 원고에게 금 15,764,800원 및 이에 대한 20○○. ○. ○. 부터 이 사건 소장부본 송달일까지는 연 5%의, 그 다음날부터 다 갚는 날까지는 연 12%의 각 비율에 의한 돈을 지급하라.
2. 소송비용은 피고의 부담으로 한다.
3. 위 제1항은 가집행 할 수 있다.
라는 판결을 구합니다.

청 구 원 인

1. 당사자들의 관계
　　원고는 ○○ ○○시 ○○면 ○○길에 있는 원고 소유의 토지 상에 인삼을 재배하고 있는 사람이고 피고는 위 인삼밭에 인접한 장소에서 ○○상사라는 상호로 재활용업을 영위하고 있는 사람입니다.
2. 피고의 손해배상책임의 발생

20○○. ○. ○.경 장마로 인하여 비가 내리고 있었고 피고가 운영하는 위 ○○상사 공장 부지에는 경유를 보관해놓은 장소가 있었는바, 이러한 경우 위 업체를 경영하는 피고로서는 비에 의하여 위 경유보관장소에서 기름이 유출되지 않도록 하여야 할 주의의무가 있음에도 불구하고, 이를 게을리 한 채 유출방지 시설을 하지 아니하여 위 장소에서 기름이 유출되게 함으로써 그 당시 내리고 있던 비로 인하여 피고 공장에 인접한 원고 소유의 인삼밭에 흘러들어 가게 함으로써 원고가 경작하고 있던 인삼들을 고사시킨 것입니다{갑 제1호증의 1 내지 6(각 사진) 각 참조}.

따라서 피고는 원고에게 공작물의 점유자로서 그 공작물의 설치, 보존의 하자로 인한 손해배상책임 또는 일반 불법행위로 인한 손해배상책임이 있다 할 것입니다.

3. 손해배상책임의 범위

가. 원고는 그 소유의 인삼밭(총면적 1700여평)에서 인삼을 경작하고 있었던 바, 그 당시 피고의 공장에서 유출된 경유로 인하여 고사하게 된 인삼들은 1997. 11.경 파종한 것으로서 현재 3년근에 해당하는 인삼입니다.

나. 그 피해 면적은 약 400평에 해당하여 원고의 손해액은 금 15,764,800원{400평×금 39,412원(경영비를 제외한 소득금액으로 손해액을 산정하지 아니하고 조수입금액으로 손해액을 산정한 이유는 인삼은 3년간 자란 후에는 경작비용이 거의 들지 않기 때문임)}에 달한다 할 것입니다{갑 제2호증의 1, 2(민원회신 및 농축산물소득자료집) 참조}.

다. 또한, 위와 같은 기름유출사고로 인하여 원고소유인 위 토지의 토양이 오염되어 수년간 그 수확이 감소될 것은 당연한 바, 이에 관한 손해배상은 추후 전문감정인의 감정결과에 따라 확정하여 청구하기로 하고 위와 같은 고사된 인삼에 대한 손해액 금 15,764,800원만 우선 청구합니다.

4. 결 어

따라서 원고는 피고로부터 위와 같은 불법행위로 인한 손해배상의 일부금으로서 금 15,746,800원 및 이에 대하여 이 사건 불법행위일인 20○○. ○. ○.부터 이 사건 소장부본 송달일까지는 민

법에서 정한 연 5%의, 그 다음날부터 다 갚는 날까지는 소송촉
진등에관한특례법에서 정한 연 12%의 각 비율에 의한 지연손해
금을 지급 받기 위하여 이 사건 청구에 이른 것입니다.

증 명 방 법

1. 갑 제1호증의 1 내지 6　　　　　　　　각 사진
1. 갑 제2호증의 1, 2　　　　민원회신 및 농축산물소득자료집
1. 갑 제3호증의 1, 2　　　　　　각 통고서(내용증명우편)

첨 부 서 류

1. 위 증명방법　　　　　　　　　　　각 1통
1. 소장부본　　　　　　　　　　　1통
1. 송달료납부서　　　　　　　　　　1통

20○○.　○.　○.
위 원고　　○○○　(서명 또는 날인)

○○지방법원 ○○지원　귀중

소   장

원   고   ○○○ (주민등록번호)
          ○○시 ○○구 ○○길 ○○(우편번호 ○○○○○)
          전화.휴대폰번호:
          팩스번호, 전자우편(e-mail)주소:
피   고   ◇◇건설주식회사
          ○○시 ○○구 ○○길 ○○(우편번호 ○○○○○)
          대표이사 ◇◇◇
          전화.휴대폰번호:
          팩스번호, 전자우편(e-mail)주소:

손해배상(기)청구의 소

청 구 취 지

1. 피고는 원고에게 금 ○○○원 및 이에 대하여 이 사건 소장부본 송달 다음날부터 이 사건 판결선고일까지는 연 5%의, 그 다음날부터 다 갚는 날까지는 연 12%의 각 비율에 의한 돈을 지급하라.
2. 소송비용은 피고의 부담으로 한다.
3. 위 제1항은 가집행 할 수 있다.
라는 판결을 원합니다.

청 구 원 인

1. 당사자들의 지위
   원고는 소외 주식회사 ◈◈건설이 신축하여 분양한 ○○시 ○○구 ○○길 ○○ 소재 10층 높이의 아파트 중 1층 ○○○호를 분양 받아 사용하고 있는 사람이고, 피고는 원고가 분양 받은 위 아파트의 이웃에 13층 높이의 아파트 2개동 및 10층 높이의 아파트 1개동을 신축하여 일반 분양한 회사입니다.

2. 손해배상책임의 발생

가. 원고는 19○○. ○. ○. 소외 주식회사 ◆◆건설이 신축하여 분양한 ○○시 ○○구 ○○길 ○○ 소재 10층 건물의 아파트 중 1층 ○○○호에 대하여 분양계약을 체결하고 분양대금을 지급한 후 위 일자에 입주하여 생활하여 오고 있는바, 분양당시 위 1층 ○○○호는 거실 등이 남향으로 위치하여 있어 1층임에도 불구하고 일조량이 동지를 기준으로 최소한 4시간 정도는 확보가 되는 상황이었습니다.

나. 이러한 상태에서 20○○. ○. ○.부터 원고가 분양 받은 아파트의 이웃 지번이자 피고 소유인 ○○시 ○○구 ○○길 ○○○에 피고가 10층 높이의 아파트 3개동을 신축하게 되었고, 원고는 당시 이러한 피고의 아파트신축계획을 알게 된 후 위 높이의 아파트가 들어선다 하여도 통풍 및 전망에는 약간의 피해가 예상되지만 그 외의 피해가 없다는 사실 및 위 아파트의 신축이 건축법상 하자가 없다는 사실을 알고 위 신축아파트의 신축과정을 지켜볼 수밖에 없던 차에 20○○. ○.경부터 위 3개동의 아파트 중 2개동에 대하여 그 건축 높이를 10층에서 13층으로 건축허가를 변경하여 증축을 하게 된 사실을 알게 되었고, 이와 같이 아파트가 신축되게 되면 통풍 및 전망권에 대한 피해는 차치하고 동절기 기준으로 4시간 정도 확보되던 일조권의 혜택이 1시간 정도로 줄어들게 되어 이러한 이유를 들어 피고에 대하여 증축부분의 건축공사를 중지하여 줄 것을 여러 차례 요청하였음에도 불구하고, 피고는 행정상으로 하자가 없기에 건축공사를 중단할 수 없다고 하면서 계속 공사 진행을 하여 결국 20○○. ○○. ○○. 사용검사를 받고 현재는 입주를 앞둔 시기에 있습니다.

다. 피고가 신축한 위 아파트로 인하여 원고가 예상하는 원고 거주 아파트의 피해 일조량은 추분에서 동지, 춘분에 걸쳐 일일 확보되던 기존 일조시간에서 일일 많게는 7시간에서 6시간 정도의 일조침해가 예상되는바, 이 일조량의 침해에 대하여는 추후 현장검증 및 감정을 통하여 구체적으로 입증하기로 하되, 피고로서는 위와 같은 일조권 및 통풍, 전망권의 침해로 인하여 원고가 입은 손해를 배상할 책임이 있다 할 것입니다.

3. 손해배상의 범위

주거의 일조는 쾌적하고 건강한 생활에 필요한 생활이익으로서 법적 보호의 대상이 되는 것이며, 어떤 토지의 거주자가 인접한 타인의 토지 위를 거쳐서 태양의 직사광선을 받고 있는데, 그 인접 토지의 사용권자가 건물 등을 건축함으로써 직사광선이 차단되는 불이익을 입게 되고, 그 일조방해의 정도가 사회통념상 일반적으로 인용하는 수인한도를 넘어서는 경우에는 그 건축행위는 정당한 권리행사로서의 범위를 벗어나거나 권리남용에 이르는 행위로서 위법한 가해행위로 평가되어 일조방해로 인한 불법행위가 성립한다고 할 것인데(대법원 2001. 6. 26. 선고 2000다44928 판결), 이 사건 피고의 신축건물이 건축법에 따라 건축되었다 하더라도 위 신축건물로 인하여 위에서와 같은 일조권 등의 침해가 인정되고 이러한 침해정도는 사회통념상 원고가 수인할 수 있는 범위내의 침해라 할 수 없으며, 따라서 이와 같은 일조권 등의 침해는 피침해자인 원고에 대한 불법행위를 구성한다고 볼 것이며 이에 대하여 피고는 금전으로나마 원고에게 배상을 할 의무가 있는바, 그 금액은 이 사건 일조권 침해의 경위, 일조권 침해의 정도와 현황, 피해회피의 가능성 등 제반 사정을 참작할 때 최소한 금 ○○○원은 되어야 할 것입니다.

4. 결론

따라서 원고는 피고로부터 금 ○○○원 및 이에 대한 원고의 일조권 등을 침해하기 시작한 날이라고 인정되는 피고가 신축한 위 아파트의 사용검사일인 20○○. ○○. ○○.부터 이 사건 소장부본 송달일까지는 민법에서 정한 연 5%의, 그 다음날부터 다 갚는 날까지는 소송촉진등에관한특례법에서 정한 연 12%의 각 비율에 의한 지연손해금을 지급 받기 위하여 이 사건 청구에 이른 것입니다.

증 명 방 법

1. 갑 제1호증   부동산등기사항증명서
1. 갑 제2호증   주민등록등본
1. 갑 제3호증   지적도등본
1. 갑 제4호증   통고서

첨 부 서 류

1. 위 증명방법   각 1통
1. 법인등기사항증명서   1통
1. 소장부본   1통
1. 송달료납부서   1통

20○○. ○. ○.
위 원고 ○○○ (서명 또는 날인)

○○지방법원 귀중

[서식 예] 손해배상(기)청구의 소(안면방해)

소　　　장

원　고　○○○ (주민등록번호)
　　　　　○○시 ○○구 ○○길 ○○(우편번호 ○○○○○)
　　　　　전화.휴대폰번호:
　　　　　팩스번호, 전자우편(e-mail)주소:
피　고　◇◇◇ (주민등록번호)
　　　　　○○시 ○○구 ○○길 ○○(우편번호 ○○○○○)
　　　　　전화.휴대폰번호:
　　　　　팩스번호, 전자우편(e-mail)주소:

손해배상(기)청구의 소

청 구 취 지

1. 피고는 원고에게 금 ○○○원 및 이에 대한 20○○. ○. ○○.부
   터 이 사건 소장부본 송달일까지는 연 5%의, 그 다음날부터 다
   갚는 날까지는 연 12%의 각 비율에 의한 돈을 지급하라.
2. 소송비용은 피고의 부담으로 한다.
3. 위 제1항은 가집행 할 수 있다.
라는 판결을 원합니다.

청 구 원 인

1. 당사자들의 지위
   ○○시 ○○구 ○○길 ○○ 소재 지상 7층의 주상복합건물은 소
   외 ◉◉◉의 소유건물이고, 원고는 소외 ◉◉◉로부터 위 건물의
   4층 부분을 임차하여 주거로 사용하고 있으며, 피고는 위 건물의
   2층 내지 3층 부분을 소외 ◉◉◉로부터 임차하여 볼링장을 운영
   하고 있는 사람입니다.
2. 손해배상책임의 발생
   가. 원고는 20○○. ○. ○. 소외 ◉◉◉로부터 위 임차건물에 대하

여 임차보증금은 1억원, 임차기간은 20○○. ○. ○.부터 20○
○. ○○. ○○.까지로 정하여 임차하는 계약을 체결한 뒤 주거
로 사용하여 오고 있으며, 피고는 원고가 위 건물을 임차하기
로 계약한 후인 20○○. ○. ○○. 소외 ◉◉◉으로부터 위 건
물의 2층 내지 3층 부분을 임차하여, 관할구청으로부터 영업
허가를 받고 "◉◉볼링센타"라는 상호로 볼링장을 개설하여
그 때부터 볼링장을 운영하여 오고 있습니다.

나. 원고가 임차한 위 건물은 주상복합건물로서, 피고는 피고가 임
차한 이 건물의 2층에 12개의 레인 및 기계실, 사무실을 그리
고 3층에는 같은 12개의 레인 및 기계실, 휴게실을 설치하고,
10:00경부터 다음날 02:00경까지 볼링장영업을 하여오고 있
고, 원고는 위 4층의 임차건물을 주거로 사용하고 있는데 원고
가 거주하고 있는 임차건물의 바로 아래층에 소재한 피고가
경영하는 볼링장은 소음 및 진동방지시설이 전혀 되어 있지
않아 주간은 물론이고 특히 저녁 및 심야의 경우에는 거의 매
일 계속적, 반복적으로 위 볼링장의 볼링공이 낙하할 때, 굴러
갈 때 및 핀을 충격할 때 발생하는 소음 및 진동이 그대로 원
고가 운영하는 임차건물에 전달되며, 위와 같은 충격 소음은
타격, 파괴, 폭발 및 파열 등에 의하여 지속 시간이 극히 짧은
단속적인 음으로서 지속적으로 인하여 발생하는 소음 및 진동
에 비하여 사람의 신경에 더 많은 민감한 영향을 미치며 이로
인하여 원고는 물론이고 원고의 가족들은 정서적인 안정 및
수면 등을 제대로 취할 수 없는 상황이 위 볼링장을 개설한
이후로 지금까지 지속되어 오고 있습니다.

다. 위와 같은 사실에 의하면, 야간 및 심야를 주영업 시간대로 하
여 원고 임차건물의 아래층에서 계속적, 반복적으로 볼링장 영
업을 하는 피고로서는, 그보다 먼저 위층을 주거로 사용하고
있는 원고의 안온을 방해하지 아니하도록 소음 및 진동방지시
설을 제대로 설치하여야 할 주의의무가 있음에도 불구하고 이
를 게을리 한 과실로 그 소음 및 진동이 원고의 주거에 그대
로 전달되게 하여 계속적, 반복적으로 원고의 정서적 안정을
해하고 숙면을 방해하는 등 정신적 고통을 가하였는바, 피고의
이러한 행위는 사회통념상 원고가 수인 하여야 할 한도를 넘
어선 것으로서 불법행위를 구성한다 할 것이므로, 피고는 이로

인하여 원고가 입은 손해를 배상할 책임이 있다 할 것입니다.

3. 손해배상의 범위

그렇다면 피고는 위에서와 같은 원고의 정신적 고통에 대하여 금전으로나마 위자를 하여야 할 것이며, 그 금액은 위 임차건물의 용도 및 위치, 소음 및 진동배출의 정도, 피침해이익의 성질 및 피해회피가능성, 위 건물이용의 선후관계 등 제반 사정을 종합하여 볼 때 최소한 금 ○○○원은 되어야 할 것입니다.

4. 결론

따라서 원고는 피고로부터 금 ○○○원 및 이에 대한 20○○. ○. ○○.부터 이 사건 소장부본 송달일까지는 민법에서 정한 연 5%의, 그 다음날부터 다 갚는 날까지는 소송촉진등에관한특례법에서 정한 연 12%의 비율에 의한 지연손해금을 지급 받기 위하여 이 사건 청구에 이른 것입니다.

증 명 방 법

1. 갑 제1호증   임대차계약서
1. 갑 제2호증   통고서
1. 갑 제3호증   소음측정결과보고서

첨 부 서 류

1. 위 증명방법   각 1통
1. 소장부본   1통
1. 송달료납부서   1통

20○○.   ○.   ○.
위 원고   ○○○ (서명 또는 날인)

○○지방법원   귀중

[서식 예] 반소장{손해배상(공)}

반 소 장

사   건(본소)   20○○가단○○○ 채무부존재확인
피고(반소원고)   1. ◇◇◇ (주민등록번호)
　　　　　　　　2. ◆◆◆ (주민등록번호)
　　　　　　　　3. ◇①◇ (주민등록번호)
　　　　　　　　4. ◇②◇ (주민등록번호)
　　　　　　　　5. ◇③◇ (주민등록번호)
　　　　　　　　　반소원고 5는 미성년자이므로
　　　　　　　　　법정대리인 친권자 부 ◇◇◇, 모 ◆◆◆
　　　　　　　　　반소원고들 주소
　　　　　　　　　○○ ○○군 ○○면 ○○길 ○○(우편번호)
　　　　　　　　　전화.휴대폰번호:
　　　　　　　　　팩스번호, 전자우편(e-mail)주소:
원고(반소피고)   주식회사 ○○○
　　　　　　　　　○○시 ○○구 ○○길 ○○(우편번호)
　　　　　　　　　대표이사 ◉◉◉
　　　　　　　　　전화.휴대폰번호:
　　　　　　　　　팩스번호, 전자우편(e-mail)주소:

위 사건에 관하여 피고(반소원고)는 다음과 같이 반소를 제기합니다.

손해배상(공)청구의 소

반 소 청 구 취 지

1. 원고(반소피고)는 피고(반소원고) ◇◇◇에게 금 8,082,000원, 같
   은 ◆◆◆, 같은 ◇①◇, 같은 ◇②◇, 같은 ◇③◇에게 각 금
   3,000,000원 및 이에 대한 각 이 사건 소장부본 송달 다음날부
   터 이 사건 판결선고일까지는 연 5%의, 그 다음날부터 다 갚는

날까지는 연 15%의 각 비율에 의한 돈을 지급하라.
2. 소송비용은 원고(반소피고)가 부담한다.
3. 위 제1항은 가집행 할 수 있다.
라는 판결을 구합니다.

반 소 청 구 원 인

1. 당사자들의 관계

   원고(반소피고, 다음부터 '원고회사'라고만 함)는 ○○ ○○군 ○○
   면 ○○리 ○○의 ○ 지상 공장에서 소형변압기, 가스경보기 등을
   생산하는 회사로서 소음, 악취 등의 공해물질을 배출하고 있는
   가해자이고, 피고(반소원고, 다음부터 '피고'라고만 함)들은 같은
   면 ○○리 ○○ 지상 주택에 살고 있고, 피고 ◇◇◇는 그곳에서
   메기양식업을 하고 있는 사람으로서 위 공해물질의 배출로 인해
   손해를 입고 있는 피해자입니다.

2. 손해배상책임의 발생

   가. 원고회사는 19○○. 6. 13. 공장건축허가를 받아 ○○ ○○군
      ○○면 ○○길 ○○-○ 9,474㎡ 대지 위에 공장건물 1개동과
      부속시설물을 건립한 뒤 같은 해 12. 22.부터 공장을 가동하기
      시작하였습니다. 원고회사의 공장 내에는 소음을 배출하는 시설
      로 압축기 9기, 송풍기 3기가 설치되어 있으며, 악취가 배출되는
      시설로는 폴리에스테르 수지를 건조하는 기기가 설치되어 있습
      니다. 위 공해배출시설 및 기타 원고회사 공장에 설치된 기기
      의 가동으로 인해 악취 및 소음이 발생함으로써 원고회사는
      피고들에게 통상의 생활을 하기 어려운 환경을 조성하고 있으
      며, 피고 ◇◇◇가 양식하고 있는 메기의 성장에 지장을 주는
      등의 손해를 끼쳐왔습니다. 그로 인해 피고들은 이미 ○○지
      방법원 ○○지원 ○○가합○○○호로 손해배상(공)청구의 소를
      제기하였고 19○○. 4. 17. 위와 같은 피해사실이 인정되어
      피고들에게 정신적 손해금으로 각 금 2,000,000원을 지급하라
      는 판결을 받았습니다.

   나. 원고는 ○○군수로부터 여러 차례 시설개선명령을 받은 끝에야

콤프레샤의 소음을 방지하기 위해 콤프레샤가 설치된 건물 벽에 스티로폴을 붙이고, 악취를 방지하기 위하여 공장의 환기구가 피고들 주택방향으로 설치되어 있던 것을 피고들의 주택과는 반대방향으로 하여 환기장치의 관을 40m 정도 늘려서 설치하였으며, 같은 해 10. 8.경 추가로 악취방지를 위해 원고회사의 공장건물 옆에 피고들의 집 쪽으로 철파이프와 천막으로 된 차단막을 설치하였습니다. 그러나 위와 같은 시정조치에도 불구하고 원고회사의 공장에서 배출되는 소음 및 악취의 피고들에 대한 영향은 계속되어 피고들은 19○○. 10. 8. 중앙환경분쟁조정위원회에 재정신청을 하였습니다. 위 재정심판절차에서 19○○. 5. 29. 원고회사의 공장 내에서 철거한 핸드그라인더를 재설치하고 발생가능한 소음을 측정한 결과 65dB(A)로 나타났으며 악취는 두 차례 측정결과 2도로 나타났습니다. 소음오염도는 소음진동규제법 제8조 제1항 같은 법 시행규칙 제6조에서 정한 배출허용기준인 50dB(A)를 초과하고 있으며, 악취도 대기환경보전법 제8조 제1항, 같은 법 시행규칙 제12조가 정하는 배출허용한계인 2도로서 언제든지 그 허용기준을 초과할 가능성이 크다고 할 것입니다. 따라서 피고들은 원고회사의 공장에서 배출되는 소음과 악취로 인하여 정상적인 일상생활을 방해받고 있는바, 이는 피고들에 대한 불법행위가 된다고 할 것이며 원고는 그 불법행위로 피고들이 입은 정신적, 육체적 고통에 대해 금전으로나마 위자할 의무가 있다고 할 것입니다.

다. 또한, 위 재정심판절차에서 조사한 결과에 따르면 피고 ◇◇◇가 운영하는 메기양식장은 국내에서 통상 사용하는 지수식 양어장으로, 양식되고 있는 메기의 성체에서는 질병이나 피부병이 발견되지는 않았으나, 메기의 성장상태로 보아 개체의 성장속도가 매우 느린 것으로 나타났습니다. 그리고 위 재정은 그 이유에서 「소음이 메기에 미치는 영향에 대한 공개된 문헌은 없으나 '소리의 강도에 따라 음파자극에 반응하는 어류의 운용(쉬에히로 등 4인 공저)'이라는 자료에 의하면 전갱이, 복섬, 눈볼개복, 은붕장어 등 메기의 생태계와 비슷한 다른 어류들은 60-70dB(A) 정도의 소음에도 민감한 반응을 보인다는 기록이 있고, 일반적으로 메기가 소음, 진동에 민감한 영향을 받는 것으로 전제하면서 원고회사의 공장에서 발생한 소음이 메기 성장에 영향을 주어 성장불량의 피해를 입혔다」고 판단하고 있는바, 원고회사는 피고 ◇◇◇에게 이로 인한 손해를 배상할 책임이 있습니다.

3. 손해배상액

가. 생활방해로 인한 손해액

원고회사는 피고들의 시정요구와 위 소송의 결과에도 불구하고 방음벽 설치 등 보다 근본적인 대책을 강구하지는 아니하였습니다. 소음방지시설로는 차단막, 스치로폴 등을 설치하였고 악취방지시설로는 배출구의 길이를 늘리고 출구의 방향을 변경하였으나 이는 법이 정한 허용기준을 통과하려는 최소한의 편의적인 시설에 불과하고 이와 같은 상태에서는 앞으로도 소음, 악취 등으로 인한 손해가 발생할 가능성이 많다고 할 것입니다. 또한, 가장 소음이 심한 핸드그라인더의 가동은 피고들의 거주지 및 양식장에서 가장 근접한 거리의 작업장에서 그대로 이루어지고 있습니다. 따라서 원고회사는 위 소송의 판결일 다음날인 19○○. 4. 18.부터 위 재정의 결정일인 20○○. 6. 22.경까지 피고들이 입은 정신적, 육체적 고통으로 인한 손해에 대해 피고들에게 위자료로 각 금 3,000,000원을 지급하여야 할 것입니다.

나. 메기의 성장불량으로 인한 손해

(1) 위 재정심판의 조사결과와 그 재정을 기초로 메기의 성장불량으로 인한 손해액을 청구하겠습니다. 메기는 4년 이상 양식하면 60㎝이상 자랄 수 있고 이 사건 양어장의 메기는 20○○. 말 현재 5년간 양식되었음에도 길이 29-40㎝, 체중 200-500g으로 성장상태가 매우 불량하고, 원고회사의 공장에서 발생한 소음이 메기성장에 영향을 주었을 것이라는 전문가의 의견 등을 종합하여 볼 때 성장지연 피해에 대한 개연성이 충분히 인정된다고 할 것입니다. 그리고 소음이 성장지연에 기여한 정도에 대해서도 위 재정 결과를 그대로 따르겠습니다.

(2) 배상액 산정

ㄱ) 메기의 치어는 19○○. 5. 22. 입식하였으며 재정신청서 가 접수된 19○○. 10. 8.까지입니다. 피고 ◇◇◇는 최 초 50,000마리의 치어를 입식하였으나 이중 위 조사일시 까지 4만마리만이 살아남았습니다. 통상 치어의 자연사 비율은 10%이나 그에 관계없이 실제 위 일자에 양식하 고 있었던 4만마리를 기준으로 하겠습니다. 그리고 전국 메기양식협회에 의하면 19○○년도 산지거래가격은 kg당 금 3,850원이고 5년산 메기의 평균 무게는 0.6kg, 피해 를 입은 메기의 평균무게는 0.38kg이며 소음피해가 메기 의 성장지연에 미친 기여율은 15%입니다.

ㄴ) 배상액 = 양식메기수×{(정상적인 메기의 무게)-(피해를 입은 메기의 무게)}×99년 kg당 산지거래가격×소음피해기 여율(15%)

* 계산
40,000마리×(0.6kg-0.38kg)×3,850원×0.15=금 5,082,000원

4. 결 론

그렇다면 반소피고(본소원고)는 반소원고(본소피고) ◇◇◇에게 금 8,082,000원, 나머지 반소원고(본소피고)들에게 각 금 3,000,000 원씩 및 이에 대한 각 이 사건 소장부본 송달 다음날부터 이 사 건 판결선고일까지는 민법에서 정한 연 5%의, 그 다음날부터 다 갚는 날까지는 소송촉진등에관한특례법에서 정한 연 15%의 각 비율에 의한 지연손해금을 지급할 의무가 있다고 할 것입니다.

첨 부 서 류

1. 반소장부본	1통
1. 송달료납부서	1통

20○○.　　○.　　○.

위 반소원고(본소피고) 1. ◇◇◇ (서명 또는 날인)

2. ◆◆◆ (서명 또는 날인)

3. ◇①◇ (서명 또는 날인)

4. ◇②◇ (서명 또는 날인)

5. ◇③◇

반소원고 5는 미성년자이므로

법정대리인 친권자

부 ◇◇◇ (서명 또는 날인)

모 ◆◆◆ (서명 또는 날인)

○○지방법원 ○○지원 제○민사단독 귀중

(관련판례)

항소심에서의 반소 제기에는 상대방의 동의를 얻어야 함이 원칙이나, 반소청구의 기초를 이루는 실질적인 쟁점에 관하여 제1심에서 본소의 청구원인 또는 방어방법과 관련하여 충분히 심리되어 항소심에서의 반소 제기를 상대방의 동의 없이 허용하더라도 상대방에게 제1심에서의 심급의 이익을 잃게 하거나 소송절차를 현저하게 지연시킬 염려가 없는 경우에는 상대방의 동의 여부와 관계없이 항소심에서의 반소 제기를 허용하여야 할 것임(대법원 1999. 6. 25. 선고 99다6708 판결).

제3절 행정쟁송

1. 행정심판

1-1. 행정심판 개요

행정심판이란 행정청의 위법·부당한 처분이나 부작위로 권리나 이익을 침해받은 국민이 행정기관(행정심판위원회)에 제기하는 권리구제 절차를 말합니다(행정심판법 제1조).

1-2. 행정심판의 대상

① 국민들이 행정청의 위법·부당한 처분이나 부작위로 인하여 피해를 입은 경우에는 행정심판을 제기할 수 있습니다(행정심판법 제3조).

② 행정청이란 행정에 관한 의사를 결정하여 표시하는 국가 또는 지방 자치단체의 기관, 그 밖에 법령 또는 자치법규에 따라 행정권한을 가지고 있거나 위탁을 받은 공공단체나 그 기관 또는 사인(私人)을 말합니다(행정심판법 제2조제4호).

③ 처분이란 행정청이 행하는 구체적 사실에 관한 법집행으로서의 공권력의 행사 또는 그 거부, 그 밖에 이에 준하는 행정작용을 말합니다(행정심판법 제2조제1호).

④ 부작위란 행정청이 당사자의 신청에 대하여 상당한 기간 내에 일정한 처분을 하여야 할 법률상 의무가 있는데도 처분을 하지 않는 것을 말합니다(행정심판법 제2조제2호).

1-3. 행정심판의 종류

① 행정심판은 심판의 대상과 청구의 내용에 따라 3가지로 분류됩니다(행정심판법 제5조).

- 취소심판: 행정청의 위법 또는 부당한 처분을 취소하거나 변경하는 행정심판
- 무효등확인심판: 행정청의 처분의 효력 유무 또는 존재 여부를 확인하는 행정심판
- 의무이행심판: 당사자의 신청에 대한 행정청의 위법 또는 부당

한 거부처분이나 부작위에 대하여 일정한 처분을 하도록하는 행
정심판
② 위 세 가지의 심판 중 취소심판이 행정심판에서 가장 대표적이고 많
이 청구되는 유형입니다. 취소심판과 거부처분에 대한 의무이행심판
은 심판청구기간의 제한이 있으며, 무효등확인심판과 부작위에 대한
의무이행심판은 심판청구기간의 제한이 없습니다(행정심판법 제27조).

1-4. 행정심판위원회의 심리관할

① 국무총리소속하(국민권익위원회)에 설치된 중앙행정심판위원회와
16개 특별시장·광역시장·도지사 소속하에 설치된 시·도 행정심판위
원회가 대표적인 행정심판위원회이며, 그 외에 입법부 및 사법부
등에도 행정심판위원회가 운영되고 있습니다.
② 중앙행정심판위원회
중앙행정기관(각 부·처·청 등), 특별시·광역시·도, 중앙행정기관 소
속 특별지방행정기관(지방경찰청, 지방병무청, 지방식품의약품안전
청, 지방환경청, 지방노동청 등)의 처분 또는 부작위에 대한 심판청
구사건을 심리·의결합니다.
③ 시·도 행정심판위원회
시, 군, 구의 처분 또는 부작위에 대한 심판청구사건을 심리·의결
합니다.

1-5. 행정심판의 절차

행정심판의 청구서 제출

행정심판청구서를 작성하여 2부를 처분청(처분을 한 행정기관)이나 행정심
판위원회에 제출하시면 됩니다(「행정심판법」 제23조제1항). 행정심판청구
서는 중앙행정심판위원회 사이트의 행정심판 관련서식란에서 다운받아 작
성하시거나, 처분청이나 행정심판위원회의 민원실에서 교부받아 작성하시
면 됩니다. 작성된 행정심판청구서는 1부를 복사하여 처분청이나 행정심판
위원회로 방문 또는 우편으로 제출하시면 됩니다.
※ 취소심판과 거부처분에 대한 의무이행심판은 처분이 있음을 안 날부터
90일 이내 또는 처분이 있었던 날부터 180일 이내에 제기하여야 하며, 정

당한 사유 없이 위의 기간 중 하나라도 경과하여 행정심판을 청구하면 부적법한 청구가 됩니다. 단, 처분청이 심판청구기간을 알리지 않은 경우에는 처분이 있었던 날부터 180일 이내에 청구할 수 있습니다(「행정심판법」 제27조).

⬇

답변서 제출

청구인의 행정심판청구가 있으면 행정심판의 상대방인 처분청은 청구인의 청구에 대한 반박인 답변서를 심판청구서를 받은 날부터 10일 이내에 작성하여 심판청구서와 함께 위원회에 제출합니다. 행정심판위원회는 피청구인의 답변서를 청구인에게 송달하여 청구인이 처분청의 주장을 알 수 있도록 합니다. 온라인으로 행정심판을 청구하시면 중앙행정심판위원회 웹사이트에서 온라인상으로 답변서를 열람하실 수 있습니다.

⬇

사건 회부

처분청은 제출된 청구인의 청구서와 답변서를 지체 없이 행정심판위원회에 회부하여 행정심판위원회가 심판청구사건을 신속히 심리할 수 있도록 합니다.

⬇

심리

행정심판위원회는 처분청으로부터 회부된 사건에 대하여 청구인과 피청구인의 주장을 충분히 검토한 후, 심리기일을 정하여 행정처분의 위법·부당 여부를 판단하는 심리를 합니다. 심리가 이루어지면 행정심판위원회는 심리결과를 처분청 및 청구인에게 송부합니다.

⬇

재결

행정심판위원회의 재결은 행정심판청구사건에 대한 판단을 대외적으로 청구인과 피청구인에게 알리는 것으로, 재결서는 청구인과 피청구인에게 송달됩니다. 행정심판의 효력은 재결서가 송달되어야 발생합니다(「행정심판법」 48조).

1-6. 재결의 구분

① 위원회는 취소심판의 청구가 이유가 있다고 인정하면 처분을 취소 또는 다른 처분으로 변경하거나 처분을 다른 처분으로 변경할 것을 피청구인에게 명합니다(행정심판법 제43조제3항).

② 위원회는 무효등확인심판의 청구가 이유가 있다고 인정하면 처분의 효력 유무 또는 처분의 존재 여부를 확인합니다(행정심판법 제43조제4항).

③ 위원회는 의무이행심판의 청구가 이유가 있다고 인정하면 지체 없이 신청에 따른 처분을 하거나 처분을 할 것을 피청구인에게 명합니다(행정심판법 제43조제5항).

1-7. 행정심판 사례

1-7-1. 하수종말처리시설 설치변경인가처분 취소심판
(중앙행정심판위원회 재결 200005317, 2000. 9. 18.)

※ 하수종말처리시설이 이전되어 설치된 지역 주민들이 오염물질에 따른 생활환경이익 침해를 이유로 처리시설변경인가처분 취소심판청구를 한 사안에서 청구인들의 법률상 이익(청구인 적격)은 인정했지만 인가처분이 관련법규정에 따라 적법하게 행해졌다는 이유로 기각한 사례

피청구인은 이 건 처분의 당사자가 OO시장과 피청구인이고, 청구인들이 이 건 처분으로 인하여 받는 이익은 간접적·사실적·경제적 이익에 불과하므로 청구인들이 이 건 처분의 취소를 구할 법률상 이익이 없다고 주장하나, 「대한민국 헌법」상의 환경권은 「환경정책기본법」, 「자연환경보전법」 등의 법률에 의하여 구체화되어 있고, 이러한 환경권보장을 위하여 국가 등 공권력주체에 대하여 「대한민국 헌법」 제35조제1항 및 「환경정책기본법」 제4조 등에서 환경보전을 위하여 노력하여야 할 책무를 아울러 부여하고 있으며, 하수도법 제5조의2에서 시장 또는 군수는 사람의 건강을 보호함에 필요한 공중위생 및 생활환경의 개선과 「환경정책기본법」에서 정한 수질환경기준을 유지하기 위하여 관할

구역내의 하수의 유역별로 하수도의 정비에 관한 종합적인 기본계획을
수립하여야 한다고 규정하고 있는데, 청구인들은 이 건 관련 하수종말
처리시설이 위치한 오비리지역에 거주하고 있는 자들로서, 이 건 시설
이 설치될 경우 오염물질에 의하여 공중위생 및 생활환경이 악화되어
건강하고 쾌적한 환경을 향유할 청구인들의 권리가 침해될 가능성을
배제할 수 없어, 청구인들이 누리는 환경권은 이 건 처분의 근거 법령
인「하수도법」등에 의하여 보호되는 이익이라 할 것이므로 청구인들
이 이 건 처분의 취소를 구할 법률상 이익을 가지지 않는다는 피청구
인의 주장은 이유없다 할 것이다.

1-7-2. 일반폐기물처리시설 설치승인 무효확인심판

(중앙행정심판위원회 재결 200003956, 2000. 10. 23.)

※ 쓰레기소각시설 설치승인처분에 대해 개발예정지구 지역주민들이 환경상 이익
을 침해받을 수 있다며 무효확인심판을 청구한 사안에서 청구인들의 행정처
분 무효를 확인할 법률상 이익은 인정하였으나 다수의 광주광역시 시민의
법적 생활의 안정성이 더 보호되어야 한다는 이유로 청구를 기각한 사례

청구인들은 이 건 시설이 위치한 광주상무택지지구 내에 아파트(이 건
시설부지 경계선으로부터 200m에서 반경 1km 내에 위치)에 거주하고
있는 자들로서, 이 건 시설이 정상 가동될 경우 오염물질에 의하여 건강
하고 쾌적한 환경을 향유할 청구인들의 권리가 침해될 가능성을 배제할
수 없고, 이들이 누리는 환경권은 이 건 처분의 근거 법령인 구「폐기
물처리시설 설치촉진 및 주변지역지원 등에 관한 법률」및 법 등에 의
하여 직접적·구체적으로 보호되는 이익이라 할 것이므로 청구인들은 이
건 처분의 무효를 확인할 법률상 이익을 가진 자들이라 할 것이다.

[법령해석례]

■ 위법건축물로 인하여 일조권침해 등의 피해를 입은 자가 준공허가취소
청구를 할 청구인적격이 있는지 여부

(질의)

위법건축물로 인하여 일조권침해, 주택가격의 하락 등으로 재산
상의 피해를 입은 자가 위법건축물의 준공허가를 한 행정기관
을 상대로 준공허가취소심판청구를 하고자 할 경우 행정심판법
제9조제1항의 법률상 이익이 있는 자에 해당되어 당사자적격이
있는지 여부

(회답)

행정심판법 제9조제1항의 규정에 의하면 '취소심판청구는 처분의 취소 또
는 변경을 구할 법률상 이익이 있는 자가 제기할 수 있다. 처분의 효과가
기간의 경과, 처분의 집행 그 밖의 사유로 인하여 소멸된 뒤에도 그 처분
의 취소로 인하여 회복되는 법률상 이익이 있는 자의 경우에는 또한 같다
'라고 하여 취소심판은 해당 처분의 상대방인지의 여부와는 관계없이 구
체적인 처분의 취소나 변경을 구할 법률상의 이익이 있는 자는 본안재결
을 구할 수 있도록 청구인적격을 인정하고 있습니다. 여기서 '법률상 이익'
이라 함은 당해 처분의 근거가 되는 법규에 의하여 보호되는 직접적이고
구체적인 이익을 말하고, 단지 간접적이거나 사실적·경제적 이해관계를 가
지는 데 불과한 경우에는 여기에 포함되지 아니한다(대법원 판례 93. 7.
27. 93누 8139)고 볼 것인 바, 구체적인 경우에 있어서 법률상 이익이 있
는가는 해당 법령에서 구체적으로 보호하고 있는 이익인가의 여부를 살펴
보아야 할 것입니다. 따라서, 귀하의 경우 청구인적격과 관련하여 건축법
제53조의 규정을 살펴보면 '공동주택과 전용주거지역 및 일반주거지역 안
에서 건축하는 건축물의 높이는 일조 등의 확보를 위하여 필요한 경우에
는 대통령령이 정하는 바에 의하여 그 건축물로부터 동일대지인의 다른
건축물까지의 거리와 인근대지경계선까지의 거리에 따라 시·군·구의 조례
로 정하는 높이를 초과할 수 없다'라고 되어 있는 바, 인접건축물이 이러
한 높이를 초과하여 건축함으로써 귀하의 일조권을 침해하였다면 해당 건
축물에 대하여 사용승인을 한 행정청을 상대로 행정심판을 청구할 수 있
다고 할 것입니다(행심 61240-312).

[행정심판례1]

사건번호 200005317, 하수종말처리시설 설치변경인가처분 취소심판

1. 「헌법」상의 환경권은 「환경정책기본법」, 「자연환경보전법」 등의 법률에 의하여 구체화되어 있고, 이러한 환경권 보장을 위하여 국가 등 공권력 주체에 대하여 「헌법」 제35조제1항 및 「환경정책기본법」 제4조 등에서 환경보전을 위하여 노력하여야 할 책무를 아울러 부여하고 있다.

2. 청구인들은 이 건 관련 하수종말처리시설이 위치한 오비리 지역에 거주하고 있는 자들로서, 이 건 시설이 설치될 경우 오염물질에 의하여 공중위생 및 생활환경이 악화되어 건강하고 쾌적한 환경을 향유할 청구인들의 권리가 침해될 가능성을 배제할 수 없어, 청구인들이 누리는 환경권은 이 건 처분의 근거 법령인 하수도법 등에 의하여 보호되는 이익이라 할 것이다.

3. 거제시장은 이 건 처분을 함에 있어 1997년 7월 다나까지구에 15,000톤/일 규모의 하수종말처리장을 설치하는 것을 계획하고 피청구인으로부터 설치인가를 받은 후, 그 위치를 변경하고자 1999. 12. 31. 피청구인에게 변경인가신청을 하여 2000. 2. 15. 변경인가를 득하였고, 피청구인은 이 건 변경인가처분을 2000. 2. 19.자 환경부고시 제2000-45호에 게시하였으며, 거제시장은 이를 거제시 공보 제112호에 게시하였으므로 이 건 처분은 관련법규정에 따라 행하여진 것으로 위법·부당하다 할 수 없을 것이다.

[행정심판례2]

사건번호 200003956, 일반폐기물처리시설 설치승인 무효확인심판

1. 청구인들은 이 건 시설이 위치한 광주상무택지지구 내에 아파트(이 건 시설부지 경계선으로부터 200m에서 반경 1km 내에 위치)에 거주하고 있는 자들로서, 이 건 시설이 정상 가동될 경우 오염물질에 의하여 건강하고 쾌적한 환경을 향유할 청구인들의 권리가 침해될 가능성을 배제할 수 없고, 이들이 누리는 환경권은 이 건 처분의 근거 법령인 구 폐촉법 등에 의하여 직접적·구체적으로 보호되는 이익이라 할 것이므로 청구인들은 이 건 처분의 무효를 확인할 법률상 이익을 가진 자들이라 할 것이다.

2. 참가인은 이 건 시설의 설치계획을 수립하여 환경부장관으로부터 승인을 얻어야 함에도 불구하고, 피청구인이 구 폐촉법 부칙 제2항의

조항을 잘못 해석하여 이 건 시설을 설치중인 시설로 보아 폐기물관리법 제30조제2항에 의하여 참가인에게 한 이 건 처분은 관계법령을 잘못 적용한 것으로서 위법·부당하다고 할 것이다.

3. 무효의 요건으로서 흠의 중대성과 명백성의 두 가지 요건을 요구하는 것은 한편으로 국민의 권리구제의 요청과 다른 한편으로 행정법질서의 안정의 요청을 조정하기 위하여서도 필요하다고 할 것인 바, 따라서 행정처분이 당연 무효라고 하기 위하여서는 그 처분에 위법사유가 있다는 것만으로는 부족하고, 그 흠이 중요한 법규에 위반한 것이고 객관적으로 명백한 것이어야 하며, 흠이 중대하고도 명백한 것인가의 여부를 판별함에 있어서는 그 법규의 목적·의미·기능 등을 목적론적으로 고찰함과 동시에 구체적 사안 자체의 특수성에 관하여도 합리적으로 고찰함을 요구한다.

4. 구 폐촉법은 폐기물처리시설의 부지 확보의 촉진과 그 주변지역주민에 대한 지원을 통하여 폐기물처리시설의 설치를 원활히 하고 주변지역주민의 복지를 증진함으로써 환경보전 및 국민생활의 질적 향상에 이바지함을 목적으로 하는 바, 이 법의 가장 중요한 목적은 폐기물처리시설의 부지 확보와 그 주변지역주민에 대한 지원에 있다고 할 것이다.

5. 폐기물처리시설의 설치절차가 진행 중이던 이 건 시설은 구 폐촉법 시행 당시(1995. 7. 6.) 설치 중인 폐기물처리시설로 볼 수 있을 여지가 있다고 할 것이며, 이 건 시설의 설치에 대하여 알았거나 알 수 있었을 상태에서 입주한 청구인들의 권리 구제보다는 날로 심각해지는 쓰레기매립시설부지 확보난 해소와 침출수 등으로 인한 환경오염의 방지를 위하여 폐기물관리법에 의하여 이 건 처분을 받아 이 건 시설을 준공한 참가인과 다수의 광주광역시 시민의 법적 생활의 안정성이 더 보호되어야 할 것이므로 이 건 처분의 흠은 취소사유가 될지언정 그 흠이 중대·명백하여 무효라고는 할 수 없다 할 것이다.

2. 행정소송

2-1. 행정소송 개요

① 행정소송이란 행정청의 위법한 처분이나 부작위, 행정심판 재결로 인해 권리나 이익을 침해받은 국민이 법원에 제기하는 권리구제 절차를 말합니다(행정소송법 제1조).

② 행정소송은 공법상의 권리관계 또는 법적용에 관한 분쟁을 해결하는 재판절차로서, 사법상의 법률관계에 관한 다툼을 해결하는 민사소송과 구별되고 재판기관인 법원에 의한 재판이라는 점에서 행정기관이 하는 행정심판과 구별됩니다.

2-2. 행정소송과 민사소송과의 관계

① 행정소송은 국가나 공공단체가 당사자의 일방 또는 쌍방인 법률관계를 대상으로 하고, 민사소송은 사법상의 법률관계를 그 대상으로 한다는 점에서 구분됩니다.
② 예를 들어, 국가나 지방자치단체에서 운영하는 배출시설로 인해서 환경오염 피해를 입게 되었다면 행정소송을 제기할 수 있지만, 개인이 운영하는 시설로 인해 환경오염 피해를 입었다면 개인을 상대로 민사소송을 제기해야 할 것입니다.

2-3. 행정심판과 행정소송의 관계

① 행정심판은 처분을 행한 행정청에 대해 이의를 제기하여 처분청의 상급기관으로 하여금 다시 한 번 심리하도록 하여 법원의 간섭 없이 행정청 스스로 행정의 능률성과 동일성을 확보하기 위하여 행정청에 마련된 제도이며, 이에 반하여 행정소송은 행정청의 위법한 처분, 그 밖의 공권력의 행사, 불행사 등으로 인한 국민의 권리 또는 이익의 침해를 구제하고 공법상의 권리관계 또는 법적용에 관한 분쟁해결을 도모하는 법원의 재판절차입니다.
② 취소소송은 법령에 따라 해당 처분에 대해 행정심판을 제기할 수 있는 경우에도 이를 거치지 않고 제기할 수 있습니다. 다만, 다른 법률에 해당 처분에 대한 행정심판의 재결을 거치지 않으면 취소소송을 제기할 수 없다는 규정이 있는 경우에는 그렇지 않습니다 (행정소송법 제18조제1항).

2-4. 행정소송(항고소송)의 대상

① 항고소송이란 행정청의 처분 등이나 부작위에 대하여 제기하는 소송을 말합니다(행정소송법 제3조제1호).

② 처분 등이란, 행정청이 행하는 구체적 사실에 관한 법집행으로서의 공권력의 행사 또는 그 거부와 그 밖에 이에 준하는 행정작용 및 행정심판에 대한 재결을 말합니다(행정소송법 제2조제1항제1호).

③ 부작위란 행정청이 당사자의 신청에 대하여 상당한 기간 내에 일정한 처분을 하여야 할 법률상 의무가 있음에도 불구하고 이를 하지 않는 것을 말합니다(행정소송법 제2조제1항제2호).

2-5. 행정소송(항고소송)의 종류

2-5-1. 취소소송

① 취소소송은 행정청의 위법한 처분 등을 취소 또는 변경하는 소송입니다(행정소송법 제4조제1호).

② 환경소송에 있어서는 행정청이 건설허가 등을 통해 환경피해를 주는 시설이나 공장을 건설할 수 있도록 함으로써 피해 발생에 대한 원인을 제공한 경우 피해 발생의 원인으로 작용한 행정처분의 하자에 근거해서 해당 처분의 취소를 구함으로써 환경침해의 원인을 제거할 수 있습니다.

③ 취소소송은 처분 등이 있음을 안 날부터 90일 이내에, 처분 등이 있은 날부터 1년 이내에 제기해야 합니다(행정소송법 제20조).

④ 피고는 다른 법률에 특별한 규정이 없는 한 처분 등을 행한 행정청이 됩니다(행정소송법 제13조제1항).

2-5-2. 무효등확인소송

① 무효등확인소송은 행정청의 처분 등의 효력 유무 또는 존재 여부를 확인하는 소송입니다(행정소송법 제4조제2호).

② 행정청의 처분 등으로 환경침해를 입은 자는 행정처분의 위법성이 중대하고 명백하여 행정처분의 효력이 처음부터 완전히 부인될 정도인 경우 무효등확인소송을 제기할 수 있습니다.

2-5-3. 부작위위법확인소송

① 부작위위법확인소송이란 행정청의 부작위가 위법하다는 것을 확인하는 소송입니다(행정소송법 제4조제3호).

② 행정청이 당사자의 신청에 대해 상당한 기간 내에 신청을 인용하는 적극적 처분 또는 각하하거나 기각하는 등의 소극적 처분을 해야 할 법률상의 의무가 있음에도 불구하고 이를 하지 않는 경우, 부작위가 위법하다는 것을 확인함으로써 행정청의 응답을 신속하게 하여 부작위 또는 무응답이라는 소극적 위법상태를 제거함을 목적으로 하는 소송입니다.

③ 부작위위법확인소송은 행정청이 아무런 응답(인용하든 거부하든)을 하지 않는 것이 위법하다는 확인을 구하는 것일 뿐, 원고의 신청을 인용하지 않는 것이 위법하다는 확인을 구하는 것이 아닙니다.

■ **취소소송기각판결이 확정된 후 해당처분의 무효를 주장하여 행정소송을 제기할 수 있나요?**

Q 취소소송기각판결이 확정된 후 해당처분의 무효를 주장하여 행정소송을 제기할 수 있나요?

A 취소소송이 확정되면 후에 무효확인소송을 제기하는 것은 판결의 효력(기판력)에 저촉됩니다. 판례는 취소소송의 소송물을 위법성 일반으로 보는 이상 취소소송 기각판결의 기판력은 무효확인소송에도 미친다고 봅니다(대법원 1992. 12. 8.선고 92누6891판결, 1993. 4. 27. 선고 92누9777 판결).

2-6. 행정소송의 관할

① 행정소송은 원칙적으로 피고의 소재지를 관할하는 행정법원에 제기할 수 있으며, 토지수용, 그 밖에 부동산 또는 특정의 장소에 관계되는 처분 등에 대한 취소소송은 그 부동산 또는 장소의 소재지를 관할하는 행정법원에도 제기할 수 있습니다.

② 행정법원이 설치되지 않은 지역에 있어서의 행정법원의 권한에 속

하는 사건은 행정법원이 설치될 때까지 해당 지방법원본원이 관할합니다(행정소송법 제9조제1항 및 제3항).
③ 다음에 해당하는 피고에 대하여 취소소송을 제기하는 경우에는 대법원소재지를 관할하는 행정법원에 제기할 수 있습니다(행정소송법 제9조제2항).
  - 중앙행정기관, 중앙행정기관의 부속기관과 합의제행정기관 또는 그 장
  - 국가의 사무를 위임 또는 위탁받은 공공단체 또는 그 장
④ 원고는 피고인 행정청이 속하는 국가 또는 공공단체를 상대로 손해배상, 제해시설의 설치 그 밖에 적당한 구제방법의 청구를 해당 취소소송 등이 계속된 법원에 병합하여 제기할 수 있습니다(행정소송법 제28조제3항).

2-7. 행정소송의 절차

소장접수
법원에 소를 제기하려면 우선 소장을 작성하여 제출해야 합니다. 소장의 양식은 각급법원 민원실에 유형별로 견본을 작성하여 비치해 두고 있습니다. 소장의 기재사항, 첨부서류, 송달료 등에 관한 자세한 사항은 서울행정법원 사이트의 <행정소송안내-소장 작성>에서 확인할 수 있습니다.

↓

답변서 제출
피고가 원고의 청구를 다투는 때에는 소장 부본을 송달받은 날로부터 30일 안에 답변서를 제출하여야 합니다. 소장 부본과 함께 동봉되어 온 절차안내서가 있을 경우 답변서 제출기간, 기재사항, 첨부서류 등의 사항에 관하여 안내서를 참조하면 됩니다.

↓

변론준비기일(쟁점정리기일)
쟁점정리를 위한 준비기일에는 통상 소장, 답변서, 준비서면 진술, 쟁점정리, 출석한 당사자 본인 진술 청취, 입증계획을 수립하는 등의 절차가

이루어집니다.

 원고가 청구의 근거로 삼고 있는 사실관계와 피고가 항변하는 사실관계를 정리하고, 쌍방이 주장하는 사실관계 중에서 서로 다툼이 없는 부분과 다툼이 있는 부분을 구분하며, 다툼이 있는 사실 가운데 증인신문 등에 의한 입증이 필요한 사항을 정리하는 등의 절차가 진행됩니다.

 변론준비기일에는 쌍방의 주장과 함께 증거관계도 정리하게 되는데, 먼저 변론준비기일 이전에 있었던 증거신청 중에서 아직 채택 여부를 결정하지 않았거나, 변론준비기일에 추가로 제기된 증거신청에 대하여 채택 여부를 결정하게 됩니다.

↓

변론기일(집중증거조사)

 변론준비기일을 통해 주장과 증거관계의 정리가 완료되면 집중증거조사를 위한 변론기일이 지정되게 됩니다.

 집중증거조사기일의 지정은 사건번호와 관계없이 주장과 증거관계의 정리가 완료된 순서대로 지정하게 됩니다.

 사건의 성질상 신속한 처리가 요청되는 경우, 법리문제만 쟁점이 되어 변론준비절차에 부칠 필요가 없는 경우 등에는 답변서 제출 후에 바로 변론기일이 지정되기도 합니다.

 변론준비기일을 거치지 않았던 사건의 경우에는 주장의 진술, 증거신청, 증거조사 등의 모든 과정이 변론기일에 이루어지게 됩니다.

↓

변론 종결

 재판장은 주장의 진술, 증거신청, 증거조사 등의 모든 과정이 종결되고 나면 변론을 종결하고 선고기일을 지정합니다.

 변론종결 이후에는 당사자가 준비서면을 제출하거나 서류에 번호를 매겨 제출하더라도 이는 변론에 현출되지 않은 것이기 때문에 재판결과에 반영되지 못합니다. 따라서 그러한 자료를 재판결과에 반영시키기 위해서는 변론 재개를 신청하여 변론기일에 진술, 제출하여야 합니다.

↓

판결 선고

판결은 재판장이 판결원본에 따라 주문을 읽는 방식으로 선고하고, 필요한 때에는 이유를 간략히 설명할 수 있습니다.

판결은 당사자가 출석하지 않아도 선고할 수 있고, 선고에 의해 판결의 효력이 발생합니다.

법원은 판결이 선고된 후 그 정본을 당사자에게 송달하는데, 판결에 불복이 있는 당사자는 판결서가 송달된 날부터 2주 이내에 항소장을 1심 법원에 제출하는 방식으로 항소할 수 있습니다.

2-8. 취소소송 사례

2-8-1. 폐기물처리시설 입지결정 및 고시처분에 대한 취소청구

(대법원 2005. 5. 12. 선고 2004두14229)

※ 1일 처리능력이 100t 이상인 폐기물처리시설을 설치하기 위한 폐기물처리시설 설치계획 입지결정 · 고시처분의 효력을 다투는 소송에 있어서 인근 주민들의 원고적격을 인정한 사례

행정처분의 직접 상대방이 아닌 제3자라 하더라도 해당 행정처분으로 인하여 법률상 보호되는 이익을 침해당한 경우에는 취소소송을 제기하여 그 당부의 판단을 받을 자격이 있다 할 것이고, 여기에서 말하는 법률상 보호되는 이익이라 함은 당해 처분의 근거 법규 및 관련 법규에 의하여 보호되는 개별적·직접적·구체적 이익이 있는 경우를 말하는데, 환경·교통·재해등에관한영향평가법(이하 '환경영향평가법'이라 한다), 같은법시행령, 구 「폐기물처리시설설치촉진및주변지역지원등에관한법률」(2004. 2. 9. 법률 제7169호로 개정되기 전의 것, 이하 '폐촉법'이라 한다), 같은법 시행령의 각 관련 규정에 의하면, 폐기물처리시설 설치기관이 1일 처리능력이 100t 이상인 폐기물처리시설을 설치하는 경우에는 폐촉법에 따른 환경상 영향조사 대상에 해당할 뿐만 아니라 「환경영향평가법」에 따른 환경영향평가 대상사업에도 해당하므로 폐촉법령뿐만 아니라 환경영향평가법령도 위와 같은 폐기물처리시설을 설치하기 위한 폐기물소각시설 설치계획 입지결정·고시처분의 근거 법령이 된다고 할 것이고, 따라서 위 폐기물처리시설설치계획입지가 결정·고시된 지역 인근에 거주하는 주민들에게 위 처분의 근거 법규인 「환경영향평가법」 또는 폐촉법에 의하여 보호되는 법률상 이익이 있으면 위 처분의 효력을 다툴 수 있는 원고적격이 있다.

2-8-2. 행정처분의 직접 상대방이 아닌 자로서 그 처분에 의하여 환경상 침해를 받으리라고 예상되는 영향권 범위 내의 주민 및 그 영향권 밖의 주민이 처분의 취소를 구할 원고적격을 인정받기 위한 요건(대법원 2006. 12. 22. 선고 2006두14001)

※ 환경정책기본법령상 사전환경성검토협의 대상지역 내에 포함될 개연성이 충분하다고 보이는 주민들에게 그 협의대상에 해당하는 창업사업계획승인처분과 공장설립승인처분의 취소를 구할 원고적격이 인정된다고 한 사례

행정처분의 직접 상대방이 아닌 자로서 그 처분에 의하여 자신의 환경상 이익이 침해받거나 침해받을 우려가 있다는 이유로 취소소송을 제기하는 제3자는, 자신의 환경상 이익이 그 처분의 근거 법규 또는 관련 법규에 의하여 개별적·직접적·구체적으로 보호되는 이익, 즉 법률상 보호되는 이익임을 입증하여야 원고적격이 인정되고, 다만 그 행정처분의 근거 법규 또는 관련 법규에 그 처분으로써 이루어지는 행위 등 사업으로 인하여 환경상 침해를 받으리라고 예상되는 영향권의 범위가 구체적으로 규정되어 있는 경우에는, 그 영향권 내의 주민들에 대하여는 당해 처분으로 인하여 직접적이고 중대한 환경피해를 입으리라고 예상할 수 있고, 이와 같은 환경상의 이익은 주민 개개인에 대하여 개별적으로 보호되는 직접적·구체적 이익으로서 그들에 대하여는 특단의 사정이 없는 한 환경상 이익에 대한 침해 또는 침해 우려가 있는 것으로 사실상 추정되어 법률상 보호되는 이익으로 인정됨으로써 원고적격이 인정되며, 그 영향권 밖의 주민들은 당해 처분으로 인하여 그 처분 전과 비교하여 수인한도를 넘는 환경피해를 받거나 받을 우려가 있다는 자신의 환경상 이익에 대한 침해 또는 침해 우려가 있음을 증명하여야만 법률상 보호되는 이익으로 인정되어 원고적격이 인정된다.

2-8-3. 온천조성사업시행 허가처분 취소청구(대법원 2001. 7. 27. 선고 99두8589)

※ 온천의 오수처리시설이 설치되더라도 효능이 불확실하여 인근 주민들의 식수 등도 오염되어 주민들의 환경이익 등이 침해되거나 침해될 우려가 있으므로 관광지조성사업시행 허가처분은 위법하다고 본 사례

> 관광지조성사업시행 허가처분에 오수처리시설의 설치 등을 조건으로 하였으나 그 시설이 설치되더라도 효능이 불확실하여 오수가 확실하게 정화 처리될 수 없어 인접 하천 등의 수질이 오염됨으로써 인근 주민들의 식수 등도 오염되어 주민들의 환경이익 등이 침해되거나 침해될 우려가 있고, 그 환경이익의 침해는 관광지의 개발 전과 비교하여 사회통념상 수인한도를 넘는다고 보이며, 주민들의 환경상의 이익은 관광지조성사업시행 허가처분으로 인하여 사업자나 행락객들이 가지는 영업상의 이익 또는 여가생활향유라는 이익보다 훨씬 우월하다는 이유로, 그 환경적 위해 발생을 고려하지 않은 관광지조성사업시행 허가처분은 사실오인 등에 기초하여 재량권을 일탈·남용한 것으로서 위법하다.

2-9. 무효등확인소송 사례

2-9-1. 새만금간척종합개발사업을 위한 공유수면매립면허 및 사업시행인가처분에 대한 무효확인 청구(대법원 2006. 3. 16. 선고 2006두330)

※ 새만금간척종합개발사업을 위한 공유수면매립면허처분 및 농지개량사업 시행인가처분의 하자인 사업의 경제성 결여, 사업의 필요성 결여, 적법한 환경영향평가의 결여, 담수호의 수질기준 및 사업목적 달성 불능 등의 사유가 새만금간척종합개발사업을 당연무효라고 할 만큼 중대·명백하다고 할 수 없다고 한 원심의 판단을 수긍한 사례

> 공공사업의 경제성 내지 사업성의 결여로 인하여 행정처분이 무효로 되기 위하여는 공공사업을 시행함으로 인하여 얻는 이익에 비하여 공공사업에 소요되는 비용이 훨씬 커서 이익과 비용이 현저하게 균형을 잃음으로써 사회통념에 비추어 행정처분으로 달성하고자 하는 사업목적을 실질적으로 실현할 수 없는 정도에 이르렀다고 볼 정도로 과

다한 비용과 희생이 요구되는 등 그 하자가 중대하여야 할 뿐만 아니라, 그러한 사정이 객관적으로 명백한 경우라야 한다. 그리고 위와 같은 공공사업에 경제성 내지 사업성이 있는지 여부는 공공사업이 그 시행 당시 적용되는 법률의 요건을 모두 충족하고 있는지 여부에 따라 판단되어야 함은 물론, 경제성 내지 사업성 평가와 관련하여서는 그 평가 당시의 모든 관련 법률의 목적과 의미, 내용 그리고 학문적 성과가 반영된 평가기법에 따라 가장 객관적이고 공정한 방법을 사용하여 평가되었는지 여부에 따라 판단되어야 한다.

환경영향평가법령에서 정한 환경영향평가를 거쳐야 할 대상사업에 대하여 그러한 환경영향평가를 거치지 아니하였음에도 승인 등 처분을 하였다면 그 처분은 위법하다 할 것이나, 그러한 절차를 거쳤다면, 비록 그 환경영향평가의 내용이 다소 부실하다 하더라도, 그 부실의 정도가 환경영향평가제도를 둔 입법 취지를 달성할 수 없을 정도이어서 환경영향평가를 하지 아니한 것과 다를 바 없는 정도의 것이 아닌 이상, 그 부실은 당해 승인 등 처분에 재량권 일탈·남용의 위법이 있는지 여부를 판단하는 하나의 요소로 됨에 그칠 뿐, 그 부실로 인하여 당연히 당해 승인 등 처분이 위법하게 되는 것이 아니다.

2-9-2. 폐기물처리시설 설치계획결정 무효확인 및 취소 청구(대구고등법원 2001. 9. 7. 선고 2001누343)

※ 폐기물처리시설의 입지선정위원회가 주민의 의견이 반영된 전문연구기관의 재조사결과에 관하여 새로이 공람·공고 절차를 거치지 않고 입지를 선정한 경우, 그 입지선정처분에 대한 무효확인 및 취소 청구를 기각한 사례

「행정소송법」 제12조 전문은 취소소송은 처분 등의 취소를 구할 법률상의 이익이 있는 자가 제기할 수 있다고 규정하고 있고, 같은 법 제35조는 무효등확인소송은 처분 등의 효력 유무 또는 존재 여부의 확인을 구할 법률상 이익이 있는 자가 제기할 수 있다고 규정하고 있으므로, 행정처분의 직접 상대방이 아닌 제3자라도 당해 처분으로 인하여 권리 또는 법률상의 이익을 침해받게 되는 경우에는 그 처분의 취소나 무효확인을 구할 수 있다.

하자 있는 행정처분이 무효가 되기 위해서는 그 하자가 법규의 중요한 부분을 위반한 중대한 것으로서 객관적으로 명백한 것이어야 하고, 하자가 중대하고 명백한 것인지 여부를 판별함에 있어서는 그 법규의 목

적, 의미, 기능 등을 목적론적으로 고찰함과 동시에 구체적 사안 자체의 특수성에 관하여도 합리적으로 고찰함을 요한다고 할 것인바, 앞서 본 바와 같이 제2차 입지타당성조사결과의 개요에 대한 공람·공고가 누락된 것은 객관적으로 명백하기는 하나 이 사건 처분을 당연 무효로 할 만큼 중대하다고는 볼 수 없으므로, 이 사건 처분의 무효확인을 구하는 원고들의 주위적 청구는 이유 없다고 할 것이다.

(관련판례)

행정처분의 직접 상대방이 아닌 제3자라 하더라도 당해 행정처분으로 인하여 법률상 보호되는 이익을 침해당한 경우에는 그 처분의 무효확인을 구하는 행정소송을 제기하여 그 당부의 판단을 받을 자격이 있다 할 것이며, 여기에서 말하는 법률상 보호되는 이익이라 함은 당해 처분의 근거 법규 및 관련 법규에 의하여 보호되는 개별적·직접적·구체적 이익이 있는 경우를 말하고, 공익보호의 결과로 국민 일반이 공통적으로 가지는 일반적·간접적·추상적 이익이 생기는 경우에는 법률상 보호되는 이익이 있다고 할 수 없다(대법원 2006. 3. 16. 선고 2006두330 전원합의체 판결).

(관련판례)

공유수면매립면허처분과 농지개량사업 시행인가처분의 근거 법규 또는 관련 법규가 되는 구 공유수면매립법(1997. 4. 10. 법률 제5337호로 개정되기 전의 것), 구 농촌근대화촉진법(1994. 12. 22. 법률 제4823호로 개정되기 전의 것), 구 「환경보전법」(1990. 8. 1. 법률 제4257호로 폐지), 구 「환경보전법 시행령」(1991. 2. 2. 대통령령 제13303호로 폐지), 구 「환경정책기본법」(1993. 6. 11. 법률 제4567호로 개정되기 전의 것), 구 「환경정책기본법 시행령」(1992. 8. 22. 대통령령 제13715호로 개정되기 전의 것)의 각 관련 규정의 취지는, 공유수면매립과 농지개량사업시행으로 인하여 직접적이고 중대한 환경피해를 입으리라고 예상되는 환경영향평가 대상지역 안의 주민들이 전과 비교하여 수인한도를 넘는 환경침해를 받지 아니하고 쾌적한 환경에서 생활할 수 있는 개별적 이익까지도 이를 보호하려는 데에 있다고 할 것이므로, 위 주민들이 공유수면매립면허처분 등과 관련하여 갖고 있는 위와 같은 환경상의 이익은 주민 개개인에 대하여 개별적으로 보호되는 직접적·구체적 이익으로서 그들에 대하여는 특단의 사정이 없는 한 환경상의 이익에 대한 침해 또는 침해우려가 있는 것으로 사실상 추정되어 공유수면매립면허처분 등의 무효확인을 구할 원고적격이 인정된다. 한편, 환경영향평가 대상지역 밖의 주민이라 할지라도 공유수면매립면허처분 등으로 인하여 그 처분 전과 비교하여 수인한도를 넘는 환경피해를 받거나 받을 우려가 있는 경우에는, 공유수면매립면허처분 등으로 인하여 환경상 이익에 대한 침해 또는 침해우려가 있다는 것을 입증함으로써 그 처분 등의 무효확인을 구할 원고적격을 인정받을 수 있다(대법원 2006. 3. 16. 선고 2006두330 전원합의체 판결).

(관련판례)

행정처분의 직접 상대방이 아닌 제3자라 하더라도 당해 행정처분으로 인하여 법률상 보호되는 이익을 침해당한 경우에는 취소소송을 제기하여 그 당부의 판단을 받을 자격이 있다 할 것이고, 여기에서 말하는 법률상 보호되는 이익이라 함은 당해 처분의 근거 법규 및 관련 법규에 의하여 보호되는 개별적·직접적·구체적 이익이 있는 경우를 말하는데, 구 「환경·교통·재해등에관한영향평가법」(이하 '환경영향평가법'이라 한다), 같은법 시행령, 구 「폐기물처리시설 설치촉진 및 주변지역 지원 등에 관한 법률」(2004. 2. 9. 법률 제7169호로 개정되기 전의 것, 이하 '폐촉법'이라 한다), 같은법 시행령의 각 관련 규정에 의하면, 폐기물처리시설 설치기관이 1일 처리능력이 100t 이상인 폐기물처리시설을 설치하는 경우에는 폐촉법에 따른 환경상 영향조사 대상에 해당할 뿐만 아니라 환경영향평가법에 따른 환경영향평가 대상사업에도 해당하므로 폐촉법령뿐만 아니라 환경영향평가법령도 위와 같은 폐기물처리시설을 설치하기 위한 폐기물소각시설 설치계획 입지결정·고시처분의 근거 법령이 된다고 할 것이고, 따라서 위 폐기물처리시설설치계획입지가 결정·고시된 지역 인근에 거주하는 주민들에게 위 처분의 근거 법규인 환경영향평가법 또는 폐촉법에 의하여 보호되는 법률상 이익이 있으면 위 처분의 효력을 다툴 수 있는 원고적격이 있다(대법원 2005. 5. 12. 선고 2004두14229).

(관련판례)

관광지조성사업시행 허가처분에 오수처리시설의 설치 등을 조건으로 하였으나 그 시설이 설치되더라도 효능이 불확실하여 오수가 확실하게 정화 처리될 수 없어 인접 하천 등의 수질이 오염됨으로써 인근 주민들의 식수 등도 오염되어 주민들의 환경이익 등이 침해되거나 침해될 우려가 있고, 그 환경이익의 침해는 관광지의 개발 전과 비교하여 사회통념상 수인한도를 넘는다고 보이며, 주민들의 환경상의 이익은 관광지조성사업시행 허가처분으로 인하여 사업자나 행락객들이 가지는 영업상의 이익 또는 여가생활향유라는 이익보다 훨씬 우월하다는 이유로, 그 환경적 위해 발생을 고려하지 않은 관광지조성사업시행 허가처분은 사실오인 등에 기초하여 재량권을 일탈·남용한 것으로서 위법하다(대법원 2001. 7. 27. 선고 99두8589).

(관련판례)

행정처분의 직접 상대방이 아닌 제3자라 하더라도 당해 행정처분으로 인하여 법률상 보호되는 이익을 침해당한 경우에는 그 처분의 취소나 무효확인을 구하는 행정소송을 제기하여 그 당부의 판단을 받을 자격이 있다 할 것이며, 여기에서 말하는 법률상 보호되는 이익이라 함은 당해 처분의 근거 법규 및 관련 법규에 의하여 보호되는 개별적·직접적·구체적 이익이 있는 경우를 말하고, 공익보호의 결과로 국민 일반이 공통적으로 가지는 일반적·간접적·추상적 이익이 생기는 경우에는 법률상 보호되는 이익이 있다고 할 수 없다(대법원 2006. 12. 22. 선고 2006두14001).

(관련판례)

행정처분의 직접 상대방이 아닌 자로서 그 처분에 의하여 자신의 환경상 이익이 침해받거나 침해받을 우려가 있다는 이유로 취소소송을 제기하는 제3자는, 자신의 환경상 이익이 그 처분의 근거 법규 또는 관련 법규에 의하여 개별적·직접적·구체적으로 보호되는 이익, 즉 법률상 보호되는 이익임을 입증하여야 원고적격이 인정되고, 다만 그 행정처분의 근거 법규 또는 관련 법규에 그 처분으로써 이루어지는 행위 등 사업으로 인하여 환경상 침해를 받으리라고 예상되는 영향권의 범위가 구체적으로 규정되어 있는 경우에는, 그 영향권 내의 주민들에 대하여는 당해 처분으로 인하여 직접적이고 중대한 환경피해를 입으리라고 예상할 수 있고, 이와 같은 환경상의 이익은 주민 개개인에 대하여 개별적으로 보호되는 직접적·구체적 이익으로서 그들에 대하여는 특단의 사정이 없는 한 환경상 이익에 대한 침해 또는 침해 우려가 있는 것으로 사실상 추정되어 법률상 보호되는 이익으로 인정됨으로써 원고적격이 인정되며, 그 영향권 밖의 주민들은 당해 처분으로 인하여 그 처분 전과 비교하여 수인한도를 넘는 환경피해를 받거나 받을 우려가 있다는 자신의 환경상 이익에 대한 침해 또는 침해 우려가 있음을 증명하여야만 법률상 보호되는 이익으로 인정되어 원고적격이 인정된다(대법원 2006. 12. 22. 선고 2006두14001).

3. 집행정지 등

3-1. 집행정지

① 행정쟁송법은 행정심판을 청구하거나 취소소송을 제기하더라도 원칙적으로는 처분 등의 효력이나 그 집행 또는 절차의 속행에 영향을 주지 않는다는 집행부정지 원칙을 규정하고 있습니다(행정심판법 제30조제1항 및 행정소송법 제23조제1항).

② 집행정지제도란 행정쟁송이 진행되는 동안 청구인의 손해를 예방하기 위해 예외적으로 행정쟁송의 대상인 처분 등의 효력이나 그 집행 또는 절차의 속행의 전부 또는 일부를 정지하는 제도입니다(행정심판법 제30조제2항 및 행정소송법 제23조제2항).

③ 다만, 처분의 효력정지는 처분 등의 집행 또는 절차의 속행을 정지함으로써 목적을 달성할 수 있는 경우에는 허용되지 않습니다(행정심판법 제30조제2항 단서 및 행정소송법 제23조제2항 단서).

④ 집행정지를 하기 위해서는 일반적으로 다음과 같은 요건이 요구됩니다(행정심판법 제30조제2항, 제3항, 행정소송법 제23조제2항 및 제3항).
- 본안이 계속 중일 것
- 처분 등이 존재할 것
- 회복하기 어려운 손해를 예방하기 위한 것일 것
- 긴급한 필요가 있을 것
- 집행정지가 공공복리에 중대한 영향을 미칠 우려가 없을 것
- 본안청구의 이유 없음이 명백하지 않을 것

Q 행정심판의 집행정지란 무엇이고 어떻게 신청하면 되나요?

A 행정처분은 행정심판을 청구하여도 원칙적으로 그 집행이나 효력이 정지되지 않습니다. 집행정지제도란 행정심판이 진행되는 동안 청구인의 손해를 예방하기 위해 긴급한 필요가 있는 때에 심판청구의 대상인 처분 또는 후속절차 등의 효력이나 집행을 정지하는 제도입니다. 행정처분에 대한 집행정지를 하고자 하는 경우, 청구인은 심판제기와 동시 또는 심판진행 중에 행정심판위원회에 집행정지신청을 하여야 합니다.

집행정지를 신청하려면 집행정지신청서를 작성하고, 집행정지신청이 필요한 이유에 대한 소명자료, 심판청구서 사본 및 접수증명서 등을 첨부하여 행정심판위원회에 제출하면 됩니다.

심판청구서의 경우 처분청이나 재결청에 제출하는데 비해, 집행정지신청서는 신속한 결정을 위해 처분청이나 재결청을 거치지 않고 곧바로 행정심판위원회에 제출합니다.

청구인의 집행정지신청이 있으면, 행정심판위원회는 청구인의 손해 예방을 위한 긴급한 필요가 있는 지, 집행정지결정이 공공복리에 중대한 영향을 미칠 우려는 없는 지 등을 종합적으로 고려하여 집행정지 여부에 대한 결정을 하게 됩니다.

행정심판위원회가 집행정지결정을 하면 해당 처분의 효력이나 집행은 행정심판의 결과인 재결이 있을 때까지 정지되며, 재결이 있으면 집행정지 결정의 효력은 자동적으로 소멸하게 됩니다.

집행정지란 심판이 진행되는 동안 현재의 상태를 유지하는데 그 목적이 있을 뿐 적극적으로 새로운 처분을 하도록 하는 것이 아니므로 거부처분을 정지하고 허가를 하라는 식의 집행정지는 인정되지 않는 것입니다. 또한, 집행정지는 행정심판의 부수적인 절차이므로 행정심판은 청구하지 않고 집행정지만을 신청할 수는 없습니다.

■ 행정소송에서 집행정지신청은 어떤 경우에 하는 것인가요?

Q 행정소송에서 집행정지신청은 어떤 경우에 하는 것인가요?

A 행정처분의 효력은 행정소송이 제기되더라도 정지되지 않기 때문에 본안판결이 나기 전에 이미 집행이 완료되어 버리면 본안소송에서 원고가 승소하더라도 회복하기 어려운 손해가 발생하여 실효성 있는 권리구제를 받을 수 없는 경우가 발생하기 때문에 행정처분의 효력을 잠정적으로 정지시킬 필요가 있는데, 이렇게 행정처분의 효력을 잠정적으로 정지시키기 위해 신청하는 것이 집행정지신청입니다. 이 경우 원고들이 본안 소송 제기와 동시에 (또는 본안의 소제기 후) 하는 경우가 많은데, 위 신청 후 일반적으로 심문절차를 거쳐 집행정지결정이 나고, 그 결정이 고지되면 행정청의 별도의 절차가 없더라도 집행정지결정에 표시된 대로 잠정적으로 행정처분이 없었던 것과 동일한 상태가 됩니다(대법원 1961.11.23자 4294행상3 결정).

■ 행정소송에서 집행정지신청을 하여 집행정지결정을 받았습니다. 집행정지의 효력은 상소심에서도 계속되나요?

Q 행정소송에서 집행정지신청을 하여 집행정지결정을 받았습니다. 집행정지의 효력은 상소심에서도 계속되나요?

A 결정 주문에 집행정지의 종기(終期)가 판결선고시까지로 기재되어 있는 경우 (원고승소판결이라 하더라도) 본안판결의 선고로써 당연히 집행정지결정의 효력은 소멸하고 동시에 당초 처분의 효력이 부활하게 되어 본안판결 확정시까지 사이에 집행될 수 있으므로, 추가로 상소심 판결선고시까지 집행을 정지시키는 (신청 또는 직권에 의한) 집행정지결정을 받아야 합니다.

3-2. 임시처분

① 임시처분이란 행정심판 절차가 진행되는 동안 청구인에게 생길 중대한 불이익이나 급박한 위험을 막기 위해 임시로 법적 지위를 정하는 제도입니다(행정심판법 제31조).

② 행정심판위원회는 처분 또는 부작위가 위법·부당하다고 상당히 의심되는 경우로서 처분 또는 부작위 때문에 당사자가 받을 우려가 있는 중대한 불이익이나 당사자에게 생길 급박한 위험을 막기 위해 임시지위를 정해야 할 필요가 있는 경우에는 직권으로 또는 당사자의 신청에 의해 임시처분을 결정할 수 있습니다(행정심판법 제31조제1항).

③ 임시처분은 집행정지로 목적을 달성할 수 있는 경우에는 허용되지 않습니다(행정심판법 제31조제3항).

④ 임시처분은 공공복리에 중대한 영향을 미칠 우려가 있을 때에는 허용되지 않습니다(행정심판법 제31조제2항 및 제30조제3항).

⑤ 임시처분 신청은 심판청구와 동시에 또는 심판청구에 대한 행정심판위원회나 소위원회의 의결이 있기 전까지, 임시처분의 취소신청은 심판청구에 대한 행정심판위원회나 소위원회의 의결이 있기 전까지 신청의 취지와 원인을 적은 서면을 행정심판위원회에 제출해야 합니다.

⑥ 다만, 심판청구서를 피청구인에게 제출한 경우로서 심판청구와 동시에 임시처분 신청을 할 때에는 심판청구서 사본과 접수증명서를 함께 제출해야 합니다(행정심판법 제31조제2항 및 제30조제5항).

⑦ 행정심판위원회는 임시처분 또는 임시처분의 취소에 관해 심리·결정하면 지체 없이 당사자에게 결정서 정본을 송달해야 합니다(행정심판법 제31조제2항 및 제30조제7항).

3-3. 집행정지 사례

3-3-1. 집행정지의 신청요건

※ 국토해양부장관 등이 4대강 정비사업과 관련하여 고시로 한 '한강살리기 사업 실시계획승인 등'에 대하여 사업구간 인근에 거주하는 주민들이 수용으로 인한 손해와 식수 오염 등 환경상 이익 관련 손해 등을 이유로 그 집행정지를 신청한 사안에서, 집행정지의 요건인 회복하기 어려운 손해가 있

거나 이를 예방하기 위한 긴급한 필요가 있다고 보기 어려워 신청인의 주장이 이유 없다고 한 사례(서울행법 2010.3.12. 선고 2009아3749)

「행정소송법」상의 집행정지는 형식적 요건으로 그 대상인 처분 등이 존재하고, 적법한 본안소송이 법원에 계속 중이어야 하며, 실체적 요건으로 회복하기 어려운 손해를 예방하기 위하여 긴급한 필요가 있고, 공공복리에 중대한 영향을 미칠 우려가 없으며, 본안청구의 이유 없음이 명백하지 않아야 한다.

「행정소송법」 제23조제2항에서 정하고 있는 집행정지 요건인 '회복하기 어려운 손해'란 특별한 사정이 없는 한 금전으로 보상할 수 없는 손해로서 이는 금전보상이 불능인 경우 내지는 금전보상으로는 사회 관념상 행정처분을 받은 당사자가 참고 견딜 수 없거나 또는 참고 견디기가 현저히 곤란한 경우의 유형, 무형의 손해를 말하고, '긴급한 필요'란 회복하기 어려운 손해의 발생이 시간적으로 절박하여 손해를 회피하기 위하여 본안판결을 기다릴 여유가 없는 것을 말하는바, 이러한 집행정지의 적극적 요건에 관한 주장·소명책임은 원칙적으로 신청인 측에 있다. 한편, 회복하기 어려운 손해는 신청인의 개인적 손해에 한정되고, 공익상 손해 또는 신청인 외에 제3자가 입은 손해는 포함되지 않는다.

3-3-2. 산림을 개간하여 아파트단지를 조성하는 주택건설사업계획승인처분에 대한 효력집행정지 청구(서울고법 2006. 9. 11. 선고 2006루122)

※ 대규모 아파트단지를 조성하기 위한 주택건설사업계획승인처분의 집행을 정지할 긴급한 필요성이 인정된다고 한 사례

주택건설사업계획승인처분의 근거 법규 또는 관련 법규가 되는 「주택법」 및 「환경·교통·재해 등에 관한 영향평가법」, 같은 법 시행령의 각 관련 규정의 내용을 종합하면, 일정규모 이상의 대지조성을 수반하는 주택건설사업 시행으로 인하여 직접적이고 중대한 환경피해를 입으리라고 예상되는 환경영향평가 대상지역 안의 주민들이 전과 비교하여 수인한도를 넘는 환경침해를 받지 아니하고 쾌적한 환경에서 생활할 수 있는 개별적 이익까지도 보호하려는 데 이들 법규의 취지가 있다고 판단되므로 주민들이 주택건설사업계획승인처분 등과 관련하여 갖고 있는 위와 같은 환경상의 이익은 주민 개개인에게 개별적으로 부

여되는 직접적·구체적 이익으로서, 그들에 대하여는 특단의 사정이 없는 한 환경상의 이익에 대한 침해 또는 침해우려가 있는 것으로 사실상 추정되고, 따라서 위 주민들은 위 처분의 취소를 구할 원고적격이 있다.

대규모 아파트단지를 조성하는 주택건설사업의 성격과 규모에 비추어, 만약 행정처분의 외형적인 효력에 의하여 주택건설사업이 상당기간 그대로 진행되고 만다면 나중에 주택건설사업계획승인처분이 취소된다 하더라도 원래의 상태대로 회복하기가 어렵고, 그와 같은 손해는 행정처분의 집행정지로 인하여 사업이 중단됨으로 인한 손해보다 훨씬 크고 중요하며 거의 영구적이므로 위 사업계획승인처분의 집행을 정지할 긴급한 필요성이 인정된다.

■ 행정심판 중에도 공사가 계속 진행되고 있어 너무 고통스러운데, 공사를 일시적으로라도 중지시킬 수 있나요?

Q 행정청이 진행하는 공사로 발생한 극심한 먼지 때문에 행정심판을 제기하였습니다. 심판 중에도 공사가 계속 진행되고 있어 너무 고통스러운데, 공사를 일시적으로라도 중지시킬 수 있나요?

A 네. 피해자는 법원에 공사 집행정지를 신청할 수 있고, 법원이 집행정지결정을 하면 공사는 중단됩니다.

◇ 집행정지
  ① 행정심판을 청구하거나 취소소송을 제기하더라도 원칙적으로는 행정처분 등의 효력이나 그 집행 또는 절차는 이에 영향을 받지 않고 속행됩니다.
  ② 집행정지제도란 행정쟁송이 진행되는 동안 청구인의 손해를 예방하기 위해 예외적으로 행정쟁송의 대상인 처분 등의 효력이나 그 집행 또는 절차의 속행의 전부 또는 일부를 정지하는 제도입니다.
  ③ 다만, 처분의 효력정지는 처분 등의 집행 또는 절차의 속행을 정지함으로써 목적을 달성할 수 있는 경우에는 허용되지 않습니다.

◇ 집행정지의 요건

집행정지를 하기 위해서는 일반적으로 다음과 같은 요건이 요구됩니다.

1. 본안이 계속 중일 것
2. 처분 등이 존재할 것
3. 회복하기 어려운 손해를 예방하기 위한 것일 것
4. 긴급한 필요가 있을 것
5. 집행정지가 공공복리에 중대한 영향을 미칠 우려가 없을 것
6. 본안청구의 이유 없음이 명백하지 않을 것

(관련판례)

주택건설사업계획승인처분의 근거 법규 또는 관련 법규가 되는 「주택법」 및 구 「환경·교통·재해 등에 관한 영향평가법」, 같은 법 시행령의 각 관련 규정의 내용을 종합하면, 일정규모 이상의 대지조성을 수반하는 주택건설사업 시행으로 인하여 직접적이고 중대한 환경피해를 입으리라고 예상되는 환경영향평가 대상지역 안의 주민들이 전과 비교하여 수인한도를 넘는 환경침해를 받지 아니하고 쾌적한 환경에서 생활할 수 있는 개별적 이익까지도 보호하려는 데 이들 법규의 취지가 있다고 판단되므로 주민들이 주택건설사업계획승인처분 등과 관련하여 갖고 있는 위와 같은 환경상의 이익은 주민 개개인에게 개별적으로 부여되는 직접적·구체적 이익으로서, 그들에 대하여는 특단의 사정이 없는 한 환경상의 이익에 대한 침해 또는 침해우려가 있는 것으로 사실상 추정되고, 따라서 위 주민들은 위 처분의 취소를 구할 원고적격이 있다(서울고법 2006.9.11. 자 2006루122 결정).

(관련판례)

대규모 아파트단지를 조성하는 주택건설사업의 성격과 규모에 비추어, 만약 행정처분의 외형적인 효력에 의하여 주택건설사업이 상당기간 그대로 진행되고 만다면 나중에 주택건설사업계획승인처분이 취소된다 하더라도 원래의 상태대로 회복하기가 어렵고, 그와 같은 손해는 행정처분의 집행정지로 인하여 사업이 중단됨으로 인한 손해보다 훨씬 크고 중요하며 거의 영구적이므로 위 사업계획승인처분의 집행을 정지할 긴급한 필요성이 인정된다(서울고법 2006.9.11. 자 2006루122 결정).

(관련판례)

「행정소송법」 제23조제2항에서 정하고 있는 집행정지 요건인 '회복하기 어려운 손해'란 특별한 사정이 없는 한 금전으로 보상할 수 없는 손해로서 이는 금전보상이 불능인 경우 내지는 금전보상으로는 사회 관념상 행정처분을 받은 당사자가 참고 견딜 수 없거나 또는 참고 견디기가 현저히 곤란한 경우의 유형, 무형의 손해를 말하고, '긴급한 필요'란 회복하기 어려운 손해의 발생이 시간적으로 절박하여 손해를 회피하기 위하여 본안판결을 기다릴 여유가 없는 것을 말하는바, 이러한 집행정지의 적극적 요건에 관한 주장·소명책임은 원칙적으로 신청인 측에 있다. 한편, 회복하기 어려운 손해는 신청인의 개인적 손해에 한정되고, 공익상 손해 또는 신청인 외에 제3자가 입은 손해는 포함되지 않는다(서울행법 2010. 3. 12. 자 2009아3749 결정).

(관련판례)

국토해양부장관 등이 4대강 정비사업과 관련하여 고시로 한 '한강살리기 사업 실시계획승인 등'에 대하여 사업구간 인근에 거주하는 주민들이 수용으로 인한 손해와 식수 오염 등 환경상 이익 관련 손해 등을 이유로 그 집행정지를 신청한 사안에서, 토지 소유권 기타 권리의 수용으로 인한 손해는 통상적인 금전보상이 불능인 경우 내지는 금전보상으로는 사회관념상 행정처분을 받은 당사자가 참고 견딜 수 없거나 참고 견디기가 현저히 곤란한 경우의 손해라고 볼 수 없고, 시급히 위 처분의 효력을 정지하지 않을 경우 곧 한강 유역의 상수원을 식수원 등으로 사용할 수 없을 정도로 수질이 오염되거나 취수가 부족하게 되고 홍수 등 침수피해가 발생한다는 점에 대한 소명이 충분히 이루어졌다고 보기 어려우며, 수생태계에 미치는 악영향, 자연환경의 파괴, 미래 세대의 환경권 침해, 우리 민족의 역사와 문화의 부정 또는 파괴 등의 손해는 신청인의 개인적 손해가 아니라 공익상 손해 또는 제3자가 입는 손해라 할 것이므로, 집행정지의 요건인 회복하기 어려운 손해가 있거나 이를 예방하기 위한 긴급한 필요가 있다고 보기 어려워 신청인의 주장이 이유 없다(서울행법 2010. 3. 12. 자 2009아3749 결정).

제4절 국가배상청구

1. 국가배상청구 개요

1-1. 국가배상청구란

① 국가배상청구란 공무원의 직무상 불법행위나 도로·하천과 같은 영조물의 설치·관리의 잘못으로 손해를 입은 국민이 국가 또는 지방자치단체를 상대로 손해배상을 청구하는 것을 말합니다(국가배상법 제2조 및 제5조).

② 여기서 영조물이란 행정주체에 의해 공적 목적에 공용된 인적·물적 종합시설을 말합니다. 영조물에는 관용차와 같은 개개의 유체물 뿐만 아니라 도로·하천·항만·지하수도·관공서청사·국공립학교교사·도서관 등 물건의 집합체인 유체적인 설비도 포함됩니다. 영조물의 설치관리의 하자로 인하여 타인에게 손해를 발생하게 한 때에는 국가는 손해를 배상해야 합니다.

③ 국가나 지방자치단체가 설치·운영하는 배출시설이나 폐기물처리시설, 도로 등에 의해 환경오염피해를 입은 자는 국가 또는 지방자치단체를 상대로 손해배상을 청구할 수 있습니다.

1-2. 배상신청의 방법

1-2-1. 배상심의회에 배상 신청

① 배상금의 지급을 받고자 하는 사람은 그 사람의 주소지·소재지 또는 배상원인 발생지를 관할하는 지구심의회에 배상신청을 해야 합니다(국가배상법 제12조제1항).

② 배상심의회에는 본부배상심의회(법무부)와 그 소속 지구배상심의회(전국 14개)가 있습니다.

1-2-2. 민사법원에 소 제기

① 「국가배상법」에 따른 손해배상의 소송은 배상심의회에 배상신청을 하지 않고도 제기할 수 있으므로, 당사자는 곧바로 법원에 국가배상청구 소송을 제기할 수 있습니다(국가배상법 제9조)

② 국가를 상대로 하는 손해배상청구소송도 일반 손해배상청구소송과 동일한 절차로 진행됩니다. 따라서 국가배상을 민사법원에서 관할하는 우리의 현행법 현실에서는 일반 민사사건과 마찬가지의 절차로 진행된다고 보면 됩니다.

③ 「환경분쟁조정법」에 따른 분쟁조정절차(알선·조정·재정)를 거친 경우(「환경분쟁조정법」 제34조 및 제35조 포함)에는 「국가배상법」에 따른 배상심의회의 심의·의결을 거친 것으로 보기 때문에 국가배상을 청구하려면 곧바로 법원에 소송을 제기해야 합니다(환경분쟁조정법 제62조).

④ 국가배상청구권은 피해자나 그 법정대리인이 손해 및 가해자를 안 날부터 3년이 지나면 시효로 인해 소멸합니다(국가배상법 제8조 및 민법 제766조제1항).

⑤ 또한 통상 일반적인 불법행위로 인한 손해배상청구권은 불법행위를 한 날부터 10년이 지나면 시효로 인하여 소멸하나, 국가 또는 지방자치단체에 대한 손해배상청구권은 불법행위를 한 날부터 5년이 지나면 시효로 인하여 소멸합니다(국가재정법 제96조제2항 및 지방재정법 제82조제2항).

⑥ 배상결정을 받은 신청인은 지체 없이 그 결정에 대한 동의서를 첨부하여 국가나 지방자치단체에 배상금 지급을 청구해야 하며, 배상결정을 받은 신청인이 배상금 지급을 청구하지 않은 경우에는 그 결정에 동의하지 않은 것으로 봅니다(국가배상법 제15조).

■ **국가배상을 받으려면 어떤 방법이 있나요? 그리고 반드시 법원에 소를 제기하기 전에 배상심의회에 배상신청을 해야 하나요?**

Q 국가배상을 받으려면 어떤 방법이 있나요? 그리고 반드시 법원에 소를 제기하기 전에 배상심의회에 배상신청을 하여야 하나요?

A 2000년 12월 29일 이전에는 법원에 국가를 상대로 손해배상청구의 소를 제기하기 위해서는 먼저 국가배상심의회에 배상신청을 제기하였어야 하나(필요적 전치주의), 현재는 반드시 국가배상심의회에 배상신청을 제기하지 않고도 법원에 소를 제기할 수 있습니다(임의적전치주의, 국가배상법 제9조).

즉, 피해에 대한 구제를 받는 방법은 ① 국가배상심의회에 국가배상신청을 하거나, ② 위 신청 제기 여부와 상관없이 법원에 곧바로 국가배상청구의 소를 제기할 수 있습니다.

■ **국가배상 신청 시 구비해야 할 서류는 어떤 것이 있나요?**

Q 국가배상 신청 시 구비해야 할 서류는 어떤 것이 있나요?

A 국가배상 신청 시 필요한 구비서류는 다음과 같습니다.
  ① 필요적 구비서류
  1. 배상신청서(「국가배상법 시행규칙」 별지 제8호 서식)
  2. 신청인 및 법정대리인의 주민등록표 등본(법인등기부 등본)
  3. 대리인이 배상 신청 시 신청인의 인감증명이 첨부된 위임장
  ② 추가적 구비서류
  1. 사망 시: 호적 등본, 사망진단서, 월 수입액 증명서, 치료비 영수증 등
  2. 상해 장해 시: 상해(장해) 진단서, 치료비 영수증, 월 수입액 증명서, 향후 치료비 추정서
  3. 차량(항공기) 피해, 건물(선박) 피해, 토지 피해: 차량(항공기)등록 원부, 건물(선박, 토지)등기부, 토지(임야)대장등본 등, 수리비 영수증

(명세서), 월 수입 증명서

4. 그 밖에 손해의 사실을 증명할 수 있는 자료

■ 국가배상금을 지급받으려면 어떻게 해야 하나요?

Q 국가배상금을 지급받으려면 어떻게 해야 하나요?

A 신청인이 배상심의회의 배상결정에 동의하면서 배상금을 지급받고
자 하는 경우 배상결정통지서에 기재된 배상금 지급 행정청에 다음
의 서류를 구비하여 배상금 청구를 하시기 바랍니다.

① 신청인이 직접 청구하는 경우

1. 동의 및 청구서 2통

2. 배상결정서 정본 1통

② 대리인이 청구하는 경우

1. 위 1호에 규정된 서류

2. 신청인의 인감증명서 2통

3. 신청인이 미성년자인 경우 : 법정대리인의 인감증명서 2통

4. 대리권을 증명하는 위임장 2통

③ 기타

예금계좌에 입금을 원하는 경우에는 은행명 계좌번호 예금주 등 필요
한 사항을 동의 및 청구서 또는 별지에 기재하여 제출하여야 합니다.
동일한 내용으로 손해배상의 소송을 제기하여 배상금 지급의 확정판
결을 받거나 이에 준하는 화해 인낙 조정 등이 있는 경우에는 확정판
결 정본이나 화해 인낙 조정조서 정본 등을 함께 제출하여야 합니다.

■ 국가배상신청을 하려고 하는데 언제까지 행사할 수 있나요?

Q 국가배상신청을 하려고 하는데 언제까지 행사할 수 있나요?

A 국가배상청구권은 피해자나 그 법정대리인이 손해 및 가해자를 안 날부터 3년이 지나면 시효로 인하여 소멸합니다(국가배상법 제8조, 민법 제766조 제1항). 가해자에 대한 형사판결이 확정된 때부터가 아닌 점을 주의하시기 바랍니다.

또한 통상 불법행위로 인한 손해배상청구권은 불법행위를 한 날부터 10년이 지나면 시효로 인하여 소멸하나, 국가에 대한 손해배상 청구권은 불법행위를 한 날부터 5년이 지나면 시효로 인하여 소멸합니다(국가재정법 제96조 제2항).

따라서 피해자나 그 법정대리인이 손해 및 가해자를 안 날로부터 3년이 경과하거나 불법행위가 있던 날부터 5년이 경과하여 시효가 완성되면 국가배상신청은 기각된다는 점을 유념하시길 바랍니다.

참고로 지방자치단체에 대한 손해배상청구권의 소멸시효도 피해자나 그 법정대리인이 손해 및 가해자를 안 날부터 3년(「국가배상법」 제8조, 민법 제766조 제1항), 불법행위 한 날부터 5년이 지나면 시효로 소멸합니다(「지방재정법」 제82조 제2항).

■ 국가배상신청에 대하여 불복할 수 있는 방법이 있나요?

Q 국가배상신청에 대하여 불복할 수 있는 방법이 있나요?

A 신청인은 지구심의회의 배상 결정에 대하여 이의가 있을 때에는 지구심의회의 배상결정서 정본이 신청인에게 도착된 날부터 2주일 이내에 해당 지구배상심의회를 거쳐 본부배상심의회에 재심을 신청할 수 있고, 또는 법원에 손해배상청구소송을 할 수 있습니다.

참고로 국가배상을 배상심의회에 신청하는 것은 채무자인 국가 및 지방자치단체에 대하여 손해배상채무의 이행을 최고한 것에 불과하므로(그러나 「민법」 제174조 소정의 6개월의 기간은 위 배상심의회의 결정이 있을 때까지 진행하지 않음), 국가배상청구권이 시효완성으로 소멸되는 것을 방지하기 위하여 신청인은 배상심의회로부터 배상결정서를 송달받은 날부터 6개월 이내에 재판상의 청구(소 제기)를 하지 않으면 시효중단의 효력이 없으므로 이 점을 유의하시기 바랍니다(대법원 1975. 7. 8. 선고 74다178 판결 참조).

1-3. 국가배상청구 사례

1-3-1. 항공기 소음피해에 대한 국가배상청구

① 청주공항에 민간항공기가 취항한 후 그 공항 주변에 입주한 사람들은 항공기 소음피해를 인식하거나 과실로 이를 인식하지 못하고 입주한 것으로 보이나, 그러한 사정만으로 위 입주자들이 소음피해를 용인하였다고 볼 수 없어 국가배상책임이 면제되지 않는다고 한 사례(서울중앙지방법원 2008. 1. 22. 선고 2004가합106508)

> 「국가배상법」 제5조제1항 소정의 '영조물의 설치 또는 관리의 하자'라 함은 공공의 목적에 공여된 영조물이 그 용도에 따라 갖추어야 할 안전성을 갖추지 못한 상태에 있음을 말하고, 여기서 안전성을 갖추지 못한 상태, 즉 타인에게 위해를 끼칠 위험성이 있는 상태라 함은 당해 영조물을 구성하는 물적 시설 그 자체에 있는 물리적·외형적 흠결이나 불비로 인하여 그 이용자에게 위해를 끼칠 위험성이 있는 경우뿐만 아니라, 그 영조물이 공공의 목적에 이용됨에 있어 그 이용상태 및 정도가 일정한 한도를 초과하여 제3자에게 사회통념상 수인할 것이 기대되는 한도를 넘는 피해를 입히는 경우까지 포함된다.
> '영조물의 설치 또는 관리의 하자'에 관한 수인한도의 기준을 정함에 있어서는 일반적으로 침해되는 권리나 이익의 성질과 침해의 정도뿐만 아니라, 침해행위가 갖는 공공성의 내용과 정도, 그 지역 환경의 특수성, 공법적인 규제에 의하여 확보하려고 하는 환경기준, 침해를 방지 또는 경감시키거나 손해를 회피할 방안의 유무 및 그 난이 정도 등 여러 사정을 종합적으로 고려하여 구체적인 사정에 따라 개별적으로 결정하여야 한다.

이 사건에서 청주공항에 민간항공기가 취항한 후 그 공항 주변에 입
주한 사람들은 항공기 소음피해를 인식하거나 과실로 이를 인식하지
못하고 입주한 것으로 보이나, 소음으로 인한 위해상태를 이용하기
위하여 이주하였다는 등의 특별히 비난할 사유가 없는 한, 그러한 사
정만으로 위 입주자들이 소음피해를 용인하였다고 볼 수 없어 국가배
상책임이 면제되지 않는다.

② 김포공항에서 발생하는 소음 등으로 인근 주민들이 입은 피해는
사회통념상 수인한도를 넘는 것으로서 김포공항의 설치·관리에 하
자가 있다고 본 사례(대법원 2005. 1. 27. 선고 2003다49566)

소음 등을 포함한 공해 등의 위험지역으로 이주하여 들어가서 거주하
는 경우와 같이 위험의 존재를 인식하면서 그로 인한 피해를 용인하며
접근한 것으로 볼 수 있는 경우에, 그 피해가 직접 생명이나 신체에
관련된 것이 아니라 정신적 고통이나 생활방해의 정도에 그치고 그 침
해행위에 고도의 공공성이 인정되는 때에는, 위험에 접근한 후 실제로
입은 피해 정도가 위험에 접근할 당시에 인식하고 있었던 위험의 정도
를 초과하는 것이거나 위험에 접근한 후에 그 위험이 특별히 증대하였
다는 등의 특별한 사정이 없는 한 가해자의 면책을 인정하여야 하는
경우도 있을 수 있을 것이나, 일반인이 공해 등의 위험지역으로 이주
하여 거주하는 경우라고 하더라도 위험에 접근할 당시에 그러한 위험
이 존재하는 사실을 정확하게 알 수 없는 경우가 많고, 그 밖에 위험
에 접근하게 된 경위와 동기 등의 여러 가지 사정을 종합하여 그와 같
은 위험의 존재를 인식하면서 굳이 위험으로 인한 피해를 용인하였다
고 볼 수 없는 경우에는 손해배상액의 산정에 있어 형평의 원칙상 과
실상계에 준하여 감액사유로 고려하는 것이 상당하다.
피고가 김포공항을 설치·관리함에 있어 항공법령에 따른 항공기 소음
기준 및 소음대책을 준수하려는 노력을 경주하였다고 하더라도, 김포
공항이 항공기 운항이라는 공공의 목적에 이용됨에 있어 그와 관련하
여 배출하는 소음 등의 침해가 인근 주민인 선정자들에게 통상의 수
인한도를 넘는 피해를 발생하게 하였다면 김포공항의 설치·관리상에
하자가 있다고 보아야 할 것이라고 전제한 다음, 그 판시와 같은 여
러 사정을 종합적으로 고려하면 이 사건 김포공항 주변지역의 소음과
관련하여서는 규제「항공법 시행규칙」제271조상의 공항소음피해예상
지역(제3종구역)으로 분류되는 지역 중 85 WECPNL 이상의 소음이
발생하는 경우에는 사회생활상 통상의 수인한도를 넘는 것으로서 위

법성을 띠는 것으로 봄이 상당하다고 할 것인데, 이 사건 선정자들의 거주지역이 이에 해당하므로 김포공항을 설치·관리하는 국가는 이에 대하여 손해를 배상할 책임이 있다.

1-3-2. 군 사격장 소음으로 주민들이 피해를 입은 경우

① 매향리 사격장에서 발생하는 소음 등으로 지역 주민들이 입은 피해는 사회통념상 참을 수 있는 정도를 넘는 것으로서 사격장의 설치 또는 관리에 하자가 있었다고 본 사례(대법원 2004. 3. 12. 선고 2002다14242)

매향리 사격장이 국가안보를 위하여 고도의 공익성을 가진 시설이지만 원고들이 거주하는 농어촌지역과 충분한 완충지대를 두지 아니하고 설치되어 주거지역 상공으로 전투기 등이 낮은 고도로 비행하면서 폭탄 투하와 기관총 사격 훈련 등을 실시함으로써 「환경정책기본법」상 주거지역 환경소음기준인 50dB 내지 65dB을 훨씬 넘는 날카롭고 충격적인 소음이 주말이나 공휴일을 제외하고 매일 발생하여 원고들이 신체적·정신적으로 피해를 입었고, 텔레비전 시청이나 전화통화 및 일상대화 또는 자녀교육 등 일상생활에 커다란 방해를 받고 있는데도 불구하고, 미국 공군이 2000. 8. 18. 사격훈련 방법을 변경할 때까지 원고들의 피해를 줄이기 위한 노력을 충분히 하지 아니한 점 등에 비추어 볼 때, 2000. 8. 18. 이전까지 매향리 사격장에서 발생하는 소음 등으로 인하여 원고들이 입은 피해는 사회생활상 통상 참을 수 있는 정도를 넘는 것이므로 매향리 사격장의 설치 또는 관리에 하자가 있었다고 보아야 하고, 따라서 피고는 「대한민국과아메리카합중국간의상호방위조약제4조에의한시설과구역및대한민국에서의합중국군대의지위에관한협정의시행에관한민사특별법」 제2조제2항, 「국가배상법」 제5조제1항에 따라 원고들이 입은 손해를 배상할 책임이 있다.

(관련판례)

소음 등을 포함한 공해 등의 위험지역으로 이주하여 들어가서 거주하는 경우와 같이 위험의 존재를 인식하면서 그로 인한 피해를 용인하며 접근한 것으로 볼 수 있는 경우에, 그 피해가 직접 생명이나 신체에 관련된 것이 아니라 정신적 고통이나 생활방해의 정도에 그치고 그 침해행위에 고도의 공공성이 인정되는 때에는, 위험에 접근한 후 실제로 입은 피해 정도가 위험에 접근할 당시에 인식하고 있었던 위험의 정도를 초과하는 것이거나 위험에 접근한 후에 그 위험이 특별히 증대하였다는 등의 특별한 사정이 없는 한 가해자의 면책을 인정하여야 하는 경우도 있을 수 있을 것이나, 일반인이 공해 등의 위험지역으로 이주하여 거주하는 경우라고 하더라도 위험에 접근할 당시에 그러한 위험이 존재하는 사실을 정확하게 알 수 없는 경우가 많고, 그 밖에 위험에 접근하게 된 경위와 동기 등의 여러 가지 사정을 종합하여 그와 같은 위험의 존재를 인식하면서 굳이 위험으로 인한 피해를 용인하였다고 볼 수 없는 경우에는 손해배상액의 산정에 있어 형평의 원칙상 과실상계에 준하여 감액사유로 고려하는 것이 상당하다(대법원 2003다49566, 선고, 2005. 1. 27, 판결).

(관련판례)

「국가배상법」 제5조제1항에 정하여진 '영조물의 설치 또는 관리의 하자'라 함은 공공의 목적에 공여된 영조물이 그 용도에 따라 갖추어야 할 안전성을 갖추지 못한 상태에 있음을 말하고, 여기서 안전성을 갖추지 못한 상태, 즉 타인에게 위해를 끼칠 위험성이 있는 상태라 함은 당해 영조물을 구성하는 물적 시설 그 자체에 있는 물리적·외형적 흠결이나 불비로 인하여 그 이용자에게 위해를 끼칠 위험성이 있는 경우뿐만 아니라 그 영조물이 공공의 목적에 이용됨에 있어 그 이용상태 및 정도가 일정한 한도를 초과하여 제3자에게 사회통념상 참을 수 없는 피해를 입히는 경우까지 포함된다고 보아야 할 것이고, 사회통념상 참을 수 있는 피해인지의 여부는 그 영조물의 공공성, 피해의 내용과 정도, 이를 방지하기 위하여 노력한 정도 등을 종합적으로 고려하여 판단하여야 한다(대법원 2002다14242, 선고, 2004. 3. 12, 판결).

(관련판례)

매향리 사격장에서 발생하는 소음 등으로 지역 주민들이 입은 피해는 사회통념상 참을 수 있는 정도를 넘는 것으로서 사격장의 설치 또는 관리에 하자가 있었다고 본 사례(대법원 2002다14242, 선고, 2004. 3. 12, 판결).

(관련판례)

소음 등을 포함한 공해 등의 위험지역으로 이주하여 들어가서 거주하는 경우

와 같이 위험의 존재를 인식하면서 그로 인한 피해를 용인하며 접근한 것으로
볼 수 있는 경우에 그 피해가 직접 생명이나 신체에 관련된 것이 아니라 정신
적 고통이나 생활방해의 정도에 그치고, 그 침해행위에 상당한 고도의 공공성
이 인정되는 때에는 위험에 접근한 후 실제로 입은 피해 정도가 위험에 접근할
당시에 인식하고 있었던 위험의 정도를 초과하는 것이거나 위험에 접근한 후에
그 위험이 특별히 증대하였다는 등의 특별한 사정이 없는 한 가해자의 면책을
인정하여야 하는 경우도 있을 수 있을 것이나, 일반인이 공해 등의 위험지역으
로 이주하여 거주하는 경우라고 하더라도 위험에 접근할 당시에 그러한 위험
이 문제가 되고 있지 아니하였고, 그러한 위험이 존재하는 사실을 정확하게 알
수 없었으며, 그 밖에 위험에 접근하게 된 경위와 동기 등의 여러 가지 사정을
종합하여 그와 같은 위험의 존재를 인식하면서 굳이 위험으로 인한 피해를 용
인하였다고 볼 수 없는 경우에는 그 책임이 감면되지 아니한다고 봄이 상당하
다(대법원 2002다14242, 선고, 2004. 3. 12, 판결).

제6장
환경분쟁조정 사례

제6장
환경분쟁조정 사례

1. 환경분쟁조정 사례

1-1. 비산 먼지 등으로 인한 피해

1-1-1. 송파구 거여동 공동주택 신축공사장 소음·진동·먼지로 인한 정신적 피해(서울환조 03-3-3)

※ 송파구 거여동 공동주택 신축공사장에서 발생하는 소음·진동·먼지로 인한 정신적 피해를 입었다고 주장하며 공사장 인근에 거주하는 주민들이 시공회사에 요구한 피해배상을 인정한 사례

피신청인은 신청인 빌라 방향에 방음벽을 설치하였고 살수시설을 앞뒤로 각 1개씩 설치하여 수시로 살수하였으며, 건축외벽에 방진막을 설치하여 비산먼지를 줄이기 위해 노력하였으나, 방음벽의 높이가 약 2.1m로 3층 및 4층인 신청인 빌라로 전달되는 먼지를 차단하기에는 그 역할이 미흡하였을 것이며, 관할 구청의 현장 점검시 2회에 걸쳐 분진망을 보강토록 현장 지도 받았고 건축공사 잔재물을 먼지저감을 위한 보호시설 없이 지상으로 낙하하여 분진 발생에 따른 행정지도를 받았던 사례가 있었음을 감안할 때, 신청인들은 사회 통념상 수인한도를 넘는 먼지피해를 일부 입었을 개연성이 있는 것으로 판단된다.

1-1-2. 부산 사하구 공장 비산분진으로 인한 재산 및 정신적 피해 분쟁사건(환조 07-3-90)

※ 부산 (주)○○개발 ○○ 및 ○○해양개발 등 5명이 인접한 조선소 작업장에서 도장작업 시 비산분진으로 인하여 재산 및 정신적 피해를 입었다고 주장하면서 (주)○○조선, (주)○○중공업, (주)한국○○에 요구한 피해배상을 인정한 사례

> 신청인 사업장 주변이 선박 도장 등과 관련된 사업장들이 밀집한 곳이기는 하지만, 신청인의 주장, 피신청인이 제출한 작업 상황, 비산먼지 방지조치, 주변 다른 도장작업 사업장의 위치, 그동안 피신청인 사업장에 대한 민원발생 및 피신청인이 야외 도장작업을 하는 경우에 신청인의 차량에 차량커버 실시, 현지조사 시 피신청인 사업장 경계 부위에서 작업 중인 선박 블록 구조물이 방진망의 높이 보다 높은 것으로 나타나 「대기환경보전법」상 비산먼지 방지조치 규정에 미흡한 점 등을 종합적으로 감안해 볼 때, 신청인의 차량이나 건물외벽 유리창에 페인트 오염 피해는 피신청인의 사업장에서 선박 도장작업 시 관리소홀 등으로 인하여 비산된 페인트로 인한 개연성이 인정된다.

1-1-3. 인천 옹진군 화력발전소 비산먼지로 인한 재산 및 정신적 피해 분쟁사건(환조 06-3-134)

※ 인천시광역시에 거주하고 있는 ○○○ 등 5인이 ○○화력발전소에서 발생하는 석탄재 등이 식수로 사용하는 지하수에 스며들어 흑회색의 부유물질이 발생하고, 또한 발전소에서 발생하는 먼지로 공기가 오염되었다며 피신청인 ○○화력발전소를 상대로 요구한 피해 배상을 인정하지 않은 사례

> 2002년 1월부터 피신청인이 발전소 가동으로 인해 주변지역의 대기질 환경에 미치는 영향을 실시간으로 측정하는 자동측정설비(TMS)의 운영 결과에 따르면 2006년도의 경우 신청인이 거주하는 지역의 미세먼지 등 5개 측정항목이 대기환경 기준치 이내로 측정되었고, 우리 위원회의 요청으로 2007. 1. 10. ~ 2007. 1. 11.(2일간) 신청인 거주지 인근 지역에서 미세먼지를 포함한 3개 항목 대기질을 측정한 결과도 기준치 이내인 점, 피신청인이 석탄 저탄장과 석탄재 매립지의 비산물질 발생을 최소화하기 위하여 살수설비, 방진마운드, 세륜시설

등을 설치·운영하였고, 관할 행정기관의 피신청인에 대한 지도점검을 실시한 결과 위반사항이 없었던 점 등을 고려할 때, 신청인이 사회통념상 수인의 한계를 넘는 대기오염 피해를 입었을 개연성은 인정되지 아니한다.

1-1-4. 강원 원주시 공장 대기오염으로 인한 건물 및 정신적 피해 분쟁사건(환조 07-3-60)

※ 강원시 농공단지 내 신청인 공장건물에 인접해 있는 ○○정밀화학에서 황산화물을 배출하여 신청인 공장의 천정 등에 부식이 발생하는 재산적 피해 및 정신적 피해를 입었다며, ○○정밀화학을 상대로 요구한 피해배상을 인정하지 않은 사례

신청인의 공장 내부의 도장 관련 작업실을 경계로 하여 부식상태가 도장 관련 작업실 내에만 집중되어 있고, 그 외 작업실에는 피해가 미미한 것으로 나타나며, 신청인의 주장대로 피신청인 공장에서 발생되는 황산화물에 의한 부식이라면 공장 내부보다 공장 외부가 더 부식이 심하여야 할 것이나 신청인의 공장지붕 위에는 공장 내부에 비하여 훨씬 깨끗하고 양호한 것으로 보이고 있다. 또한 신청인 공장 내부 및 외부에서 시료를 채취하여 분석해 본 결과에서도 황산화물(SOx)의 응축에 의한 노점부식 혹은 황화물을 핵으로 한 부식 등 황에 의한 부식과는 관련이 없는 것으로 전문가의 의견이 제출됨에 따라 피신청인의 공장에서 배출되는 대기오염물질(황산화물 등)로 인한 재산피해의 개연성은 인정되지 아니한다.

2. 환경소송 사례

2-1. 공해(公害) 소송에서의 입증책임

2-1-1. [민사소송] 공해 소송에서 인과관계의 입증책임의 분배
(대법원 2009. 10. 29. 선고 2009다42666 판결)

※ 공해로 인한 손해배상을 청구하는 소송에 있어서는 가해자인 기업이 인과
관계의 입증책임을 진다고 한 사례

> 일반적으로 불법행위로 인한 손해배상청구사건에 있어서 가해행위와
> 손해발생 간의 인과관계의 입증책임은 청구자인 피해자가 부담하나,
> 대기오염이나 수질오염에 의한 공해로 인한 손해배상을 청구하는 소
> 송에 있어서는 기업이 배출한 원인물질이 대기나 물을 매체로 하여
> 간접적으로 손해를 끼치는 수가 많고 공해문제에 관하여는 현재의 과
> 학수준으로도 해명할 수 없는 분야가 있기 때문에 가해행위와 손해의
> 발생 사이의 인과관계를 구성하는 하나, 하나의 고리를 자연과학적으
> 로 증명한다는 것이 매우 곤란하거나 불가능한 경우가 많으므로, 이러
> 한 공해소송에 있어서 피해자에게 사실적인 인과관계의 존재에 관하
> 여 과학적으로 엄밀한 증명을 요구한다는 것은 공해로 인한 사법적
> 구제를 사실상 거부하는 결과가 될 우려가 있는 반면에, 가해기업은
> 기술적·경제적으로 피해자보다 훨씬 원인조사가 용이한 경우가 많을
> 뿐만 아니라, 그 원인을 은폐할 염려가 있기 때문에, 가해기업이 어떠
> 한 유해한 원인물질을 배출하고 그것이 피해물건에 도달하여 손해가
> 발생하였다면 가해자측에서 그것이 무해하다는 것을 입증하지 못하는
> 한 책임을 면할 수 없다고 보는 것이 사회형평의 관념에 적합하다.

2-1-2. [민사소송] 공해 소송에 있어서 인과관계의 입증정도와 환
경오염에 대한 수인한도의 판단기준(서울민사지법 1989. 1. 12. 선
고 88가합2897 제13부 판결)

※ 가해공장이 석탄분진을 배출하여 그것이 피해발생(진폐증)에 영향을 미치지
않았다는 것을 입증하지 못하는 한 책임을 면할 수 없다고 본 사례

> 1. 대기오염으로 인한 공해소송인 이 사건에 있어서는 ① 피고공장에
> 서 대기에 악영향을 줄 수 있는 석탄분진이 생성, 배출되고, ②
> 그 석탄분진 중의 일부가 대기를 통하여 원고의 거주지 등에 확산

도달되었으며, ③ 그 후 원고에게 진폐증(탄분침착증) 발병이라는 피해가 있었다는 사실이 각 모순없이 증명된다면 피고의 위 석탄 분진의 배출이 원고가 진폐증에 이환된 원인이 되었을 개연성 있음은 일응 입증되었다고 보아야 할 것이고 이러한 사정 아래서는 석탄분진을 배출하고 있는 피고가 ① 피고공장에서의 분진 속에는 원고에게 피해를 끼친 원인물질이 들어 있지 않으며, ② 원인물질이 들어 있다 하더라도 그 혼합율이 원고의 피해발생에는 영향을 미치지 아니한다는 사실을 반증을 들어 인과관계를 부정하지 못하는 이상 그 불이익은 피고에게 돌려 피고의 분진배출과 원고의 진폐증이환 사이에 인과관계의 증명이 있다고 하여야 마땅할 것이며, 만일 이와는 달리 피해자인 원고에게 가해행위와 손해발생 사이의 인과관계를 구성하는 하나하나의 고리를 자연과학적으로 엄격히 증명할 것을 요구한다면 이는 기업이 배출한 원인물질이 공기를 매체로 하여 간접적으로 손해를 끼치는 수가 많은 공해문제에 있어서는 현대의 과학수준으로도 해명할 수 없는 분야가 있는 점에 비추어 극히 곤란하거나 불가능한 요구를 하는 것이 되어 공해로 인한 사법적 구제를 사실상 거부하는 결과가 될 우려가 있는 반면에 가해기업은 기술적, 경제적으로 피해자보다 훨씬 원인조사가 용이한 경우가 많을 뿐만 아니라 그 원인을 은폐할 염려가 있어 형평의 관념에 어긋난다고 할 것이다.

2. 대기오염이 수인한도를 넘은 것으로서 위법성을 띠게 되는 것인지의 여부는 피침해이익의 종류 및 정도, 침해행위의 공공성, 그 지역의 현실적인 토지이용상황, 토지이용의 선후관계, 가해자의 방지시설 설치 여부, 손해의 회피 가능성, 공법적 규제 및 인·허가와의 관계, 환경영향평가 및 민주적 절차의 이행 여부 등을 모두 비교·교량하여 판단하여야 한다.

2-2. 공장 등의 오염물질 배출

2-2-1. [민사소송] 공장에서 배출된 오염물질(아황산가스)의 농도가 구「환경보전법」에 의해 허용된 기준치 이내인 경우 손해배상책임의 성립 여부(대법원 1991. 7. 23. 선고 89다카1275 판결)

※ 공장에서 배출된 오염물질(아황산가스)의 농도가 구「환경보전법」에 따라 허용된 기준치 이내라 하더라도 그 유해의 정도가 통상의 수인한도를 넘어 인근 농장의 관상수를 고사케하는 한 원인이 되었다면 공장주는 그 배출행위로 인한 손해배상책임을 진다고 한 사례

1. 원고농장의 관상수들이 고사하게 된 직접 원인은 한파로 인한 동해이고 피고공장에서 배출된 아황산가스로 인한 것은 아니지만, 피고공장에서 수목의 생육에 악영향을 줄 수 있는 아황산가스가 배출되고 그 아황산가스의 일부가 대기를 통하여 이 사건 원고의 농장에 도달되었으며 그로 인하여 유황이 잎 내에 축적되어 수목의 성장에 장해가 됨으로써 한파로 인한 동해에 상조작용을 하였다는 사실인정을 하고 그러한 사실관계에 터잡아 피고공장에서 배출한 위 아황산가스와 원고농장의 관상수들의 동해와 사이에 인과관계를 인정한 조치는 위 설시와 같은 공해소송에 있어서의 인과관계에 관한 개연성이론에 입각하여 볼 때 정당하고 거기에 논지가 지적하는 바와 같은 채증법칙 위배 및 심리미진으로 인한 사실오인이나 인과관계의 법리를 오해한 위법 또는 석명권불행사의 위법이 없다.
2. 피고공장에서 배출된 아황산가스의 농도가 구「환경보전법」에 의하여 허용된 기준치 이내라 하더라도 원심이 적법하게 확정하고 있는 바와 같이 그 유해의 정도가 통상의 수인한도를 넘어 원고농장의 관상수를 고사케하는 한 원인이 된 이상 그 배출행위로 인한 손해배상책임을 면치 못한다 할 것이다.

2-2-2. [민사소송] 자동차배출가스로 인한 천식 등의 건강피해에 대한 손해배상 청구(서울중앙지방법원 2010. 2. 3. 선고 2007가합16309)

※ 대한민국, 서울특별시, 자동차 제조·판매 회사들을 상대로 서울의 대기오염으로 인한 호흡기질환 등을 이유로 손해배상을 청구한 사안에서, 제반 사정상 자동차배출가스와 위 호흡기질환의 발병 사이에 인과관계를 추단할 수 없다고 본 사례

> 서울특별시 지역에서 거주 또는 근무하면서 호흡기질환 등으로 진단을 받거나 치료를 받은 사람들이 대한민국, 서울특별시, 자동차 제조·판매 회사들을 상대로 서울의 대기오염으로 인한 건강피해를 이유로 손해배상을 청구한 사안에서, 자동차배출가스로 인하여 위 호흡기질환이 발병 또는 악화되었다고 볼 직접적인 자료가 없을 뿐만 아니라 원고들이 제출한 각종 자료와 연구 결과만으로는 자동차배출가스의 성분과 호흡기질환 사이의 역학적 인과관계가 있다고 보기 어렵고, 자동차가 대기 중의 미세먼지, 이산화질소 등의 주요 배출원이라고 단정할 수 없으므로, 자동차배출가스와 위 호흡기질환의 발병 사이에 인과관계를 추단할 수 없다.

(관련판례)

피해자 측에서 자동차배출가스와 호흡기질환 발병 사이의 인과관계의 고리를 모두 자연과학적으로 증명하는 것은 곤란하거나 불가능하고, 개인인 피해자 측에 비해 국가, 지방자치단체 및 자동차 제조·판매 회사들이 보다 적은 노력과 비용으로 보다 합리적인 인과관계를 입증할 가능성이 월등히 큰 점 등을 고려할 때, 공해소송에서의 증명책임 완화의 법리를 자동차배출가스와 호흡기질환 발병 사이의 인과관계의 증명에 적용할 수 있다(서울중앙지법 2010.2.3. 선고 2007가합16309 판결).

(관련판례)

일반적으로 불법행위로 인한 손해배상청구사건에 있어서 가해행위와 손해발생 간의 인과관계의 입증책임은 청구자인 피해자가 부담하나, 대기오염에 의한 공해를 원인으로 하는 손해배상청구소송에 있어서는 기업이 배출한 원인물질이 대기를 매개로 간접적으로 손해를 끼치는 경우가 많고 공해문제에 관하여는

현재의 과학수준으로 해명할 수 없는 분야가 있기 때문에 가해행위와 손해발생 간의 인과관계의 과정을 모두 자연과학적으로 증명하는 것은 극난 내지 불가능한 경우가 대부분인 점 등에 비추어 가해기업이 배출한 어떤 유해한 원인물질이 피해물건에 도달하여 손해가 발생하였다면 가해자 측에서 그 무해함을 입증하지 못하는 한 책임을 면할 수 없다고 봄이 사회형평의 관념에 적합하다 (대법원 1991. 7. 23. 선고 89다카1275 판결).

(관련판례)

일반적으로 불법행위로 인한 손해배상청구사건에 있어서 가해행위와 손해발생 간의 인과관계의 입증책임은 청구자인 피해자가 부담하나, 대기오염이나 수질오염에 의한 공해로 인한 손해배상을 청구하는 소송에 있어서는 기업이 배출한 원인물질이 대기나 물을 매체로 하여 간접적으로 손해를 끼치는 수가 많고 공해문제에 관하여는 현재의 과학수준으로도 해명할 수 없는 분야가 있기 때문에 가해행위와 손해의 발생 사이의 인과관계를 구성하는 하나하나의 고리를 자연과학적으로 증명한다는 것이 매우 곤란하거나 불가능한 경우가 많으므로, 이러한 공해소송에 있어서 피해자에게 사실적인 인과관계의 존재에 관하여 과학적으로 엄밀한 증명을 요구한다는 것은 공해로 인한 사법적 구제를 사실상 거부하는 결과가 될 우려가 있는 반면에, 가해기업은 기술적·경제적으로 피해자보다 훨씬 원인조사가 용이한 경우가 많을 뿐만 아니라, 그 원인을 은폐할 염려가 있기 때문에, 가해기업이 어떠한 유해한 원인물질을 배출하고 그것이 피해물건에 도달하여 손해가 발생하였다면 가해자측에서 그것이 무해하다는 것을 입증하지 못하는 한 책임을 면할 수 없다고 보는 것이 사회형평의 관념에 적합하다(대법원 2009. 10. 29. 선고 2009다42666 판결).

(관련판례)

대한민국과 아메리카합중국 간의 상호방위조약 제4조에 의한 시설과 구역 및 대한민국에서의 합중국군대의 지위에 관한 협정 제5조 제2항은 '대한민국은, 미합중국에 부담을 과하지 아니하고, 본 협정의 유효기간 동안 제2조 및 제3조에 규정된 비행장과 항구에 있는 시설과 구역처럼 공동으로 사용하는 시설과 구역을 포함한 모든 시설, 구역 및 통행권을 제공하고, 상당한 경우에는 그들의 소유자와 제공자에게 보상하기로 합의한다. 대한민국 정부는 이러한 시설과 구역에 대한 미합중국 정부의 사용을 보장하고, 또한 미합중국 정부 및 기관과 직원이 이러한 사용과 관련하여 제기할 수 있는 제3자의 청구권으로부터 해를 받지 않도록 한다.'라고 규정하고 있다. 위 규정의 취지와 위 협정 제23조 제5항, 제6항의 내용 등을 종합하여 보면, 위 제5조 제2항은 대한민국의 주한미군에 대한 시설제공 의무와 주한미군의 시설 등 사용과 관련된 제3자의 청구권에 대한 대한민국과 미합중국 사이의 관계를 규정한 것에 불과하고, 주한미군의 시설 등 사용과 관련된 불법행위의 피해자에 대한 대한민국의 면책의 근거 규정이 될 수는 없다(대법원 2009. 10. 29. 선고 2009다 42666 판결).

부록 1

대기·환경 용어사전

색인

(ㄱ)

(ㄴ)

(ㄷ)

〈대기·환경 용어사전〉

[ㄱ]

가뭄

높은 온도와 지속적인 강수량 부족 등이 겹쳐서 물의 불균형이 초래되는 현상을 의미한다. 가뭄의 강도는 무강수의 지속일수를 기준으로 평가했었으나, 최근에는 물 부족량의 정도, 지속기간, 가뭄의 영향권에 속하는 지역의 넓이 등을 포괄적으로 감안하여 판정한다.

가솔린

증류 또는 열적·화학적 처리를 통해 끓는점이 30~200℃ 범위에 드는 각종 탄화수소의 혼합체로서 휘발유라고도 한다. 가솔린은 중요한 자동차의 연료로 사용되고 있다. 그런데 자동차에 의한 대기오염이 심각한 수준이란 점을 감안할 때, 향후 이를 대체할 수 있는 에너지의 개발이 중요한 관심사로 대두될 것이다.

가스화

고체 (또는 액체) 상태의 물질을 기체의 형태로 만드는 작업

가습기

실내공간의 습도를 조절하기 위한 목적으로 사용하는 기구. 실내공간의 공기는 적정수준의 습도 (60% 정도)가 유지될 때, 쾌적한 환경과 함께 건강한 생활을 영위할 수 있다.

감율

공기덩이가 팽창하여 대기로 단열적으로 상승할 때 강하하는 온도의 비율을 말한다. 건조공기에 대해서는 100m 상승하면 0.976°C 하강하고, 습윤공기는 이 값보다 적게 된다. 단열이라는 조건에 대한 이론적인 기온감률로, 이것을 기준으로 해서 실제의 기온 감률과 비교하여 대기안정도를 알 수가 있다.

강수 구름

구름의 두께가 두껍거나, 과냉각 상태의 조건이 형성되면, 비, 눈, 우박 등의 습윤침강이 일어나게 된다. 이와 같은 조건이 유지될 때의 구름을 강수구름이라고 한다.

강우량

특정한 기간 동안에 내린 비의 양을 의미한다. 단순히 제한된 지면에 고이게 되는 빗물의 깊이(mm나 inch 등)로 표시하거나, 어떤 지역에 내린 강수의 총량을 무게(톤)으로 표시하기도 한다. 한국의 연평균강우량은 약 1,200 mm (약 1140억t) 수준으로 지구 규모의 평균 강우량의 두 배 정도를 기록한다. 그러나 대부분의 강우가 여름철에 치우쳐 여러 가지 피해를 초래하기도 한다.

거대입자

대기 중에 존재하는 에어로졸 중에서 직경의 크기가 2.5μm보다 큰 입자를 의미한다. 인위적인 배출원의 영향으로 연소에 의해 생성되는 연소핵 등이 있고 자연적인 기원으로 토양이나 해염의 형태로 생성된 것들이 있다.

건습구 습도계

건구온도계와 습구온도계를 조합시킨 것으로, 건구온도와 습구온도의 양쪽을 읽고, 그 온도차를 이용하여 상대습도를 구할 수가 있다. 정밀도는 좋지 않지만 값이 싸서 일반적으로 사용되고 있다.

검은 연기

연소 또는 굴뚝 등을 통해 배출되는 연기 중에 존재하는 입자상 오염물질을 의미한다. 대개 그 직경이 1에서 20㎛이고, 성분의 대부분(50%)은 탄소로 구성된다. 비교적 깨끗하게 연소가 이루어지는 LPG 등에서는 극미량 발생하지만, 디젤유 등을 사용할 때 대량으로 배출되기도 한다.

고기압

중심부가 주변에 비해 높은 기압을 유지하는 상태를 의미한다. 바람의 형성은 기압이 높은 쪽에서 낮은 쪽을 향해 이루어진다. 따라서 북반구에서는 시계방향, 남반구에서는 반시계 방향으로 바람이 흐른다.

고온열분해

소각처리가 어려운 난용해성 물질이나 소각 시 다량의 대기오염물질을 방출하는 폐기물을 저산소 상태에서 고온으로 가열하여 처리하는 방법으로, 여기에서 생성되는 고형탄화물, 회수가스를 연료로 사용하거나 폐열로 이용할 수 있는 방법이다.

고정오염원

자동차·기차·기선·항공기 등은 이동오염원이며, 공장·사업장·발전소·광산·가정 등은 이동하지 않으므로 고정오염원이다. 이동오염원은 제각기 공해방지설비를 해야 하지만 고정 오염원은 집단화하여 공해방지설비를 할 수 있다.

공기 냉각

내연기관 내부의 실린더 과열을 막기 위해, 실린더와 공기와의 접촉 면적을 넓게 하는 방법 등으로 과열상태를 억제하는 것을 말한다.

공기 냉각기

내연기관 내부의 실린더 과열을 막기 위해, 방열장치 등을 이용해서 공기와의 접촉면적을 확대시켜주는 용도로 사용한다. 궁극적으로 과열상태를 억제하는 목적으로 사용하는 기기를 의미한다.

공기 세척기

공기조화기의 일부를 구성하는 것으로 냉수와 온수를 분무상태로 공기세정을 하는 장치를 말한다.

공기 소독

살균장치나 필터 등을 이용하여, 공기 중의 세균이나 오염물질들을 정화하고 걸러내는 작업을 의미한다. 여러 가지 화학약품이나 자외선 등의 살균력을 이용하여 공기소독을 하는 것이 가능하다.

공기 시료채취

대기 중의 특정 성분에 대한 농도분석 등의 목적으로 공기시료를 채취하는 것을 의미한다. 측정점마다 1개의 채취기를 사용하는 각점채취법과 한 개의 채취기를 사용하여 측정점을 이동하면서 여러 개의 시료를 채취하는 이동채취법이 있다.

공기 여과법

대기나 실내에 부유하는 먼지를 제거하는 여과 방법. 유리섬유나 합성수지섬유 등을 통해 여과하는 건식(건식) 필터, 기름 먹인 카

파울이나 철망에 공기를 통과시켜 여과하는 점착식 필터, 정전기의 작용으로 집진하는 전기집진기 등이 있다.

공기 여과시스템

공기속의 진애나 세균 등을 제거해서 청정한 공기로 만드는 장치를 말한다. 전기 집진기, 고성능 필터, 활성탄 필터 등이 이용되고 있고, 공기세정기 등도 여과기의 역할을 하고 있다.

공기 정화

공기 중의 진애, 유해가스, 세균 등을 제거하여 공기를 정화시키는 것을 의미한다. 공기정화의 구체적 방법으로는 여과, 세정 등이 있다.

공해

사람들의 생활이나 활동의 결과로 발생하는 여러 유형의 환경오염현상을 총칭한다.

국부 오염

광역오염현상에 반해 사용되는 용어에 해당한다. 단수 또는 소수의 점발생원을 통해 배출되는 오염물질에 의해 야기되기도 하며, 주로 제한된 지역에서 발견되는 오염 현상이다.

굴뚝 세류

연기의 배출속도가 주변대기의 풍속보다 2배정도 작을 경우, 연기가 상승하지 못하고, 굴뚝 후면에서 형성되는 와류에 혼입되는 현상을 의미한다. 이 경우에는 굴뚝의 연기상승 높이가 없고, 굴뚝 주변지역의 농도가 높게 나타난다.

광화학스모그

대기중 산화제(酸化體 : oxidant)가 특정 기상조건 아래서 시정 (視程)을 악화시키는 현상을 말한다. 햇빛이 강하고 바람이 약한 날 주로 발생하며 맑게 갠 하늘인데도 안개가 낀 듯 대기가 뿌옇고 침침하게 탁한 느낌을 주는 날은 광화학스모그 때문이다. 매연이나 먼지로 인해 발생하는 거무스름한 스모그와 대비해 하얀 스모그(white smog)라고도 불린다. 광화학스모그는 사람의 눈이나 기관지 등의 점막에 자극을 주고 식물의 잎이 마르거나 열매가 열리지 않는 등의 피해를 준다.

그린라운드

제2의 우루과이라운드라고 하며, 환경문제를 국제간 협상의 주된 이슈로 다룬다는 측면에서 붙여진 이름이다. 즉, 어떤 제품의 국제간 유통에서 그 제품이 갖는 환경상의 특성은 물론, 제조시의 환경오염 정도를 국제간의 무역에서 관세 등에 반영하자는 논리이다. 결과적으로 그린라운드가 본격화되면 환경 문제가 새로운 무역장벽으로 대두될 것이다. 그린 GNP,녹색 GNP라고도 한다. 국민 총생산에서 마이너스적인 환경오염을 상쇄한 순 GNP의 개념이다.

기계적 통풍

화로내의 통풍은 굴뚝을 통해 자연적으로 이루어진다. 그러나 연소 효율을 증가시키기 위하여 압입 송풍기나 흡인 송풍기를 사용해서 강제적 통풍을 유도하는 경우도 있다. 이와 같은 통풍은 다음과 같이 대략 3가지 유형으로 분류할 수 있다. (1) 압입 송풍기로 굴뚝에 통풍하는 경우를 압입통풍, (2) 흡인 송풍기로 굴뚝에 송풍하는 경우가 흡인 통풍, (3) 압입 송풍기와 흡인 송풍기를 사용하여 굴뚝에 송풍하는 경우를 평형 통풍이라고 한다.

기단

지름이 1000km 정도의 크기를 갖는 공기 덩어리를 의미한다. 동일한 기단 내부에는 기온이나 수증기의 양이 일정한 상태를 유지한다. 대기 중에서 일어나는 공기의 흐름 (상승이나 하강하는 공기의 흐름을 말함)을 통칭한다.

기단 변질

최초의 발원지를 벗어난 공기기단이 지면상태의 조건이 다른 지역으로 이동하여, 원래의 조건과 다른 공기기단으로 변질되는 현상을 의미한다. 만약 최초의 발원지보다 기온이 높은 지역으로 기단이 이동하였다면 한랭기단, 그와는 반대로 기온이 낮은 지역으로 이동하였을 경우 온난기단으로 구분지어 준다.

기상 요인

기상 요소로는 천기(비교적 짧은 시간 동안의 대기 상태)의 특성을 묘사하는데 사용하는 6가지 인자들 (기온, 기압, 풍속과 풍향, 습도, 운량과 운형, 강수)보다 광역적으로 일조, 시정 (대기 혼탁 정도), 번개, 천둥 등의 현상까지 포함시키기도 한다.

기상학

일반적으로 대기층에서 발생하는 모든 유형의 기상 현상을 연구하는 학문을 총칭한다. 그러나 실질적으로는 지구환경의 대기 중에서 일어나는 여러 가지 현상을 관측·분석하고, 그에 대한 이론적 배경을 설명하는 기초 기상학과 그로부터 확보한 정보를 응용하는데 초점을 맞춘 응용 기상학으로 대분할 수 있다.

기압

단위 면적의 지면 또는 공기층의 단면에 가해지는 공기 기둥의

힘을 기압이라고 한다. 기압은 대기의 운동에 의해 시간적으로 변화한다. 가령 지금까지 저밀도의 공기가 있던 곳에 고밀도의 공기가 이동해 오면, 공기의 무게에 해당하는 수준으로 지상기압이 상승한다. 지상기압은 장소와 시각에 따라 변하지만, 평균값은 높이 76cm의 수은주가 밑면에 미치는 압력과 동일하다. 이 압력의 크기는 높이 약 10m의 물기둥이 밑면에 미치는 압력과 같으므로, 일반적으로 사람들은 10m 정도 깊이의 물속에 사는 것과 같다고 할 수 있다.

기압골

두 개의 고기압대 사이에 저기압대가 끼어들어 가늘고 길게 뻗어 나간 구역. 대체로 기압골이 다가오면 날씨가 흐려지는 경향을 보인다.

기온역전

공기의 온도는 정상적인 경우 지표면이 높고 위로 올라갈수록 낮아지며, 온도가 높은 곳에서 낮은 곳으로 기류의 이동이 이루어지므로 지표면에서 발생된 대기오염물질은 기류의 이동에 따라 대기권으로 확산된다. 그러나 지역적 특성, 밤과 낮의 특성으로 인하여 어떤 지역에서는 가끔 기온이 반대로 되는 현상이 발생하게 된다. 즉, 지표면의 기온이 지표면 상층부보다 낮은 경우를 기온역전이라고 하는데 기온역전 현상이 발생하게 되면 대기오염물질의 확산이 이루어지지 못하게 되므로 대기오염의 피해를 가중시키게 된다. 대기역전이라고도 한다.

기후

어느 지역 또는 지점을 중심으로 약 30년의 기간 동안 지속적으로 관측한 기상조건의 평균적 특성을 의미한다. 기후의 영어명은 경사 (또는 기울기)라는 뜻의 그리스어(klima)로부터 유래하였다. 태양에 대한 지구의경사는 지구상의 위도 및 지형의 차이에 따른 지리적 또는 시간적 차이를 의미한다. 장소에 따라 기후의 특성은 달라지지만 동일한 장소에서는 유사한 특성이 일정한 수준으로 유지되는 것이 일반적이다.

기후도

기후의 변화양상을 지리적 분포특성과 연계시킨 지도. 기후도에는 일반적으로 등온선도, 등우량선도, 등압선도, 등습도선도, 등운량선도 등의 기후요소를 제시한다. 그 외에도 추가적으로 생물계절도, 고(저)기압경로도, 기후구분도 등을 입력하기도 한다.

기후변화

기후변화협약상 기후변화의 개념은 비교 가능한 기간 동안 관측된 자연적 기후가변성에 추가하여 직·간접적인 인간 활동으로 지구대기 구성이 변화되어 발생하는 기후변화를 말한다.

기후변화협약

CO_2, CH_4, N_2O등 온실효과를 발생하는 가스에 의해 지구온난화 현상이 심각한 지구환경문제로 대두되면서 체결된 국제협약으로 각국의 온실가스 배출을 규제하기 위한 기본협약이다. 각국은 기후변화를 방지하는 전략 및 계획을 수립하여 시행하도록 해야 하며, 선진국은 CO_2 등 온실가스의 배출량을 2000년까지 1990년 수준으로 억제토록 노력할 것을 규정하고 있다. 1992년 UNCED 회의시 채택되어 '09.1월 기준으로 192개국이 가입하였으며, 우리나라는 1993.12.14.일 가입하였다.

기후예보

특정 지역에 대한 미래시점의 기후를 예측하는 것을 의미한다. 길게는 수년 내지 수십 년 단위로 예측이 이루어질 수도 있다.

그린피스

네덜란드 암스테르담에 본부를 두고 1971년에 설립된 국제환경보호단체이다. 환경훼손의 중지와 복구, 핵실험 중지, 해양생태계보전 등의 목표아래 적극적인 활동을 하는 단체로서 143개국에 4~5백만의 회원을 보유하고 있으며 30여 개국에 사무소를 두고 있다. 최근 유해폐기물의 국제이동, 공해상의 핵폐기물 투기활동 등에 대한 감시역할을 수행하고 있다.

가연성쓰레기

일반적으로 유기물로 되어 있는 쓰레기를 가연성 쓰레기로 칭하고 있지만, 소각로의 구조나 분별수집 방법에 따라서 가연쓰레기의 범위는 다르다. 예를 들면 다량의 수분을 함유하는 생 쓰레기는 단순구조의 회분식 소각로에서는 불연성 쓰레기로 분류하는 경우가 있지만, 고성능 연소 소각로에서는 가연성 쓰레기라고 말한다.

[ㄴ]

날린 먼지

강한 바람의 힘에 의해 지면의 먼지나 모래가 심할 경우, 사람의 키보다 높게, 날리는 현상을 의미한다. 이러한 현상이 발생하면, 시계가 현저히 감소하는 현상이 동반된다. 따라서 지면에 서 있는 사람을 식별하기 어려우며, 태양을 보기 어려운 정도가 된다.

님비현상

'내 집 뜰에는 안 된다.'는 뜻으로 'Not In My Backyard'에서 나온 말로서 쓰레기 매립장, 분뇨처리장, 하수종말처리장 등 소위 혐오시설이 자기지역에 세워지는 것을 지역주민들이 반대하는 것을 나타내는 말이다. 이는 우리나라뿐만 아니라 세계 각국 공통적으로 겪고 있는 어려움이다.

녹색GNP

국민총생산의 개념에 환경비용을 계상하는 것으로 GNP에서 마이너스적인 환경오염부분을 상쇄한 순GNP의 개념이다. 즉, 환경을 자유재로 보지 않고 환경이 생산 자본으로 간주되어, 다른 국내 생산요소와 더불어 생산에 참여하여 일정기간 만들어 낸 진정한 부가가치로 정의된다. 이 Green GNP의 핵심은 환경자산의 서비스를 국민계정체계 내에 어떻게 반영시킬 것인가 하는 점이다.

농업 폐기물

논, 밭, 각종 경작지에서 농업활동 (살충제, 비료 등의 사용)의 결과로 발생한 폐기물을 의미한다. 대기 및 수질 오염의 원인이 될 수 있다.

농약

농작물(수목 및 농·임산물 포함)을 해치는 균, 벌레, 쥐, 기타의 동·식물 및 바이러스 등 병충해를 방제하기 위해 사용하는 살균제, 살충제, 기타의 약제 및 농작물 등의 생리 기능의 증진, 또는 억제에 사용되는 성장 촉진제, 발아 억제제, 기타 약제를 농약이라 한다. 살균제로는 PCP, 유기 수은제, 유기 비소제 등이, 살충제로는 데엘드린제, 엘드린제, DDT 등이, 토양 병해충제로는 DAPA제, DBCP제 등이 있다. 물에 대해 난용성(難溶性)의 것이 많다.

뇌우

천둥, 번개 등이 동반된 강우를 의미한다. 적란운이나 거대한 적운을 따라 발생하며, 성층대류의 불안정으로 10m/s 이상의 격심한 상승기류가 따르는 것이 특징이다.

[ㄷ]

다이옥신

염소를 포함하고 있는 벤젠계 유기화합물이다. 벤젠링 2개에 염소 원소가 여러 개 결합되어 존재한다. 발암물질로 알려져 있으며, 플라스틱, 비닐계통 PCB, PVC 등의 소각시 2차오염물질로서 발생된다.

대규모 기후

한국 전체, 대륙, 때로는 지구 전체와 같이 넓은 지역을 대상으로 하는 기후를 의미한다.

대기

지구를 둘러싸고 있는 기체를 말하며, 온도와 성분에 따라 여러 개의 기층을 형성하고 있다. 지면에서 8km 정도까지를 대류권, 50km까지를 성층권, 80km까지를 중간권, 80km 이상을 열권이라고 한다. 지표에서 가까운 대류권은 대기권 질량의 75% 이상을 차지하고 공기는 이 부분에서 지구의 인력에 의하여 존재한다. 온도가 높아짐에 따라 대기밀도는 급격하게 감소하고, 9km 상공에서는 호흡이 곤란해진다. 또 대류권에서는 지면에서 100m 높아질 때마다 기온이 약 0.6~1°C씩 낮아지고 대류현상이 일어나기 쉽다. 대기는 여러 가지 기체의 혼합물이다. 대기의 하층에서는 공기의 운동에 의하여 상하의 공기가 잘 혼합이 되므로 상당한 높이까지 조성비(組成比)가 일정하다. 지표 부근에서 수증기를 제외한 건조공기의 성분은 그 부피백분율로 따져서 약 78%가 N_2, 약 21%가 O_2, 0.9%가 아르곤, 0.03%가 이산화탄소, 그 나머지는 미량의 네온·헬륨·크립톤·크세논·오존 등으로 되어 있다.

대기 농도

공기 중에서 발견되는 특정한 성분, 미량물질 등의 대기 중 함량을 농도로 표기한다. 일반적으로 '질량/부피'($μℓ/m^3$) 또는 '부피/

부피의 분율' (ppm, ppb, ppt 등)으로 표기할 수 있다. 주로 입자상 물질과 연계된 성분들은 전자의 방식으로 제시하는 반면, 가스상 성분들은 후자의 방식으로 표기하는 것이 일반적이다.

대기 배출

대기복사라고도 한다. 지표를 포함해서 대기가 방사하는 적외선을 말한다. 그 파장은 3~100µm범위에 걸쳐있으며 이 가운데 10~13µm정도의 파장 에너지가 가장 크다. 이 적외선을 사출, 흡수하는 것은 대기중의 수증기, 탄산가스, 오존 등이다. 이들 수증기와 탄산가스는 지표를 향해 적외선을 방사하고 있으므로 지표의 수열은 일사와의 합계가 되고, 야간에는 대기복사만이 되지만 이것에 의해 야간의 지표냉각은 어느 정도 보호된다.

대기 복사

태양으로부터의 복사가 대기층을 투과함에 따른 복사에너지의 감소는 주로 흡수와 산란에 의한 것이며, 지표면에서 관측된 태양복사에너지는 지구 대기의 상부에서의 값보다 작게 나타난다. 이때 흡수 정도는 대기중의 기체성분물질과 구름, 에어로졸 등의 양에 의하여 변화한다.

대기 역전

대기상공의 기온이 하층보다 높아지는 현상. 일반적으로 대기는 상승할수록 기온이 낮아지지만, 경우에 따라서는 그와 반대로 상공이 하층보다 기온이 높아지는 현상이 나타나기도 한다. 이렇게 하층보다 기온이 높은 상공의 대기층을 역전층(inversion layer)이라고 한다.

대기오염물질

대기환경보전법제2조에 의한 대기오염의 원인이 되는 가스입자상 물질로서 환경부령으로 정하는 물질로 총52종에 이른다.

특정대기오염물질

사람의 건강·재산과 동·식물의 생육에 직·간접으로 위해를 줄 우려가 있는 대기오염물질로서 환경부령으로 정하는 것으로 총 25종에 이릅니다.

다운워싱

굴뚝에서의 배출가스의 배출 속도가 아주 느리고, 가스의 온도가 주위의 대기의 온도와 큰 차이가 없는 경우에 지표를 향해 내려오게 된다. 이러한 현상을 다운워싱, 또는 다운드래프트(down draft)라 하며, 이는 배출가스가 하늘로 올라가 퍼지는 것을 막기 때문에 대기오염 방지상 피해야 할 점이다. 한편 배출가스가 지상의 건물이나 산등으로 인하여 마치 기둥이 땅으로 내려오는 현상을 다운 드래프트라 한다. 이러한 현상을 피하기 위해서는 건물의 높이보다 2~3배 정도 높은 굴뚝을 설치하는 것이 바람직하다.

대기압

대기의 공기중에 작용하는 중력에 의해서 생기는 압력을 말하며, 일반적으로 수은 기압계에 의해 나타내는 수은주의 높이로 측정한다. 지상으로부터의 높이 올라갈수록 대기압과 밀도는 낮아지므로, 공학적으로 기체의 압력이나 밀도를 비교할 때는 표준대기압을 사용한다.

대기오염

정상적인 대기의 조성과 현저하게 다른 성분으로 구성된 대기로서 그로 인하여 인간 생활의 안전 및 건강에 위협을 주는 경우를 지칭하나 특별한 정의는 없다. 이에는 사람만이 아니고 기타 동·식물도 포함되어야 하며 조각품 등 미술품에 손상을 입히는 경우도 포함되어야 한다. 대기오염의 원인에는 먼지나 연기, 자동차 배출가스 등이 있다.

대기환경기준

환경기준이란 행정용어로서 국가 또는 지방자치단체의 행정목적에 따라서 환경기준의 정의와 내용을 일부 다르게 사용되고 있습니다. 이와 유사한 개념으로 다음의 4가지로 구분될 수 있습니다. ① 행정적 행위에 있어서 법적 규제를 위한 기준(Standard), ② 지역환경의 행정적 대책을 위한 지침(Guideline), ③ 지역환경의 행정적, 기술적 대책을 고려한 목표(Goal), ④ 환경의 질(환경오염 상태)의 판정기준(Criteria)로 구분할 수 있습니다.

대류권

대류권의 높이는 계절과 위도에 따라 변한다. 적도지방 16~17km, 중위도 지방 10~12km, 극지방 6~7km정도로 더운 지방일수록 높아지고 높이에 따른 기온 감소율은 6.5℃/km이다. 하층에 따뜻한 공기가 있고 상층엔 찬 공기가 있어 대류에 의한 혼합 작용이 활발하며 구름이나 비, 눈 등의 기상현상이 일어난다.

도노라사건

미국 펜실베이니아 주의 인구 14,000명의 소규모 공업도시에서 1948년 10월 27일부터 5일간에 걸쳐 안개가 끼고 바람이 불지 않는 상태가 발생되었다. 이와 같이 대기 이동이 없어지자 각 공장(제철공장, 황산공장, 아연공장 등)에서 배출된 해로운 가스가 매연, 증기, 안개와 결합하여 오염을 가속화시켰다. 이 사고로 도시 전인구 14,000명 가운데 중증1%, 중등증 17%, 경증15% 등 6,000여명이 호흡기질환으로 입원치료를 받았다. 이 도시에는 철공, 전선공장, 아연공장, 황산공장이 들어서 있었다.

[ㄹ]

라디오 존데

대기 상층의 기상을 관측하여 지상에 송신하는 측정장치. 상승기 구 (또는 낙하산 등)에 여러 가지 대기오염 물질 또는 기생변수 (기압계·온도계·습도계) 의 관측이 용이한 장비를 탑재하고, 이들 변수의 수직분포 특성 또는 변화양상을 관측하는데 사용하는 장 치를 의미한다.

런던스모그사건

1952년 당시 영국 런던의 대기오염은 주로 공장의 배기가스, 빌 딩이나 가정의 난방으로 인한 매연이 주요 원인이었으며 여기에 짙게 깔려 있는 안개가 오염을 더욱 악화시켰다. 당시 런던의 연 료는 대개 석탄이었으며 기온이 내려가자 연료소비량이 급증하면 서 매연 배출량도 증가하여 공기 중의 황산화물 함유량이 평소의 2배에 달하였고 안개와 매연이 결합하여 스모그현상을 일으키면 서 가시거리가 100m도 안되어 제대로 사물을 알아볼 수가 없었 다. 살인적 스모그 사건이라는 말이 나올 만큼 처참했던 이 사건 은 1952년 12월 5일부터 9일까지 5일간 일어났다. 주로 노인, 어 린이, 환자 등 허약체질을 가진 사람들에게 엄습하여 4,000여명의 호흡기질환 환자가 사망하였고, 다음해 2월까지 8,000여명의 사망 자가 늘어나 총사망자는12,000여명에 달하였다. 유아와 노인 사망 자가 많았고, 45세 이상에 있어서는 연령과 사망자 수가 비례하는 현상을 나타냈다. 이와 같은 참사로 가져온 스모그 사건은 주로 아황산가스와 떠돌아다니는 먼지가 안개와 결합하여 일어났다. 뮤 즈계곡 사건 및 도노라 사건은 공장의 배기가스가 원인이 된 스 모그형이며 LA형 스모그는 자동차의 배기가스가 원인이 된 스모 그인 반면 런던형 스모그의 특징은 가정 난방의 배기가스가 원인 이 된 것이다.

레인아웃

대표적 습윤침적의 기작에 해당한다. 수증기가 구름이나 눈, 비 등의 형태로 입자상 물질화하기 위하여, 응축핵으로 작용하는 과정을 의미한다. 대기 중의 오염물질들이 능동적으로 대기 중에서 제거되는 과정을 의미한다.

로스엔젤레스 스모그 사건

미국의 로스앤젤레스에서는 1943년경부터 맑은 날씨에 안개가 발생하는 새로운 스모그 현상이 나타나기 시작했다. 이 스모그에 의하여 눈의 자극, 식물의 낙엽 현상, 좋지 못한 냄새, 고무의 균열 등의 피해가 생겼다. 이 현상에 대해서는 1956년경에 와서야 이산화질소와 탄화수소의 광화학적 반응에 의한 것이라는 설이 정설로 확인되었다. 식물의 피해와 고무의 균열은 주로 오존에 의한 것이며 눈의 자극은 오존과 더불어 알데하이드, PAN(Peroxy Acetyl Nitrate) 등 광화학적 생성물질에 의한 것임도 밝혀지게 되었다. 로스앤젤레스의 스모그는 자동차의 배기가스가 주원인이며 탄화수소, 일산화탄소, 질소산화물의 1차 오염물이 대기 중의 태양광선 에너지에 의하여 광화학 반응을 일으키고, 인체에 해로운 2차 오염물질을 생성하는 점에 그 특색이 있다. 이 사건의 이름을 딴 광화학 스모그를 로스앤젤레스형 스모그라고 부르기도 한다. 매연 등 1차 물질에 의한 것을 런던형 스모그라 한다.

리차드슨 수

리차드슨은 유체의 흐름에서 난류가 유지될 수 있는 조건을 리차드슨 수라는 개념과 연계하여 제안하였다.

링겔만 도표

굴뚝에서 배출되는 매연 농도를 측정할 때 사용하는 기준표를 의미한다. 전백에서 전흑까지 6단계로 구분하여, 매연 농도와 비교하여 도수를 결정한다. 이 방법은 매연의 색을 비교하는 것이 아니라 태양 광선이 매연에 흡수되는 상태를 비교하는 것이다.

[ㅁ]

먼지 면적밀도

분진시료의 채취와 관련한 용어. 분진이 채취된 여과재의 단위면적당 분진의 질량을 의미한다.

매립지

위생식 또는 비위생식 방식의 쓰레기를 매립, 처리하는 지점을 의미한다. 침출수 유출과 같은 환경문제 외에도 여러 가지 악취물질이나 온실가스의 배출이 활발하게 이루어진다. 국부적 규모의 대기질 관리를 위해서는 매립장과 같은 배출원의 관리가 중요한 의미를 지닌다.

매연

연료가 탈 때 나는 연기와 그을음, 특히 불완전연소로 발생하는 대기오염물질을 가리킨다.

매연 기둥

점원 혹은 선원에서 부력을 갖는 유체가 일정 비율로 정상적으로 공급될 때에 생기는 운동의 형태. 대기나 해양 중에 나타나는 플륨의 대부분은 난류상태의 중심부와 그 외측을 둘러싼 대부분 층류의 영역으로 이루어진다. 연돌에서 피어오르는 연기는 이 난류상태의 중심부가 가시화된 것이다. 점원(선원)의 주위에 일반류나 성층이 없으면 중심부의 평균반경은 점원(선원)으로부터의 거리에 비례해서 커지게 된다.

매연여과장치

경유차량에서 많이 나오는 매연을 줄이기 위하여 세라믹여과막에 매연을 통과시켜서 연소, 제거하는 장치로 80~90%정도의 저감효과가 있으며, 원리는 개발회사에 따라 경유버너식, 첨가제식, 산화촉매식이 있으며, 서울시에는 성능평가를 실시하여 1996년도에 시소유 청소차량 등에 부착하고 1997년 이후부터는 시내버스에 확대 부착하여 매연을 획기적으로 저감시켜 나갈 계획이다.

몬트리올 의정서

오존층 보호를 위해 오존층파괴의 원인물질로 간주되는 염화불화탄소의 배출규제를 목적으로 1986년 캐나다의 몬트리올에서 다국간의 국제적 협약이 채택되었다. 이 의정서는 1985년 채택된 비엔나협정으로 구체화되었다. 본 의정서의 핵심 내용은 CFC의 감축을 1986년 수준에서 각국이 1985년까지 50%로 감축하고 이후에도 단계적으로 감축하여 오존층 파괴를 억지하기 위해 채택되었다.

미세먼지

지름 $10\mu m$ 이하인 먼지를 말하며 환경법령에서는 흔히 PM_{10}으로 부른다. 사람의 폐포까지 깊숙하게 침투해 각종 호흡기 질환의 직접적인 원인이 되며 특히 연소작용에 의해 발생하므로 황산염, 질산염, 암모니아 등의 이온 성분과 금속화합물, 탄소화합물 등 유해물질로 이뤄져 있다. 이 때문에 일반먼지보다 더욱 엄격하게 규제하고 있으며 최근 선진국에서는 지름 $2.5\mu m$ 이하인 $PM_{2.5}$를 따로 관리하는 방안도 검토되고 있다.

미스트(Mist)

대기 중에 부유하고 있는 액체의 미립자. 기체중에 응축된 증기 또는 액체가 이송 또는 증발해서, 거품이 된것도 있음. 산업시설물에서 발생하는 미스트는 중요한 대기오염원으로 작용할 수 있다. 금속의 산세정, 크롬도금, 시안화 동도금 등에서 산의 미스트, 크롬산 미스트, 시안액의 미스트가 발생한다.

[ㅂ]

복사에너지

광선의 형태로 이송되는 복사선을 통해 운반되는 에너지를 복사에 너지로 정의한다. 복사에너지는 흑체에 잘 흡수되며, 백색의 표면 에서는 잘 반사된다. 햇빛에 노출된 지표면은 분당 $1cm^2$의 면으로 약 2cal의 복사에너지를 받는다.

배기기관

증기기관, 내연기관, 증기터빈, 가스터빈 등에서 연료의 연소가 이 루어지고, 이때 발생하는 에너지가 기기의 구동에 소모된다. 연소 의 과정으로 팽창된 증기·가스 등을 머플러 등을 통해 외기로 배출 시키는 과정을 의미한다. 자동차가 대기오염의 중요한 배출원이란 점을 감안하면, 배기는 대기오염을 이해하는데 중요한 인자로 볼 수 있다.

배출부과금

배출시설에서 배출되는 오염물질로 인한 대기, 수질 등 환경질의 피해를 방지하거나 감소시키기 위하여 오염물질 배출사업자에게 부 과하는 제도로서 오염물질 총량에 비례하여 부과하는 기본부과금과 배출허용기준을 초과하는 경우에 부과하는 초과부담금이 있다.

배출허용기준

환경기준을 행정목표기준이라고 볼 때 배출허용기준은 일종의 규제 기준이다. 수질, 대기 등의 오염물질을 개별 배출시설에서 배출할 수 있는 허용한계기준을 말한다. 보통 농도로 규제하므로 농도기준 이라고도 한다.

비산먼지

문체의 분쇄, 선별, 혼합, 기타 기계적 처리 또는 분체상 물질의 상적, 하차, 수송, 저장, 기타 공사장 등에서 일정한 배출구를 거치지 않고 대기중으로 배출되는 분진을 말한다. 주로 시멘트 공장, 연탄공장, 연탄야적장, 도정공장, 골재공장 등에서 나온다.

비산재

집진재라고도 하며 소각로에서 발생한 후, 건식 스크러버 또는 여과식 집진장치 등을 통해 걸러진 재를 의미한다. 주로 납·카드뮴·아연 등의 중금속성분은 물론 휘발성이 낮은 유기성 오염물질 (일부 다이옥신류)이 잔존한다.

배출권 거래제도

오염의 배출권한을 할당하여 그 할당된 범위내에서 오염의 배출을 허가하는 제도로서 한 기업이 허용량 이내로 오염을 배출하는 경우 그 잔여분을 다른 기업에 팔 수 있도록 허용하는 제도다. 이 제도는 공해를 효율적으로 감축할 수 있는 기업이 배출권의 매매로 인한 이윤을 남길 수 있는 기회를 부여함으로써 공해저감기술 및 환경친화적 공정을 촉진하는 효과가 있다. 이 제도는 기후변화협약에서 CO_2감축을 위한 이행수단으로서 활발히 논의되고 있다.

배출부과금

'내 집 뜰에는 안 된다.'는 뜻으로 'Not in my backyard'에서 나온 말로서 쓰레기 매립장, 분뇨처리장, 하수종말처리장 등 소위 혐오시설이 자기지역에 세워지는 것을 지역주민들이 반대하는 것을 나타내는 말이다. 이는 우리나라뿐만 아니라 세계 각국 공통적으로 겪고 있는 어려움이다.

산 구름

공기 중의 오염물질들이 산화하여 형성된 산성물질들로 구성된 구름을 의미한다. 이러한 어휘와 관련된 의미를 보다 자세히 알고자 할 경우, '인공강우' 또는 '산안개'의 개념을 요약한 설명부분을 참조한다.

산성비

산성비의 강도는 일반적인 용수의 PH 기준인 7.0 대신 6.3을 기준으로 결정된다. PH값이 작아질수록 산성비의 산도는 증가한다. 이와 같은 기준 산도 6.3은 이산화탄소를 제외한 오염물질들이 존재하지 않는 상태에서 빗물과 대기가 평형을 이룬 조건의 PH값을 의미한다. 일반적으로 오염물질의 영향에 직접적으로 노출된 강수 중에는 황 및 질소산화물들이 다량으로 함유된다. 따라서 이들은 강우의 산도가 6.3 이하인, 산성비로 분류되기 쉽다.

산성안개

대기중의 각종 황산화물(SOx)과 질소산화물(NOx)등 오염물질이 안개 속의 수증기(H_2O)에 녹아들어 산성을 띠는 현상을 말한다. 산성안개는 산성비보다 무려 30~50배 정도 농도가 짙고, 비처럼 바로 대지에 떨어지지 않아 심각한 문제를 야기 시킨다. 즉, 산성안개는 산성비나 대기오염보다 훨씬 무서운 현상으로서 호흡기 질환, 기관지소염, 천식, 폐기종, 호흡곤란, 폐암 등을 유발하기도 한다.

산업공해

각종 공장 등 산업시설로부터 배출되는 대기 또는 수질오염물질 등으로 인하여 환경오염이 발생하고, 그 피해가 동식물 및 사람에게 미치는 현상을 의미한다.

산업 폐기물

인류의 산업활동에 따른 파생물질으로서 폐기물을 포괄적으로 총칭할 수 있다. 폐유, 폐산, 폐알칼리, 폐플라스틱 등의 용도가 다된 제품들을 의미하거나 또는 이들의 소각으로 인해 발생하는 재, 오니 등을 포함한다. 이런 점들에서 생활폐기물과는 뚜렷하게 구분이 된다.

상자모델

상자모델은 가장 간단하게 어느 지역에서 확보한 배출량, 혼합고, 평균풍속 등의 자료를 이용하여 그 지역의 평균농도를 계산하는 데 활용할 수 있는 방법이다. 상자모델은 공간적으로 농도분포를 파악할 수 없고, 시간에 따른 농도변화를 유추할 수 없다. 그렇지만, 어느 특정 지역에서 배출량, 풍속 및 혼합고가 그 오염물질의 농도에 미치는 영향을 간단히 계산할 수 있다는 장점이 있다.

상향 환기

흡기구와 배기구의 설치높이를 조정하여, 공기의 흐름을 인위적으로 조절하는 것을 의미한다. 일반적으로 흡기구는 방의 마루 또는 벽면하부에 설치하고, 배기구는 천장이나 벽면상부에 만들어 주면 상향통풍 유도될 수 있다.

성층권

고도 약 10~50km 성층권에는 오존층이 있어 태양 복사 에너지 중 파장이 $0.2~0.3\mu m$인 자외선을 흡수하고 성층권 하부에서는 온도가 일정하게 유지되지만, 상부에서는 높이에 따라 기온이 상승하며 고도 50km에서 최대 온도가 나타나며 찬 공기가 아래에 있고 따뜻한 공기가 위에 있어 대기가 매우 안정하므로 공기의 혼합작용이 일어나기 어렵다. 구름이나 눈 등의 기상현상이 나타나지 않는다.

수소염화불화탄소

오존층파괴 물질로 알려진 염화불화탄소에 수소원소를 치환시킨 화합물이다. 기존의 염화불화탄소에 비하여 오존파괴지수가 매우 낮아서 염화불화탄소 대체품으로 각광받고 있다.

스모그

Smoke(연기)와 Fog(안개)의 합성어. 연기는 매연, 안개는 기상현상으로서의 안개를 지칭한다. 따라서 매연과 안개가 공존하는 대기오염을 의미한다.

실리카 먼지

실리카는 모래의 주성분으로 존재하기 때문에 모래를 취급할 때 주로 발생한다. 이러한 성분은 호흡을 통해 흡수할 경우, 규폐증과 같은 증상이 야기되기도 한다.

[ㅇ]

역전층

대기는 보통 상공으로 갈수록 기온이 낮아지나 경우에 따라서는 상공으로 갈수록 높아지는 경우도 있다. 이처럼 기온이 상공으로 갈수록 높아지는 공간을 역전층이라 하며, 이러한 현상을 기온 역전이라 한다. 역전층 속에서는 대류에 의한 확산이 이루어지지 않으므로 사람의 건강에 영향을 줄 정도가 되는 경우가 많다. 역전은 그 원인에 따라 방사성, 지형성, 침강성 등으로 구별된다.

열오염

발전소 등에서 배출되는 온배수는 하천의 어류 등 수중생태계에 나쁜 영향을 주고 있다. 어류 등은 서식환경에 적합한 수온보다 3

~5℃ 높으면 생존에 치명적인 것으로 알려져 있으며 하절기 또
는 갈수기에 용존산소의 결핍을 증가시켜 수질을 악화시키는데
이를 열오염이라고 한다.

열권

질소나 산소가 빛을 받아 전리될 때 자외선의 에너지를 흡수하여
온도가 높아진다. 대기의 밀도가 매우 작아 충돌에 의한 에너지의
전달이 없고, 낮과 밤의 온도차가 크다. 강한 자외선에 의해 공기
분자가 이온화되고 이온과 자유 전자들이 분포하고 있어 전리층
과 오로라 등 전기적 현상이 나타난다.

염화불화탄소

염소(Cl), 불소(F), 탄소(C)를 포함하는 화합물을 통칭하며 1930년
대 미국의 뒤퐁사에서 개발한 상품명인 프레온으로 알려져 있다.
염소, 불소, 탄소의 구성형태에 따라 여러 가지 형태로 존재하며,
무색, 무취로서 매우 안정된 화합물이고 냉매, 세제, 발포제 등
으로 사용된다. 특히 오존층파괴 원인물질로 알려져 지구환경보전과
관련되어 관심이 높아지고 있으며 사용 및 생산이 규제되고 있다.

오염방지

"오염방지"는 사후조치(end-of-pipe devices)를 통해 오염을 통제
하거나 제거하는 것에 초점을 맞추는 접근방법과 오염을 감축시
키거나 방지할 수 있는 생산공정 및 제품의 개선을 강조하는 오
염예방방법을 통칭하는 용어다. 오염방지는 일반적으로 제품의 수
명주기(life-cycle)를 통해 오염을 방지하기 위한 총체적 환경오염
방지기술을 토대로 하고 있다. 이 중 생산공정 개선을 위한 청정
기술의 주요 특성은, 생산제품 단위당 에너지와 원료의 사용을 최
소화하고, 제작기간과 제품사용기간 동안 대기, 수질 및 토양에의
오염물질 방출을 최소화하고, 유해한 성분이 적거나 전혀 없는 제
품을 생산하고, 제품의 내구성과 수명 및 재활용도를 최대화하는
것 등을 포함하고 있다.

오염예방

공정, 관행, 물질 또는 제품의 사용중 오염을 발생 전에 막거나 줄이거나 혹은 통제하기 위한 것들을 의미하며 재활용, 공정변화, 통제메카니즘, 자원의 효율적 이용을 포함한다.

오염자부담원칙

오염자부담원칙은 OECD 국가들이 엄격한 환경규정을 도입하고, 높은 비용과 경쟁력에 미치는 부정적인 영향이 도출되기 시작한 1970년대 초부터 환경정책의 기본원칙으로 대두된 원칙이다. "오염자부담원칙"이란 오염방지 조치를 이행하거나 오염으로 야기된 피해를 보상하는데 드는 비용을 오염자가 부담해야 한다는 것을 의미한다. OECD가 1972년에 채택한 환경정책의 국제경제적 측면에 관한 지침에서는 희소한 환경자원의 합리적인 사용을 촉진하고 국제무역과 환경투자를 왜곡시키지 않기 위해 오염 방지 및 관리조치의 비용분담에 사용되는 원칙으로 정의하고 있다. 즉, 이 원칙은 환경이 수용가능한 상태가 될 수 있도록 하기 위해 공공기관이 결정한 상기의 조치들을 이행하는데 드는 비용을 오염자가 부담해야 한다는 것이다.

오존

대기중 성층권의 오존은 태양으로부터의 자외선을 차단하는 역할을 하며, 대류권의 오존은 화학적 스모그의 주요물질이다. 대류권의 오존은 호흡기관에 손상을 주며, 대부분 국가의 환경기준 오염물질이다. 대류권의 오존은 자동차 등에서 배출된 질소산화물(NO_x)과 탄화수소(HC)등이 광에너지를 흡수 복잡한 광화학반응을 통해 만들어진다. 오존 오염도는 광화학 스모그의 지표로 활용되고 있다.

오존 구멍

성층권에 형성된 오존층의 오존 격감이 극심한 부분. 이러한 부분이 조금이라도 증가하면, 인간에게 면역력 저하를 일으키며 피부암, 백내장 등의 병을 초래하기도 한다. 그리고 작물의 수확과 동식물의 생태계에까지 악영향을 야기한다. 1980년대 이래, 남극 상공의 오존 농도가 현저하게 감소하는 것으로 확인된 바 있다. 최근에는 북극 중위도 지역에서도 '오존 홀'이 진행되고 있는 것으로 확인되고 있다.

오존파괴지수

어떤 화합물질의 오존파괴 정도를 숫자로 표현한 것으로서 숫자가 클수록 오존파괴정도가 큼. 보통 삼염화불화탄소($CFCl_3$)의 오존파괴능력을 1로 보았을 때 상대적인 파괴능력을 나타내고 있다. 할론 계통은 오존파괴지수가 3~10에 달하고 CFC대체물질로 개발되고 있는 수소염화불화탄소(HCFCs)계통은 0.05로 매우 작다.

오존층

상공의 대기 중에서 오존 O_3의 농도가 높은 영역, 해발고도 10~15km부터 시작하여 20~25km에서 농도가 가장 높아진다. 그 이상의 고도에서는 높이에 따라 서서히 농도가 낮아져서 고도 50km까지 계속된다. 오존층의 고도 분포나 농도는 위도나 계절에 따라서 규칙적으로 변한다.

인공 강우

인공강우란 구름이 형성된 조건에서 인공적으로 강우를 유도하는 기술이다. 따라서 구름의 형성이 충분하지 않거나, 가뭄이 지속되는 조건에서는 이러한 효과를 기대하기 어렵다. 인공강우 실험은 1946년 미국의 I.랭뮤어와 V.J.셰이퍼에 의해 최초로 시도되었다. 국내에서도1995년 기상분야의 전문가들에 의해 최초로 시도되었다.

[ㅈ]

지구온난화

지구의 대기공간에서 우주로의 방사열 감소로 지구 대기온도가 상승하는 현상을 말한다. 이런 우주로의 열방출이 줄어 지구 대기권 속에 남아 지구온도를 높이는 현상을 온실효과라고 하며 온실효과를 가져오는 물질은 주로 인간의 경제활동에서 발생하는 탄산가스, 메탄, 수증기 등으로 밝혀져 있다. 이러한 지구온난화는 농업생태계 변화, 해수면 상승 등을 초래하여 지구변화의 주요원인이 된다.

지구환경금융

지구온난화방지, 오존층보호등 지구환경보전을 위한 개발도상국의 투자 사업 및 기술지원사업에 자금을 지원하기 위하여 '90.10월 UNEP, UNDP, World Bank를 집행기구로 설립하였다. 30개국이 총 13억불의 기금을 출연 하여 시험단계(Pilot Phase : '91.7~'94.6)를 거친후, '94.3월 구조를 개편하여 총 20억불의 기금을 추가로 조성키로 합의하고 제1기 GEF('94.7~'97.6)를 발족시킴. '96.1월 현재 총 150개국이 가입하였으며 우리나라는 '94.5.11 가입하여 '95~97까지 560만불을 출연 중에 있다.

중간

영어로는 mesosphere이라고 한다. 높이 올라갈수록 온도가 감소하여 고도 80km부근에 대기권 중에서 최저 온도가 나타나며 대류 현상은 나타나지만 수증기가 거의 없어 기상 현상은 나타나지 않는다.

[ㅊ]

청정기술

저오염 및 저공해 공정기술(Low pollution technology)로 통칭되며, 사후 처리기술(End of pipe technology)의 상대적 개념으로 사용된다. 발생된 오염 물질을 처리하는 기존의 사후처리기술로서는 오염물질 배출을 더 이상 저감할 수 없다는 측면에서 원천적으로 공정을 개선하여 제조과정에서 오염 물질 발생 자체를 줄인다던가 발생된 오염물질을 처리한 후 다시 사용하는 등의 기술을 말한다.

[ㅎ]

환경

공기, 물, 토양, 천연자원, 동·식물군, 인간 및 이들 요소들 간의 상호 작용을 포함한 조직의 주변 여건을 말하며 조직내부에서 지구차원의 체제까지 포함한다.

환경개선부담금

유통 및 소비 단계에서 환경오염물질을 다량으로 배출해 환경오염의 직접적인 원인이 되는 시설물과 경유 사용 자동차의 소유주에게 부과, 징수하는 부담금. 환경오염물질의 배출 저감 노력을 유도하고 환경투자재원을 안정적으로 확보하기 위해 마련된 것으로 시설물의 용도, 규모, 연료와 차량의 경우 차종 등 오염의 영향을 반영하는 한편 인구밀도와 지역별 오염 정도를 감안한 각종 계수를 통해 요율을 정한다.

황사

바람에 의하여 하늘 높이 불어 올라간 미세한 모래먼지가 대기 중에 퍼져서 하늘을 덮었다가 서서히 떨어지는 현상 또는 떨어지는 모래흙을 말한다. 일제 강점기부터 (1910년 이후) '황사(黃砂)'라 부르고 있다.'흙이 비처럼 떨어진다' 하여 우리나라에서는 예로부터 우토(雨土), 토우(土雨)라 적었으며, '흙비'라 불렀다.

황사발원지

우리나라에 영향을 미치는 황사의 고향은 중국과 몽골의 경계에 걸친 드넓은 건조지역과 그 주변에 있는 반 건조지역이다. 1990년대까지만 해도 황하 상류와 중류지역에서 발원한 황사가 우리나라에 주로 영향을 주었으나, 최근 3년 전부터는 이 지역보다 훨씬 동쪽에 위치한 내몽골고원 부근에서도 황사가 발원하여 우리나라로 큰 영향을 주고 있다. 이것은 황사발원지가 동쪽으로 더 확대되고 한반도로 더 가까워지고 있으며, 우리나라에 지금까지 겪지 못했던 심한 황사가 나타날 가능성이 커진 것을 시사한다.

환경경영체제

환경경영이란 기존의 품질경영을 환경분야까지 확장한 개념으로, 환경관리를 기업경영의 방침으로 삼고 기업 활동이 환경에 미치는 부정적인 영향을 최소화하는 것을 말하며, 환경경영체제는 환경경영의 구체적인 목표와 프로그램을 정해 이의 달성을 위한 조직, 책임, 절차 등을 규정하고 인적·물적인 경영자원을 효율적으로 배분해 조직적으로 관리하는 체제를 의미한다. ISO에서는 환경방침의 개발, 시행, 달성, 검토, 유지하기 위한 조직구조, 활동계획, 책임, 관행, 절차, 과정 및 자원을 포함하는 전반적 경영체제를 정의하는 규정한다.

환경스와프

오염물질 배출물이 많은 개발도상국의 대외채무와 그 나라의 환경보전을 교환(스와프)하는 것으로 '자연보호-채무스와프'라고도 부른다. 개도국의 채무를 선진국 민간단체 등이 매입하여 이를 탕감해 주는 대신 그 국가의 정부로 하여금 자체 재정으로 자연보호 대책을 실시토록 하는 방식으로, 개도국의 외채 및 환경보전자금

조달문제 해결방법으로 주목받고 있다. 미국의 민간단체가 87년 볼리비아에 대해 처음 실시한 후 전 세계적으로 확대되는 추세다.

환경용량

자연환경이 스스로 정화할 수 있는 능력. 생태계의 자정능력에는 일정한 한계가 있으며, 이 한계를 초과할 정도로 공해가 발생할 경우 생태계가 파괴된다. 환경보호문제의 심각성을 설명해 주는 개념이다.

미세먼지 저감 및 관리에
관한 특별법

미세먼지 저감 및 관리에 관한 특별법
(약칭: 미세먼지법)

[시행 2020.4.3] [법률 제17177호, 2020.3.31, 일부개정]

제1조(목적) 이 법은 미세먼지 및 미세먼지 생성물질의 배출을 저감하고 그 발생을 지속적으로 관리함으로써 미세먼지가 국민건강에 미치는 위해를 예방하고 대기환경을 적정하게 관리·보전하여 쾌적한 생활환경을 조성하는 것을 목적으로 한다.·

제2조(정의) 이 법에서 사용하는 용어의 뜻은 다음과 같다.
1. "미세먼지"란 「대기환경보전법」 제2조제6호에 따른 먼지 중 다음 각 목의 흡입성먼지를 말한다.
   가. 입자의 지름이 10마이크로미터 이하인 먼지(PM-10: 미세먼지)
   나. 입자의 지름이 2.5마이크로미터 이하인 먼지(PM-2.5: 초미세먼지)
2. "미세먼지 생성물질"이란 대기 중에서 미세먼지로 전환되는 다음 각 목의 물질을 말한다.
   가. 질소산화물
   나. 황산화물
   다. 휘발성유기화합물
   라. 그 밖에 환경부령으로 정하는 물질
3. "미세먼지 배출원"이란 미세먼지와 미세먼지 생성물질을 대기에 배출하는 시설물·기계·기구 및 그 밖의 물체로서 「대기환경보전법」 제2조제11호에 따른 대기오염물질배출시설과 환경부령으로 정하는 것을 말한다.

제3조(국가와 지방자치단체의 책무) ① 국가와 지방자치단체는 미세먼지가 국민에게 미치는 영향을 파악하고, 미세먼지로부터 국민의 건강과 생명을 보호하기 위하여 필요한 시책을 수립·시행하여야 한다.

② 국가와 지방자치단체는 국민이 일상생활에서 미세먼지와 미세

먼지 생성물질(이하 "미세먼지등"이라 한다)의 배출 저감 및 관리에 참여할 수 있도록 대국민 교육·홍보 등을 강화하여야 한다.

③ 국가와 지방자치단체는 미세먼지등의 배출 저감 및 관리를 위하여 국제적인 노력에 적극적으로 참여하고 주변국과 협력하여야 한다.

제4조(사업자의 책무) 사업활동(해당 사업활동을 위하여 소유하고 있는 「대기환경보전법」 제2조제13호에 따른 자동차의 운행을 포함한다. 이하 같다)을 하는 자는 그 사업활동으로 인하여 발생하는 미세먼지등의 배출을 저감 및 관리하기 위하여 필요한 조치를 하여야 하며, 국가 및 지방자치단체가 시행하는 미세먼지등의 배출 저감 및 관리 시책에 적극 협조하여야 한다.

제5조(국민의 책무) 국민은 일상생활에서 발생하는 미세먼지등의 배출을 저감 및 관리하기 위하여 노력하여야 하며, 국가와 지방자치단체가 시행하는 미세먼지 배출 저감 및 관리 시책에 협조하여야 한다.

제6조(다른 법률과의 관계) 이 법은 미세먼지의 저감 및 관리에 관하여 다른 법률에 우선하여 적용하며, 이 법에서 규정하지 아니한 사항은 「대기환경보전법」, 「대기관리권역의 대기환경개선에 관한 특별법」에서 정하는 바에 따른다. <개정 2020.3.31.>

제7조(미세먼지관리종합계획의 수립 등) ① 정부는 「대기환경보전법」 제11조에 따른 대기환경개선 종합계획을 고려하여 5년마다 미세먼지 저감 및 관리를 위한 종합계획(이하 "종합계획"이라 한다)을 수립·시행하여야 한다.

② 종합계획에는 다음 각 호의 사항이 포함되어야 한다.

1. 미세먼지 농도 개선 목표 및 기본방향
2. 미세먼지 농도 현황 및 전망
3. 미세먼지등의 배출량 현황 및 전망
4. 미세먼지등의 배출 저감 목표와 이를 달성하기 위한 분야별·단계별 대책
5. 미세먼지가 국민건강에 미치는 영향에 관한 조사·연구

6. 미세먼지 취약계층 보호에 관한 사항

7. 종합계획 시행에 필요한 재원의 규모와 재원조달계획에 관한 사항

8. 그 밖에 미세먼지 등의 배출 저감 및 관리를 위하여 필요하다고 인정하여 대통령령으로 정하는 사항

③ 정부는 종합계획을 수립할 때에는 미리 특별시장·광역시장·특별자치시장·도지사 또는 특별자치도지사(이하 "시·도지사"라 한다)의 의견을 들은 후 제10조에 따른 미세먼지특별대책위원회의 심의를 거쳐 확정한다. 종합계획을 변경(대통령령으로 정하는 경미한 사항의 변경은 제외한다. 이하 같다)할 때에도 또한 같다.

④ 정부는 종합계획을 수립하거나 변경하기 위하여 필요한 경우 시·도지사에게 종합계획의 수립·변경에 필요한 자료의 제출을 요구할 수 있다. 이 경우 자료의 제출을 요구받은 시·도지사는 정당한 사유가 없으면 이에 따라야 한다.

⑤ 정부는 종합계획을 수립하거나 변경하였을 때에는 이를 관보에 고시하고, 시·도지사에게 통보하여야 한다.

⑥ 그 밖에 종합계획의 수립·변경 등에 필요한 사항은 대통령령으로 정한다.

제8조(시행계획의 수립 등) ① 시·도지사는 해당 관할구역에서 종합계획을 시행하기 위한 세부 시행계획(이하 "시행계획"이라 한다)을 수립하여 환경부장관에게 보고하여야 하며, 이를 변경하는 경우에도 또한 같다. 다만, 「대기관리권역의 대기환경개선에 관한 특별법」 제10조에 따른 시행계획에 이 법에 따른 종합계획이 반영된 경우에는 이 법에 따른 시행계획을 수립한 것으로 본다. <개정 2020.3.31.>

② 시·도지사는 매년 시행계획의 추진실적을 환경부장관에게 보고하여야 한다.

③ 환경부장관은 제2항에 따라 보고받은 시행계획의 추진실적을 종합하여 제10조에 따른 미세먼지특별대책위원회에 보고하여야 한다.

④ 그 밖에 시행계획의 수립·시행과 그 추진실적의 보고 등에 필요한 사항은 환경부령으로 정한다.

제9조(추진실적보고서의 제출) 환경부장관은 제8조제2항에 따라 보고받은 시행계획의 추진실적을 종합한 추진실적보고서를 작성하여 국회에 제출하여야 한다.

제10조(미세먼지특별대책위원회의 설치) ① 미세먼지의 저감 및 관리를 효율적으로 추진하기 위하여 국무총리 소속으로 미세먼지특별대책위원회(이하 "위원회"라 한다)를 둔다.
② 위원회는 다음 각 호의 사항을 심의한다.
1. 종합계획의 수립·변경
2. 시행계획 추진실적의 점검·평가
3. 미세먼지등의 배출 저감 및 관리
4. 미세먼지로 인한 국민의 건강 관리
5. 미세먼지 저감을 위한 대응요령 등 국민제안 및 실천사항
6. 미세먼지 저감 및 관리를 위한 국제협력
7. 미세먼지등의 저감 및 관리를 위하여 필요한 사항으로 대통령령으로 정하는 사항
8. 그 밖에 위원장이 필요하다고 인정하여 부의하는 사항

제11조(위원회의 구성) ① 위원회는 위원장을 포함한 40명 이내의 위원으로 구성하고, 위원은 당연직 위원과 위촉위원으로 한다.
② 위원회의 위원장은 국무총리와 제4항에 따른 위원 중에서 대통령이 지명하는 사람이 된다.
③ 당연직 위원은 대통령령으로 정하는 관계 중앙행정기관의 장으로 한다.
④ 위촉위원은 미세먼지에 관한 지식과 경험이 풍부한 사람 중에서 위원장이 위촉하는 사람으로 한다.
⑤ 그 밖에 위원회의 구성 및 운영 등에 필요한 사항은 대통령령으로 정한다.

제12조(미세먼지개선기획단의 설치) ① 미세먼지 저감 및 관리의 원활한 추진과 위원회의 사무 및 운영의 효율적인 지원을 위하여 국무총리 소속으로 미세먼지개선기획단을 설치한다.
② 제1항에 따른 미세먼지개선기획단의 구성 및 운영에 필요한 사항은 대통령령으로 정한다.

제13조(실태조사의 실시 등) ① 환경부장관은 미세먼지 정책 수립에 필요한 미세먼지 배출 실태 등을 파악하기 위하여 대통령령으로 정하는 바에 따라 실태조사를 할 수 있다.

② 환경부장관은 제1항에 따른 실태조사와 관련하여 관계 중앙행정기관의 장 및 지방자치단체의 장에게 필요한 자료의 제출 등을 요청할 수 있다.

③ 제2항에 따라 요청을 받은 관계 중앙행정기관의 장 및 지방자치단체의 장은 정당한 사유가 없으면 그 요청에 따라야 한다.

제14조(미세먼지 관련 국제협력) 정부는 미세먼지등의 저감 및 관리를 위하여 다음 각 호의 사항을 관련 국가와 협력하여 추진하도록 노력하여야 한다.

1. 국제적 차원의 미세먼지등의 조사·연구 및 연구결과의 보급
2. 국가 간 또는 국제기구와 미세먼지 관련 분야 기술·인력 및 정보의 국제교류
3. 국가 간 미세먼지등의 감시체계 구축
4. 국가 간 미세먼지로 인한 피해 방지를 위한 재원의 조성
5. 국제사회에서 미세먼지 피해방지를 위한 교육·홍보 활동
6. 국제회의·학술회의 등 각종 행사의 개최 및 참가
7. 그 밖에 국제협력을 위하여 필요한 사항

제15조(장거리 이동 미세먼지 배출원 현황 파악) 환경부장관은 장거리 이동 미세먼지의 경로·농도 등을 파악하기 위하여 관련 행정기관의 장에게 협조를 요청할 수 있고, 항공기·선박 등에 미세먼지 측정장비를 설치할 수 있도록 관련 사업자 등에게 요청할 수 있다.

제16조(미세먼지 관련 연구개발) 정부는 미세먼지의 측정 및 예보, 미세먼지의 효율적 저감 및 관리, 국민건강 보호 등을 위하여 필요한 연구개발을 직접 수행하거나 지원할 수 있다.

제17조(국가미세먼지정보센터의 설치 및 운영) ① 환경부장관은 미세먼지등의 발생원인, 정책영향 분석, 배출량 관련 정보의 수집·분석 및 체계적인 관리를 위하여 국가미세먼지정보센터(이하 "정보센터"라 한다)를 설치·운영하여야 한다. <개정 2019.3.26.>

② 정보센터는 다음 각 호의 사업을 수행한다. <개정 2019.3.26.>

1. 미세먼지등의 배출량 산정을 위한 정보 및 자료의 수집·분석
2. 미세먼지등의 배출량 산정과 이와 관련한 통계관리
3. 그 밖에 미세먼지등의 발생원인, 배출량 산정, 정책영향 등의 분석을 위하여 환경부령으로 정하는 사항

③ 제2항에 따른 미세먼지등의 배출량 정보와 관련된 관계기관 및 배출시설의 관리자 등은 정확한 미세먼지등의 배출량 산정을 위한 통계자료 작성 및 정보 제공 등에 적극 협력하여야 한다.

④ 그 밖에 정보센터의 통계자료·정보의 관리방법 등에 필요한 사항은 환경부령으로 정한다. <개정 2019.3.26.>

제18조(고농도 미세먼지 비상저감조치) ① 시·도지사는 환경부장관이 정하는 기간 동안 초미세먼지 예측 농도가 환경부령으로 정하는 기준에 해당하는 경우 미세먼지를 줄이기 위한 다음 각 호의 비상저감조치를 시행할 수 있다. 다만, 환경부장관은 2개 이상의 시·도에 광역적으로 비상저감조치가 필요한 경우에는 해당 시·도지사에게 비상저감조치 시행을 요청할 수 있고, 요청받은 시·도지사는 정당한 사유가 없으면 이에 따라야 한다.

1. 대통령령으로 정하는 영업용 등 자동차를 제외한 자동차의 운행 제한
2. 「대기환경보전법」 제2조제11호에 따른 대기오염물질배출시설 중 환경부령으로 정하는 시설의 가동시간 변경, 가동률 조정 또는 같은 법 제2조제12호에 따른 대기오염방지시설의 효율 개선
3. 비산먼지 발생사업 중 건설공사장의 공사시간 변경·조정
4. 그 밖에 비상저감조치와 관련하여 대통령령으로 정하는 사항

② 시·도지사는 제1항에 따른 비상저감조치를 시행할 때 관련 기관의 장 또는 사업자에게 대통령령으로 정하는 바에 따라 휴업, 탄력적 근무제도 등을 권고할 수 있다.

③ 제1항에 따라 비상저감조치를 요구받은 자는 정당한 사유가 없으면 이에 따라야 한다.

④ 제1항에 따른 비상저감조치의 대상지역, 발령의 기준·기간·절차 등에 필요한 사항은 대통령령으로 정한다. 다만, 제1항제1호에

해당하는 자동차 운행 제한의 방법·대상지역·대상차량·발령시간·발령절차 등에 필요한 사항은 시·도의 조례로 정한다.

제19조(비상저감조치의 해제) ① 시·도지사는 비상저감조치의 발령 사유가 없어진 경우에는 비상저감조치를 즉시 해제하여야 한다.

② 그 밖에 비상저감조치의 해제 요건 및 절차 등에 필요한 사항은 환경부령으로 정한다.

제20조(비상저감조치 결과의 보고 등) ① 시·도지사가 비상저감조치를 발령한 때에는 그 발령일부터 30일 이내에 환경부령으로 정하는 바에 따라 조치결과를 환경부장관에게 보고하여야 한다.

② 환경부장관은 제1항에 따라 보고받은 조치결과에 대하여 종합평가를 실시하고, 그 결과를 해당 시·도지사에게 통보하여야 한다.

③ 제2항에 따른 종합평가의 방법 및 절차 등에 필요한 사항은 환경부령으로 정한다.

제21조(계절적 요인 등으로 인한 집중관리 등) ① 환경부장관은 계절적인 요인 등으로 초미세먼지 월평균 농도가 특히 심화되는 기간(12월 1일부터 다음 해 3월 31일까지를 말한다. 이하 "미세먼지 계절관리기간"이라 한다)과 대규모 화재 등 비상시적 요인으로 미세먼지등의 배출 저감 및 관리를 효율적으로 수행하기 위하여 필요하다고 인정하는 경우에는 관계 중앙행정기관의 장, 지방자치단체의 장 또는 「공공기관의 운영에 관한 법률」 제4조에 따른 공공기관이 운영하는 시설의 운영자에게 다음 각 호의 조치를 요청할 수 있다. <개정 2020. 3. 31.>

1. 「대기환경보전법」 제2조제11호에 따른 대기오염물질배출시설의 가동률 조정 및 가동시간 변경

2. 「대기환경보전법」 제2조제12호에 따른 대기오염방지시설의 효율 개선

3. 사업장(「대기환경보전법」 제23조제1항 또는 제38조의2제1항에 따라 허가를 받거나 신고하여야 하는 사업장을 말한다)에서 비산배출되는 먼지 저감 등 미세먼지등의 배출 저감 및 관리를 위한 조치

4. 「해양환경관리법」 제2조제16호에 따른 선박에 대한 연료 전환,

속도 제한 또는 운행 제한

5. 그 밖에 미세먼지등의 배출 저감 및 관리를 위하여 대통령령으로 정하는 사항

② 제1항에 따른 요청을 받은 중앙행정기관의 장, 지방자치단체의 장 또는 시설운영자는 정당한 사유가 없으면 환경부장관의 요청에 따라야 한다.

③ 제1항에 따른 조치 요청의 방법 및 절차 등에 관하여 필요한 사항은 환경부령으로 정한다. <개정 2020.3.31.>

④ 제1항에도 불구하고 시·도지사는 해당 지역의 미세먼지등의 배출 저감 및 관리를 위하여 필요하다고 인정하는 경우에는 미세먼지 계절 관리기간에 다음 각 호의 조치를 시행할 수 있다. <신설 2020.3.31.>

1. 제18조제1항제1호·제3호 및 제4호의 조치

2. 농업을 영위하는 과정에서 발생하는 볏짚 등 잔재물(殘滓物)의 수거, 보관, 운반, 처리 등의 조치

3. 그 밖에 미세먼지등의 배출 저감 및 관리를 위하여 시·도의 조례로 정하는 조치

⑤ 시·도지사는 제4항제2호에 따른 조치를 효율적으로 수행하기 위하여 전문기관 또는 단체로 하여금 그 업무를 수행하게 할 수 있다. 이 경우 예산의 범위에서 그 조치에 필요한 비용의 전부 또는 일부를 지원할 수 있다. <신설 2020.3.31.>

⑥ 제4항에 따른 조치의 방법 및 절차 등에 관하여 필요한 사항은 시·도의 조례로 정한다. <신설 2020.3.31.>

[제목개정 2020.3.31.]

제22조(미세먼지 집중관리구역의 지정 등) ① 시·도지사, 시장·군수·구청장은 미세먼지 오염이 심각하다고 인정되는 지역 중 어린이·노인 등이 이용하는 시설이 집중된 지역을 미세먼지 집중관리구역(이하 "집중관리구역"이라 한다)으로 지정할 수 있다.

② 시·도지사, 시장·군수·구청장은 집중관리구역에서 환경부령으로 정하는 바에 따라 다음 각 호의 사항을 우선적으로 지원할 수 있다.

1. 「대기환경보전법」 제3조에 따른 대기오염도의 상시 측정

2. 살수차·진공청소차의 집중 운영

3. 어린이 등 통학차량의 친환경차 전환

4. 학교 등에 공기 정화시설 설치

5. 수목 식재 및 공원 조성

6. 그 밖에 환경부령으로 정하는 사항

③ 집중관리구역의 지정·해제 요건, 절차, 지원방법 등에 필요한 사항은 환경부령으로 정한다.

제23조(취약계층의 보호) ① 정부는 어린이·노인 등 미세먼지로부터 취약한 계층(이하 "취약계층"이라 한다)의 건강을 보호하기 위하여 일정 농도 이상 시 야외 단체활동 제한, 취약계층 활동공간 종사자에 대한 교육 등 취약계층 보호대책을 마련하여야 한다. 다만, 종합계획에 이 법에 따른 취약계층 보호대책이 반영된 경우에는 이 법에 따른 보호대책을 수립한 것으로 본다.

② 제1항에 따른 취약계층의 범위, 보호대책 마련 등에 필요한 사항은 대통령령으로 정한다.

제24조(미세먼지 간이측정기 성능인증 등) ① 환경부장관은 「환경분야 시험·검사 등에 관한 법률」에 따른 형식승인이나 예비형식승인을 받지 아니한 미세먼지 측정기기(이하 "미세먼지 간이측정기"라 한다)에 대하여 성능인증제를 시행하여야 한다.

② 누구든지 제1항에 따른 성능인증을 받지 아니한 미세먼지 간이측정기를 제작·수입하여서는 아니 된다.

③ 환경부장관은 제1항에 따른 성능인증을 위하여 성능평가 등에 필요한 인력과 시설을 갖춘 법인이나 단체 중에서 성능인증업무를 수행하는 기관(이하 "성능인증기관"이라 한다)을 지정할 수 있다.

④ 미세먼지 간이측정기를 사용하는 자가 그 측정 결과를 일반에 공개하는 경우에는 환경부령으로 정하는 방법을 따라야 한다.

⑤ 그 밖에 성능인증제의 대상·등급·규격·표시·절차 및 성능인증기관의 지정 기준·절차 등에 필요한 사항은 환경부령으로 정한다.

제25조(성능인증의 취소 등) ① 환경부장관 또는 성능인증기관은 제24조제1항에 따라 성능인증을 받은 미세먼지 간이측정기가 다음 각 호의 어느 하나에 해당하는 경우에는 그 성능인증을 취소하거나 성능인증표시의 변경을 명할 수 있다. 다만, 제1호에 해당할

때에는 성능인증을 취소하여야 한다.

1. 거짓이나 그 밖의 부정한 방법으로 성능인증을 받은 경우
2. 환경부령에 따른 성능인증기준에 맞지 아니한 경우
3. 전업(轉業), 폐업 등의 사유로 성능인증을 받은 미세먼지 간이측정기를 생산하기 어렵다고 인정하는 경우
4. 제24조제5항에 따른 사항에 맞지 아니한 경우

② 환경부장관 또는 성능인증기관은 제1항에 따라 성능인증을 취소한 경우 지체 없이 미세먼지 간이측정기 제작·수입업자에게 그 사실을 알려야 한다. 다만, 성능인증기관이 성능인증을 취소하는 경우에는 환경부장관에게도 그 사실을 알려야 한다.

③ 환경부장관은 성능인증기관이 다음 각 호의 어느 하나에 해당하는 경우에는 그 지정을 취소하거나 6개월 이내의 기간을 정하여 업무의 전부 또는 일부의 정지를 명할 수 있다. 다만, 제1호 또는 제2호에 해당할 때에는 지정을 취소하여야 한다.

1. 거짓이나 그 밖의 부정한 방법으로 성능인증기관으로 지정을 받은 경우
2. 업무정지 기간 중에 인증업무를 수행한 경우
3. 제24조제5항에 따른 성능인증기관의 지정 기준에 맞지 아니한 경우

④ 그 밖에 성능인증의 취소, 성능인증표시의 변경, 성능인증기관의 지정 취소 및 업무 정지의 세부기준 등은 환경부령으로 정한다.

제25조의2(미세먼지연구·관리센터 지정 등) ① 환경부장관은 미세먼지로 인한 건강피해의 예방·관리 등을 위한 조사·연구·교육 및 기술개발 등의 업무를 수행하기 위하여 다음 각 호의 어느 하나에 해당하는 기관 또는 법인·단체 중에서 대통령령으로 정하는 요건을 갖춘 자를 미세먼지연구·관리센터로 지정할 수 있다.

1. 국공립연구기관 또는 「정부출연연구기관 등의 설립·운영 및 육성에 관한 법률」에 따른 정부출연연구기관
2. 「고등교육법」 제2조에 따른 학교
3. 「민법」 또는 그 밖의 법률에 따라 설립된 환경 관련 비영리 법인 또는 단체

② 환경부장관은 미세먼지연구·관리센터에 대하여 예산의 범위에서

그 업무 수행에 필요한 비용의 전부 또는 일부를 지원할 수 있다.

③ 환경부장관은 미세먼지연구·관리센터가 다음 각 호의 어느 하나에 해당하는 경우에는 환경부령으로 정하는 바에 따라 그 지정을 취소하거나 6개월의 범위에서 그 업무의 정지를 명할 수 있다. 다만, 제1호에 해당하는 경우에는 그 지정을 취소하여야 한다.

1. 거짓이나 그 밖의 부정한 방법으로 지정을 받은 경우
2. 제1항에 따른 지정 요건에 적합하지 아니하게 된 경우
3. 제2항에 따라 지원받은 비용을 그 목적 외의 용도로 사용한 경우
4. 그 밖에 대통령령으로 정하는 사유에 해당하는 경우

④ 제1항부터 제3항까지에서 규정한 사항 외에 미세먼지연구·관리센터의 지정 및 운영 등에 필요한 사항은 대통령령으로 정한다.
[본조신설 2019.3.26.]

제26조(자료제출·검사 등) ① 환경부장관 또는 시·도지사는 이 법의 시행에 필요하다고 인정하는 경우 대통령령으로 정하는 사업자 등에게 자료를 제출하게 하거나, 관계 공무원에게 사업장 등을 출입하여 관계 서류나 시설·장비 등을 검사하게 할 수 있다.

② 제1항에 따른 검사를 하려는 공무원은 검사 3일 전까지 검사의 일시·목적 및 내용 등을 포함한 검사계획을 검사대상 사업자에게 통지하여야 한다. 다만, 긴급히 검사하여야 하거나 사전에 알리면 검사목적을 달성할 수 없다고 인정하는 경우에는 그러하지 아니하다.

③ 제1항에 따라 출입·검사를 하는 공무원은 그 권한을 표시하는 증표를 지니고 이를 관계인에게 내보여야 한다.

제27조(수수료) 제24조에 따라 미세먼지 간이측정기의 성능인증을 받으려는 자는 환경부령으로 정하는 바에 따라 수수료를 내야 한다.

제28조(청문) 환경부장관은 다음 각 호의 어느 하나에 해당하는 처분을 하려면 청문을 하여야 한다. <개정 2019.3.26.>

1. 제25조제1항에 따른 성능인증의 취소
2. 제25조제3항에 따른 성능인증기관의 지정 취소
3. 제25조의2제3항에 따른 미세먼지연구·관리센터의 지정 취소

제29조(권한의 위임과 위탁) ① 이 법에 따른 환경부장관의 권한은 대통령령으로 정하는 바에 따라 그 일부를 시·도지사, 시장·군수·구청장, 국립환경과학원의 장이나 지방환경관서의 장에게 위임할 수 있다.

② 환경부장관은 대통령령으로 정하는 바에 따라 이 법에 따른 업무의 일부를 「한국환경공단법」에 따른 한국환경공단 등 관계 전문기관에 위탁할 수 있다.

제30조(벌칙 적용에서 공무원 의제) 다음 각 호의 어느 하나에 해당하는 사람은 「형법」 제129조부터 제132조까지의 규정을 적용할 때에는 공무원으로 본다.

1. 위원회의 위원 중 공무원이 아닌 사람
2. 제29조제2항에 따라 위탁받은 업무에 종사하는 법인이나 단체의 임직원

제31조(과태료) ① 다음 각 호의 어느 하나에 해당하는 자에게는 200만원 이하의 과태료를 부과한다. <개정 2020.3.31.>

1. 제18조제1항제2호에 따른 대기오염물질배출시설의 가동시간 변경 등의 조치를 정당한 사유 없이 위반한 자
2. 제18조제1항제3호에 따른 건설공사장의 공사시간 변경·조정 조치를 정당한 사유 없이 위반한 자
3. 제21조제1항에 따른 요청을 정당한 사유 없이 따르지 아니한 자
4. 제21조제4항제1호(제18조제1항제3호의 조치만 해당한다) 및 제2호에 따른 시·도지사의 조치 명령을 정당한 사유 없이 위반한 자
5. 제24조제2항을 위반하여 성능인증을 받지 아니한 미세먼지 간이측정기를 제작·수입한 자
6. 제26조제1항에 따른 자료의 제출을 하지 아니하거나 거짓 자료를 제출한 자와 관계 공무원의 출입·검사를 기피·방해 또는 거부한 자

② 다음 각 호의 어느 하나에 해당하는 자에게는 10만원 이하의 과태료를 부과한다. <개정 2020.3.31.>

1. 제18조제1항제1호에 따른 자동차의 운행 제한 조치를 정당한 사유 없이 위반한 자

2. 제21조제4항제1호에 따른 조치 중 자동차의 운행 제한 조치를
  정당한 사유 없이 위반한 자
③ 제1항 및 제2항에 따른 과태료는 대통령령으로 정하는 바에 따
라 환경부장관 또는 시·도지사, 시장·군수·구청장이 부과·징수한다.

부칙<제17177호, 2020.3.31.>

이 법은 공포한 날부터 시행한다. 다만, 제6조 및 제8조제1항 단
서의 개정규정은 2020년 4월 3일부터 시행한다.

환경분쟁조정법

환경분쟁 조정법

[시행 2018.10.16] [법률 제15846호, 2018.10.16, 일부개정]

제1장 총칙

제1조(목적) 이 법은 환경분쟁의 알선(斡旋)·조정(調停)·재정(裁定) 및 중재(仲裁)의 절차 등을 규정함으로써 환경분쟁을 신속·공정하고 효율적으로 해결하여 환경을 보전하고 국민의 건강과 재산상의 피해를 구제함을 목적으로 한다.

제2조(정의) 이 법에서 사용하는 용어의 뜻은 다음과 같다.
1. "환경피해"란 사업활동, 그 밖에 사람의 활동에 의하여 발생하였거나 발생이 예상되는 대기오염, 수질오염, 토양오염, 해양오염, 소음·진동, 악취, 자연생태계 파괴, 일조 방해, 통풍 방해, 조망 저해, 인공조명에 의한 빛공해, 지하수 수위 또는 이동경로의 변화, 그 밖에 대통령령으로 정하는 원인으로 인한 건강상·재산상·정신상의 피해를 말한다. 다만, 방사능오염으로 인한 피해는 제외한다.
2. "환경분쟁"이란 환경피해에 대한 다툼과 「환경기술 및 환경산업 지원법」 제2조제2호에 따른 환경시설의 설치 또는 관리와 관련된 다툼을 말한다.
3. "조정"(調整)이란 환경분쟁에 대한 알선·조정(調停)·재정 및 중재를 말한다.
4. "다수인관련분쟁"이란 같은 원인으로 인한 환경피해를 주장하는 자가 다수(多數)인 환경분쟁을 말한다.

제3조(신의성실의 원칙) 제4조에 따른 환경분쟁조정위원회(環境紛爭調整委員會)는 조정절차가 신속·공정하고 경제적으로 진행되도록 노력하여야 하며, 조정의 절차에 참여하는 분쟁 당사자들은 상호 신뢰와 이해를 바탕으로 성실하게 절차에 임하여야 한다.

제2장 환경분쟁조정위원회

제4조(환경분쟁조정위원회의 설치) 제5조에 따른 사무를 관장하기 위하여 환경부에 중앙환경분쟁조정위원회(이하 "중앙조정위원회"라 한다)를 설치하고, 특별시·광역시·특별자치시·도·특별자치도(이하 "시·도"라 한다)에 지방환경분쟁조정위원회(이하 "지방조정위원회"라 한다)를 설치한다.

제5조(환경분쟁조정위원회의 소관 사무) 중앙조정위원회 및 지방조정위원회(이하 "위원회"라 한다)의 소관 사무는 다음 각 호와 같다.
1. 환경분쟁(이하 "분쟁"이라 한다)의 조정. 다만, 다음 각 목의 어느 하나에 해당하는 분쟁의 조정은 해당 목에서 정하는 경우만 해당한다.
   가. 「건축법」 제2조제1항제8호의 건축으로 인한 일조 방해 및 조망 저해와 관련된 분쟁: 그 건축으로 인한 다른 분쟁과 복합되어 있는 경우
   나. 지하수 수위 또는 이동경로의 변화와 관련된 분쟁: 공사 또는 작업(「지하수법」에 따른 지하수의 개발·이용을 위한 공사 또는 작업은 제외한다)으로 인한 경우
2. 환경피해와 관련되는 민원의 조사, 분석 및 상담
3. 분쟁의 예방 및 해결을 위한 제도와 정책의 연구 및 건의
4. 환경피해의 예방 및 구제와 관련된 교육, 홍보 및 지원
5. 그 밖에 법령에 따라 위원회의 소관으로 규정된 사항

제6조(관할) ① 중앙조정위원회는 분쟁 조정사무 중 다음 각 호의 사항을 관할한다.
1. 분쟁의 재정(제5호에 따른 재정은 제외한다) 및 중재
2. 국가나 지방자치단체를 당사자로 하는 분쟁의 조정
3. 둘 이상의 시·도의 관할 구역에 걸친 분쟁의 조정
4. 제30조에 따른 직권조정(職權調停)
5. 제35조의3제1호에 따른 원인재정과 제42조제2항에 따라 원인재정 이후 신청된 분쟁의 조정
6. 그 밖에 대통령령으로 정하는 분쟁의 조정
② 지방조정위원회는 해당 시·도의 관할 구역에서 발생한 분쟁의

조정사무 중 제1항제2호부터 제6호까지의 사무 외의 사무를 관할한다. 다만, 제1항제1호의 경우에는 일조 방해, 통풍 방해, 조망 저해로 인한 분쟁은 제외한 것으로서 대통령령으로 정하는 분쟁의 재정 및 중재만 해당한다.

제7조(위원회의 구성 등) ① 중앙조정위원회는 위원장 1명을 포함한 30명 이내의 위원으로 구성하며, 그 중 상임위원은 3명 이내로 한다.
② 지방조정위원회는 위원장 1명을 포함한 20명 이내의 위원으로 구성하며, 그 중 상임위원은 1명을 둘 수 있다.
③ 위원회 위원의 임기는 2년으로 하며, 연임할 수 있다.

제8조(위원회 위원의 임명) ① 중앙조정위원회의 위원장을 포함한 위원은 환경에 관한 학식과 경험이 풍부한 사람으로서 다음 각 호의 어느 하나에 해당하는 사람 중 환경부장관의 제청에 의하여 대통령이 임명하거나 위촉한다. 이 경우 제2호에 해당하는 사람이 3명 이상 포함되어야 한다.
1. 1급부터 3급까지에 상당하는 공무원 또는 고위공무원단에 속하는 공무원으로 3년 이상 재직한 사람
2. 판사·검사 또는 변호사로 6년 이상 재직한 사람
3. 공인된 대학이나 연구기관에서 부교수 이상 또는 이에 상당하는 직(職)에 재직한 사람
4. 환경 관계 업무에 10년 이상 종사한 사람
② 중앙조정위원회의 위원장은 고위공무원단에 속하는 일반직공무원으로서 「국가공무원법」 제26조의5에 따른 임기제공무원으로 보한다.
③ 지방조정위원회의 위원은 제1항 각 호의 어느 하나에 해당하는 사람 중에서 특별시장·광역시장·특별자치시장·도지사·특별자치도지사(이하 "시·도지사"라 한다)가 임명하거나 위촉한다. 이 경우 제1항제2호에 해당하는 사람이 2명 이상 포함되어야 한다.
④ 지방조정위원회의 위원장은 부시장 또는 부지사 중에서 시·도지사가 임명하는 사람으로 한다.

제9조(결격사유) 다음 각 호의 어느 하나에 해당하는 사람은 위원회의 위원이 될 수 없다.
1. 피성년후견인, 피한정후견인 또는 파산선고를 받고 복권되지

아니한 사람

2. 금고 이상의 실형을 선고받고 그 집행이 끝나거나(집행이 끝난 것으로 보는 경우를 포함한다) 집행이 면제된 날부터 2년이 지나지 아니한 사람

3. 금고 이상의 형의 집행유예를 선고받고 그 유예기간 중에 있는 사람

4. 법원의 판결이나 법률에 따라 자격이 정지된 사람

제10조(신분보장) ① 위원회의 위원은 독립하여 직무를 수행한다.

② 위원회의 위원은 다음 각 호의 어느 하나에 해당하는 경우를 제외하고는 그 의사에 반하여 해임되거나 해촉(解囑)되지 아니한다.

1. 제9조 각 호의 어느 하나에 해당하게 된 경우

2. 장기간의 심신쇠약으로 직무를 수행할 수 없게 된 경우

3. 직무와 관련된 비위사실이 있거나 위원의 직을 유지하기 적합하지 아니하다고 인정되는 비위사실이 있는 경우

제11조(위원장의 직무 등) ① 위원회의 위원장은 위원회를 대표하고 위원회의 직무를 총괄한다.

② 위원회의 위원장이 부득이한 사유로 직무를 수행할 수 없는 경우에는 해당 위원회의 위원 중 위원회의 위원장이 미리 지명한 위원이 그 직무를 대행한다.

제12조(위원의 제척 등) ① 위원회의 위원은 다음 각 호의 어느 하나에 해당하는 경우에는 그 직무의 집행에서 제척(除斥)된다.

1. 위원이나 그 배우자 또는 배우자였던 사람이 해당 분쟁사건(이하 "사건"이라 한다)의 당사자가 되거나 그 사건에 관하여 당사자와 공동권리자 또는 공동의무자의 관계에 있는 경우

2. 위원이 해당 사건의 당사자와 친족이거나 친족이었던 경우

3. 위원이 해당 사건에 관하여 진술이나 감정(鑑定)을 한 경우

4. 위원이 해당 사건에 당사자의 대리인으로서 관여하고 있거나 관여하였던 경우

5. 위원이 해당 사건의 원인이 된 처분 또는 부작위(不作爲)에 관여한 경우

② 제척의 원인이 있으면 위원회는 직권으로 또는 당사자의 신청

에 의하여 제척의 결정을 한다.

③ 당사자는 위원에게 공정한 직무집행을 기대하기 어려운 사정이 있는 경우에는 위원회에 기피신청을 할 수 있으며, 위원회는 기피신청이 타당하다고 인정하면 기피의 결정을 한다.

④ 위원은 제1항 또는 제3항의 사유에 해당할 때에는 스스로 그 사건의 직무집행을 회피할 수 있다.

⑤ 위원회는 제3항에 따른 기피신청을 받으면 그 신청에 대한 결정을 할 때까지 조정절차를 중지하여야 한다.

⑥ 조정절차에 관여하는 직원 및 제13조제3항에 따른 관계전문가(이하 "관계전문가"라 한다)에 대하여는 제1항부터 제5항까지의 규정을 준용한다.

제13조(사무국) ① 위원회의 사무를 처리하기 위하여 위원회에 사무국을 둘 수 있다.

② 사무국에는 다음 각 호의 사무를 분장(分掌)할 심사관을 둔다.

1. 분쟁의 조정에 필요한 사실조사와 인과관계의 규명
2. 환경피해액의 산정 및 산정기준의 연구·개발
3. 그 밖에 위원회의 위원장이 지정하는 사항

③ 위원회의 위원장은 특정 사건에 관한 전문적인 사항을 처리하기 위하여 관계전문가를 위촉하여 제2항 각 호의 사무를 수행하게 할 수 있다.

제14조(벌칙 적용 시의 공무원 의제) 위원회의 위원 중 공무원이 아닌 위원과 관계전문가는 「형법」 제127조, 제129조부터 제132조까지의 규정을 적용할 때에는 공무원으로 본다.

제15조(규칙 제정 등) ① 중앙조정위원회는 위원회의 소관 사무 처리절차와 그 밖에 위원회의 운영에 관한 규칙과 조정(調停)·재정 및 중재위원회의 각 위원장 선임방법 등 구성에 관한 규칙을 정할 수 있다.

② 지방조정위원회의 구성 및 운영과 그 밖에 필요한 사항은 해당 시·도의 조례로 정한다.

제15조의2(의견의 통지) 위원회는 소관 업무의 수행으로 얻게 된 환경보전 및 환경피해방지를 위한 개선대책에 관한 의견을 관계 행정기관의 장에게 통지할 수 있다.

제3장 분쟁 조정(調整)

제1절 통칙

제16조(조정의 신청 등) ① 조정을 신청하려는 자는 제6조에 따른 관할 위원회에 알선·조정(調停)·재정 또는 중재 신청서를 제출하여야 한다.

② 국가를 당사자로 하는 조정에서는 환경부장관이 국가를 대표한다. 이 경우 환경부장관은 해당 사건의 소관 행정청 소속 공무원을 조정수행자로 지정할 수 있다.

③ 위원회는 제1항에 따라 조정신청을 받았을 때에는 지체 없이 조정절차를 시작하여야 한다.

④ 위원회는 제3항에 따른 조정절차를 시작하기 전에 이해관계인이나 주무관청의 의견을 들을 수 있다.

⑤ 제1항에 따른 신청서의 기재 사항은 대통령령으로 정한다.

⑥ 위원회는 당사자의 분쟁 조정신청을 받았을 때에는 대통령령으로 정하는 기간 내에 그 절차를 완료하여야 한다.

제16조의2(합의 권고) ① 위원회의 위원장은 조정신청을 받으면 당사자에게 피해배상에 관한 합의를 권고할 수 있다.

② 제1항에 따른 권고는 조정절차의 진행에 영향을 미치지 아니한다.

제17조(신청의 각하 등) ① 위원회는 조정신청이 적법하지 아니한 경우에는 적절한 기간을 정하여 그 기간 내에 흠을 바로 잡을 것을 명할 수 있다.

② 위원회는 신청인이 제1항에 따른 명령에 따르지 아니하거나 흠을 바로잡을 수 없는 경우에는 결정으로 조정신청을 각하(却下)한다.

③ 위원회는 다른 법률에서 정하고 있는 조정절차를 이미 거쳤거나 거치고 있는 분쟁에 대한 조정신청은 결정으로 각하한다.

제18조(관계 행정기관의 협조) ① 위원회는 분쟁의 조정을 위하여 필요하다고 인정하면 관계 행정기관의 장에게 자료 또는 의견의 제출, 기술적 지식의 제공, 환경오염물질의 측정 및 분석 등 필요한 협조를 요청할 수 있다.

② 위원회는 분쟁의 조정 시에 환경피해의 제거 또는 예방을 위

하여 필요하다고 인정하면 관계 행정기관의 장에게 환경피해의 원인을 제공하는 자에 대한 개선명령, 조업정지명령 또는 공사중지명령 등 필요한 행정조치를 하도록 권고할 수 있다.

③ 제1항 및 제2항에 따른 협조를 요청받거나 권고를 받은 관계 행정기관의 장은 정당한 사유가 없으면 이에 따라야 한다.

제19조(선정대표자) ① 다수인이 공동으로 조정의 당사자가 되는 경우에는 그 중에서 3명 이하의 대표자를 선정할 수 있다.

② 위원회는 당사자가 제1항에 따라 대표자를 선정하지 아니한 경우에 필요하다고 인정할 때에는 당사자들에게 대표자를 선정할 것을 권고할 수 있다.

③ 제1항에 따라 선정된 대표자(이하 "선정대표자"라 한다)는 다른 신청인이나 피신청인을 위하여 해당 사건의 조정에 관한 모든 행위를 할 수 있다. 다만, 신청의 철회, 제33조제1항에 따른 합의 및 제33조의2제4항에 따른 이의신청에 대해서는 다른 당사자들로부터 서면으로 동의를 받아야 한다.

④ 대표자가 선정되었을 때에는 다른 당사자들은 그 선정대표자를 통하여만 해당 사건에 관한 행위를 할 수 있다.

⑤ 대표자를 선정한 당사자들은 필요하다고 인정하면 선정대표자를 해임하거나 변경할 수 있다. 이 경우 당사자들은 그 사실을 지체 없이 위원회에 통지하여야 한다.

제20조(참가) ① 분쟁이 조정절차에 계류(繫留)되어 있는 경우에 같은 원인에 의한 환경피해를 주장하는 자는 위원회의 승인을 받아 당사자로서 해당 절차에 참가할 수 있다.

② 위원회는 제1항에 따른 승인을 하려는 경우에는 당사자의 의견을 들어야 한다.

제21조(피신청인의 경정) ① 위원회의 위원장은 신청인이 피신청인을 잘못 지정한 것이 명백할 때에는 신청인의 신청을 받아 피신청인의 경정(更正)을 허가할 수 있다.

② 위원회의 위원장은 제1항에 따른 허가를 하였을 때에는 그 사실을 당사자와 새로운 피신청인에게 통보하여야 한다.

③ 제1항에 따른 허가가 있는 때에는 종전의 피신청인에 대한 조

정신청은 철회되고 새로운 피신청인에 대한 조정신청이 제1항에 따른 경정신청이 있은 때에 있은 것으로 본다.

제22조(대리인) ① 당사자는 다음 각 호에 해당하는 사람을 대리인으로 선임할 수 있다.

1. 당사자의 배우자, 직계존비속 또는 형제자매
2. 당사자인 법인의 임직원
3. 변호사
4. 환경부장관 또는 지방자치단체의 장이 지명하는 소속 공무원

② 제1항제1호 또는 제2호의 사람을 대리인으로 선임하려는 당사자는 위원회 위원장의 허가를 받아야 한다.

③ 대리인의 권한은 서면으로 소명(疏明)하여야 한다.

④ 대리인은 다음 각 호의 행위에 대하여는 특별히 위임을 받아야 한다. <개정 2018.10.16.>

1. 신청의 철회
2. 제33조제1항에 따른 합의 및 제33조의2제4항에 따른 이의신청
3. 복대리인(復代理人)의 선임

제23조(중간결정에 대한 불복) ① 조정절차와 관련된 위원회의 중간결정에 대하여는 그 결정이 있음을 안 날부터 14일 이내에 해당 위원회에 이의를 제기할 수 있다.

② 위원회는 제1항에 따른 이의 제기가 이유 있다고 인정할 때에는 그 결정을 경정하여야 하며, 이의 제기가 이유 없다고 인정할 때에는 이를 기각(棄却)하여야 한다.

제24조(조정절차의 위임) 제31조제1항에 따른 조정위원회(調停委員會), 제36조제1항에 따른 재정위원회(裁定委員會) 또는 제45조의 3제1항에 따른 중재위원회(仲裁委員會)는 각 소속 위원에게 조정(調停)·재정(裁定) 또는 중재(仲裁) 절차의 일부를 실시하도록 위임할 수 있다.

제25조(절차의 비공개) 위원회가 수행하는 조정의 절차는 이 법에 특별한 규정이 있는 경우를 제외하고는 공개하지 아니한다.

제26조(환경단체의 조정신청) ① 다음 각 호의 요건을 모두 갖춘 환

경단체는 중대한 자연생태계 파괴로 인한 피해가 발생하였거나 발생할 위험이 현저한 경우에는 위원회의 허가를 받아 분쟁 당사자를 대리하여 위원회에 조정을 신청할 수 있다.

1. 「민법」 제32조에 따라 환경부장관의 허가를 받아 설립된 비영리법인일 것
2. 정관에 따라 환경보호 등 공익의 보호와 증진을 목적으로 하는 단체일 것
3. 그 밖에 대통령령으로 정하는 요건에 해당할 것

② 제1항에 따라 조정을 신청하는 환경단체에 대하여는 제22조 제3항 및 제4항을 준용한다.

제2절 알선

제27조(알선위원의 지명) ① 위원회에 의한 알선은 3명 이내의 위원(이하 "알선위원"이라 한다)이 한다.

② 알선위원은 사건마다 위원회의 위원 중에서 위원회의 위원장이 지명한다.

제28조(알선위원의 임무) 알선위원은 당사자 양쪽이 주장하는 요점을 확인하여 사건이 공정하게 해결되도록 노력하여야 한다.

제29조(알선의 중단) ① 알선위원은 알선으로는 분쟁 해결의 가능성이 없다고 인정할 때에는 알선을 중단할 수 있다.

② 알선 절차가 진행 중인 분쟁에 대하여 조정(調停)·재정 또는 중재 신청이 있으면 그 알선은 중단된 것으로 본다.

제3절 조정(調停)

제30조(직권조정) ① 중앙조정위원회는 환경오염으로 인한 사람의 생명·신체에 대한 중대한 피해, 제2조제2호의 환경시설의 설치 또는 관리와 관련된 다툼 등 사회적으로 파급효과가 클 것으로 우려되는 분쟁에 대하여는 당사자의 신청이 없는 경우에도 직권으로 조정절차를 시작할 수 있다.

② 시·도지사, 시장·군수·구청장(자치구의 구청장을 말한다) 또는

유역환경청장·지방환경청장은 제1항에 따른 직권조정이 필요하다고 판단되는 분쟁에 대해서는 중앙조정위원회에 직권조정을 요청할 수 있다.

③ 제1항에 따른 직권조정의 대상, 조정절차 및 직권조정을 수행하는 사람에 관한 사항은 대통령령으로 정한다.

제31조(조정위원의 지명 등) ① 조정은 3명의 위원으로 구성되는 위원회(이하 "조정위원회"라 한다)에서 한다.

② 조정위원회의 위원(이하 "조정위원"이라 한다)은 사건마다 위원회의 위원 중에서 위원회의 위원장이 지명하되, 제8조제1항제2호에 해당하는 사람 1명 이상이 포함되어야 한다.

③ 조정위원회의 회의는 조정위원회의 위원장이 소집한다.

④ 조정위원회의 회의는 구성원 전원의 출석으로 개의(開議)하고 구성원 과반수의 찬성으로 의결한다.

제32조(조정위원회의 조사권 등) ① 조정위원회는 분쟁의 조정을 위하여 필요하다고 인정할 때에는 조정위원회의 위원 또는 심사관으로 하여금 당사자가 점유하고 있는 공장, 사업장 또는 그 밖에 사건과 관련된 장소에 출입하여 관계 문서 또는 물건을 조사·열람 또는 복사하도록 하거나 참고인의 진술을 들을 수 있도록 할 수 있다.

② 조정위원회는 제1항에 따른 조사결과를 조정의 자료로 할 때에는 당사자의 의견을 들어야 한다.

③ 제1항의 경우에 조정위원회의 위원 또는 심사관은 그 권한을 나타내는 증표를 지니고 이를 관계인에게 보여주어야 한다.

제32조의2(당사자에 대한 출석요구) ① 조정위원회는 분쟁의 조정을 위하여 조정기일을 정하여 당사자에게 출석을 요구할 수 있다.

② 조정위원회가 제1항에 따라 당사자의 출석을 요구하는 경우에는 조정기일 7일 전까지 당사자에게 환경부령으로 정하는 출석요구서를 통지하여야 한다.

③ 제2항에 따른 통지를 받은 신청인이 제1항에 따라 정해진 조정기일에 2회에 걸쳐 참석하지 아니한 경우에는 해당 조정신청이 취하된 것으로 본다. 다만, 신청인이 정당한 사유가 있어 환경부

령으로 정하는 불출석 사유서를 해당 조정기일 전까지 조정위원회에 제출하여 불출석 승인을 받은 경우에는 그러하지 아니하다.

제33조(조정의 성립) ① 조정은 당사자 간에 합의된 사항을 조서에 적음으로써 성립한다.

② 조정위원회가 제1항에 따른 조서를 작성하였을 때에는 지체 없이 조서의 정본(正本)을 당사자나 대리인에게 송달하여야 한다.

제33조의2(조정결정) ① 조정위원회는 당사자 간에 합의가 이루어지지 아니한 경우로서 신청인의 주장이 이유 있다고 판단되는 경우에는 당사자들의 이익과 그 밖의 모든 사정을 고려하여 신청취지에 반하지 아니하는 한도에서 조정을 갈음하는 결정(이하 "조정결정"이라 한다)을 할 수 있다.

② 조정결정은 문서로써 하여야 한다. 이 경우 조정결정 문서에는 다음 각 호의 사항을 적고 조정위원이 기명날인하여야 한다.

1. 사건번호와 사건명
2. 당사자, 선정대표자, 대표당사자 및 대리인의 주소와 성명(법인의 경우에는 명칭을 말한다)
3. 조정 내용
4. 신청의 취지
5. 이유
6. 조정결정한 날짜

③ 조정위원회가 조정결정을 하였을 때에는 지체 없이 조정결정 문서의 정본을 당사자나 대리인에게 송달하여야 한다.

④ 당사자는 제3항에 따른 조정결정문서 정본을 송달받은 날부터 14일 이내에 불복 사유를 명시하여 서면으로 이의신청을 할 수 있다.

제34조(조정을 하지 아니하는 경우) ① 조정위원회는 해당 분쟁이 그 성질상 조정을 하기에 적당하지 아니하다고 인정하거나 당사자가 부당한 목적으로 조정을 신청한 것으로 인정할 때에는 조정을 하지 아니할 수 있다.

② 조정위원회는 제1항에 따라 조정을 하지 아니하기로 결정하였을 때에는 그 사실을 당사자에게 통지하여야 한다.

제35조(조정의 종결) ① 조정위원회는 해당 조정사건에 관하여 당사자 간에 합의가 이루어질 가능성이 없다고 인정할 때에는 조정을 하지 아니한다는 결정으로 조정을 종결시킬 수 있다.

② 조정결정에 대하여 제33조의2제4항에 따른 이의신청이 있는 경우에는 당사자 간의 조정은 종결된다.

③ 조정절차가 진행 중인 분쟁에 대하여 재정 또는 중재 신청이 있으면 그 조정은 종결된다.

④ 조정위원회는 제1항 또는 제2항에 따라 조정이 종결되었을 때에는 그 사실을 당사자에게 통지하여야 한다.

⑤ 제4항에 따라 통지를 받은 당사자가 통지를 받은 날부터 30일 이내에 소송을 제기한 경우 시효의 중단 및 제소기간의 계산에 있어서는 조정의 신청을 재판상의 청구로 본다.

제35조의2(조정의 효력) 제33조제1항에 따라 성립된 조정과 제33조의2제4항에 따른 이의신청이 없는 조정결정은 재판상 화해와 동일한 효력이 있다. 다만, 당사자가 임의로 처분할 수 없는 사항에 대해서는 그러하지 아니하다.

제35조의3(재정의 종류) 이 법에 따른 재정의 종류는 다음 각 호와 같다.

1. 원인재정: 환경피해를 발생시키는 행위와 환경피해 사이의 인과관계 존재 여부를 결정하는 재정
2. 책임재정: 환경피해에 대한 분쟁 당사자 간의 손해배상 등의 책임의 존재와 그 범위 등을 결정하는 재정

제4절 재정

제36조(재정위원의 지명 등) ① 재정은 5명의 위원으로 구성되는 위원회(이하 "재정위원회"라 한다)에서 한다. 다만, 다음 각 호에 해당하는 사건의 재정은 해당 호에서 정한 재정위원회에서 할 수 있다.

1. 다수인의 생명·신체에 중대한 피해가 발생한 분쟁이나 제2조제2호에 따른 환경시설의 설치 또는 관리와 관련된 다툼 등 사회적으로 파급효과가 클 것으로 우려되는 사건으로서 대통령령으

로 정하는 사건: 10명 이상의 위원으로 구성되는 재정위원회

2. 대통령령으로 정하는 경미한 사건: 3명의 위원으로 구성되는 재정위원회

② 재정위원회의 위원(이하 "재정위원"이라 한다)은 사건마다 위원회의 위원 중에서 위원회의 위원장이 지명하되, 제8조제1항제2호에 해당하는 사람 1명 이상이 포함되어야 한다.

③ 재정위원회의 회의는 재정위원회의 위원장이 소집한다.

④ 재정위원회의 회의는 구성원 전원의 출석으로 개의하고 구성원 과반수의 찬성으로 의결한다.

제37조(심문) ① 재정위원회는 심문(審問)의 기일을 정하여 당사자에게 의견을 진술하게 하여야 한다.

② 재정위원회는 제1항에 따른 심문기일을 심문기일 7일 전까지 당사자에게 통지하여야 한다.

③ 심문은 공개하여야 한다. 다만, 재정위원회가 당사자의 사생활 또는 사업상의 비밀을 유지할 필요가 있다고 인정하거나 절차의 공정을 해칠 염려가 있다고 인정할 때, 그 밖에 공익을 위하여 필요하다고 인정할 때에는 그러하지 아니하다.

제38조(재정위원회의 조사권 등) ① 재정위원회는 분쟁의 재정을 위하여 필요하다고 인정할 때에는 당사자의 신청에 의하여 또는 직권으로 다음 각 호의 행위를 할 수 있다.

1. 당사자 또는 참고인에 대한 출석 요구, 질문 및 진술 청취

2. 감정인의 출석 및 감정 요구

3. 사건과 관계있는 문서 또는 물건의 열람·복사·제출 요구 및 유치(留置)

4. 사건과 관계있는 장소의 출입·조사

② 당사자는 제1항에 따른 조사 등에 참여할 수 있다.

③ 재정위원회가 직권으로 제1항에 따른 조사 등을 하였을 때에는 그 결과에 대하여 당사자의 의견을 들어야 한다.

④ 재정위원회는 제1항에 따라 당사자 또는 참고인에게 진술하게 하거나 감정인에게 감정하게 할 때에는 당사자, 참고인 또는 감정인에게 선서를 하도록 하여야 한다.

⑤ 제1항제4호의 경우에 재정위원회의 위원 또는 심사관은 그 권한을 나타내는 증표를 지니고 이를 관계인에게 보여주어야 한다.

제39조(증거보전) ① 위원회는 재정신청 전에 미리 증거조사를 하지 아니하면 그 증거를 확보하기 곤란하다고 인정하는 경우에는 재정을 신청하려는 자의 신청을 받아 제38조제1항 각 호의 행위를 할 수 있다.

② 위원회의 위원장은 제1항에 따른 신청을 받으면 위원회의 위원 중에서 증거보전에 관여할 사람을 지명하여야 한다.

제40조(재정) ① 재정은 문서로써 하여야 하며, 재정문서에는 다음 각 호의 사항을 적고 재정위원이 기명날인하여야 한다.

1. 사건번호와 사건명
2. 당사자, 선정대표자, 대표당사자 및 대리인의 주소 및 성명(법인의 경우에는 명칭을 말한다)
3. 주문(主文)
4. 신청의 취지
5. 이유
6. 재정한 날짜

② 제1항제5호에 따른 이유를 적을 때에는 주문의 내용이 정당함을 인정할 수 있는 한도에서 당사자의 주장 등에 대한 판단을 표시하여야 한다.

③ 재정위원회는 재정을 하였을 때에는 지체 없이 재정문서의 정본을 당사자나 대리인에게 송달하여야 한다.

제41조(원상회복) 재정위원회는 환경피해의 복구를 위하여 원상회복이 필요하다고 인정하면 손해배상을 갈음하여 당사자에게 원상회복을 명하는 제35조의3제2호에 따른 책임재정(이하 "책임재정"이라 한다)을 하여야 한다. 다만, 원상회복에 과다한 비용이 들거나 그 밖의 사유로 그 이행이 현저히 곤란하다고 인정하는 경우에는 그러하지 아니하다.

제42조(재정의 효력 등) ① 지방조정위원회의 재정위원회가 한 책임재정에 불복하는 당사자는 재정문서의 정본이 당사자에게 송달된

날부터 60일 이내에 중앙조정위원회에 책임재정을 신청할 수 있다.
② 재정위원회가 제35조의3제1호에 따른 원인재정(이하 "원인재정"이라 한다)을 하여 재정문서의 정본을 송달받은 당사자는 이 법에 따른 알선, 조정, 책임재정 및 중재를 신청할 수 있다.
③ 재정위원회가 책임재정을 한 경우에 재정문서의 정본이 당사자에게 송달된 날부터 60일 이내에 당사자 양쪽 또는 어느 한쪽으로부터 그 재정의 대상인 환경피해를 원인으로 하는 소송이 제기되지 아니하거나 그 소송이 철회된 경우 또는 제1항에 따른 신청이 되지 아니한 경우에는 그 재정문서는 재판상 화해와 동일한 효력이 있다. 다만, 당사자가 임의로 처분할 수 없는 사항에 관한 것은 그러하지 아니하다. <개정 2018.10.16.>

제43조(조정에의 회부) ① 재정위원회는 재정신청된 사건을 조정(調停)에 회부하는 것이 적합하다고 인정할 때에는 직권으로 직접 조정하거나 관할 위원회에 송부하여 조정하게 할 수 있다.
② 제1항에 따라 조정에 회부된 사건에 관하여 당사자 간에 합의가 이루어지지 아니하였을 때에는 재정절차를 계속 진행하고, 합의가 이루어졌을 때에는 재정의 신청은 철회된 것으로 본다.

제43조의2(재정신청의 철회) 재정절차가 진행 중인 분쟁에 대하여 중재신청이 있으면 그 재정신청은 철회된 것으로 본다.

제44조(시효의 중단 등) 당사자가 책임재정에 불복하여 소송을 제기한 경우 시효의 중단 및 제소기간의 계산에 있어서는 책임재정의 신청을 재판상의 청구로 본다. <개정 2018.10.16.>

제45조(소송과의 관계) ① 재정이 신청된 사건에 대한 소송이 진행 중일 때에는 수소법원(受訴法院)은 재정이 있을 때까지 소송절차를 중지할 수 있다.
② 재정위원회는 제1항에 따른 소송절차의 중지가 없는 경우에는 해당 사건의 재정절차를 중지하여야 한다. 다만, 제4항에 따라 원인재정을 하는 경우는 제외한다. <개정 2018.10.16.>
③ 재정위원회는 재정이 신청된 사건과 같은 원인으로 다수인이 관련되는 같은 종류의 사건 또는 유사한 사건에 대한 소송이 진

행 중인 경우에는 결정으로 재정절차를 중지할 수 있다.

④ 환경분쟁에 대한 소송과 관련하여 수소법원은 분쟁의 인과관계 여부를 판단하기 위하여 필요한 경우에는 중앙조정위원회에 원인재정을 촉탁할 수 있다. 이 경우 제16조제1항에 따른 당사자의 신청이 있는 것으로 본다. <신설 2018.10.16.>

⑤ 제4항에 따라 진행되는 원인재정 절차에 필요한 비용 중 제63조제1항에 따라 각 당사자가 부담하여야 하는 비용은 「민사소송비용법」에 따른 소송비용으로 본다. <신설 2018.10.16.>

제5절 중재

제45조의2(중재위원의 지명 등) ① 중재는 3명의 위원으로 구성되는 위원회(이하 "중재위원회"라 한다)에서 한다.

② 중재위원회의 위원(이하 "중재위원"이라 한다)은 사건마다 위원회 위원 중에서 위원회의 위원장이 지명하되, 당사자가 합의하여 위원을 선정한 경우에는 그 위원을 지명한다.

③ 제15조제1항에 따른 위원회의 규칙에서 정하는 위원이 중재위원회의 위원장이 된다. 다만, 제2항에 따라 당사자가 합의하여 위원을 선정한 경우에는 그 위원 중에서 위원회의 위원장이 지명한 위원이 중재위원회의 위원장이 된다.

④ 중재위원회의 회의는 중재위원회의 위원장이 소집한다.

⑤ 중재위원회의 회의는 구성원 전원의 출석으로 개의하고, 구성원 과반수의 찬성으로 의결한다.

제45조의3(중재위원회의 심문 등) 중재위원회의 심문, 조사권, 증거보전, 중재의 방식 및 원상회복 등에 관하여는 제37조부터 제41조까지의 규정을 준용한다.

제45조의4(중재의 효력) 중재는 양쪽 당사자 간에 법원의 확정판결과 동일한 효력이 있다.

제45조의5(「중재법」의 준용) ① 중재에 대한 불복과 중재의 취소에 관하여는 「중재법」 제36조를 준용한다.

② 중재와 관련된 절차에 관하여는 이 법에 특별한 규정이 있는 경우를 제외하고는 「중재법」을 준용한다.

제4장 다수인관련분쟁의 조정(調整)

제46조(다수인관련분쟁의 조정신청) ① 다수인에게 같은 원인으로 환경피해가 발생하거나 발생할 우려가 있는 경우에는 그 중 1명 또는 수인(數人)이 대표당사자로서 조정을 신청할 수 있다.

② 제1항에 따라 조정을 신청하려는 자는 위원회의 허가를 받아야 한다.

③ 제2항에 따른 허가의 신청은 서면으로 하여야 한다.

④ 제3항에 따른 허가신청서에는 다음 각 호의 사항을 적어야 한다.

1. 신청인의 주소 및 성명
2. 대리인이 신청하는 경우에는 대리인의 주소 및 성명
3. 피신청인이 될 자의 주소 및 성명
4. 신청인이 대표하려는 다수인의 범위
5. 손해배상을 청구하는 경우에는 1명당 배상청구액의 상한
6. 분쟁 조정신청의 취지 및 원인

제47조(허가요건) 위원회는 제46조에 따른 허가신청이 다음 각 호의 요건을 모두 충족할 때에는 이를 허가할 수 있다.

1. 같은 원인으로 발생하였거나 발생할 우려가 있는 환경피해를 청구원인으로 할 것
2. 공동의 이해관계를 가진 자가 100명 이상이며, 선정대표자에 의한 조정이 현저하게 곤란할 것
3. 피해배상을 신청하는 경우에는 1명당 피해배상요구액이 500만 원 이하일 것
4. 신청인이 대표하려는 다수인 중 30명 이상이 동의할 것
5. 신청인이 구성원의 이익을 공정하고 적절하게 대표할 수 있을 것

제48조(신청의 경합) ① 위원회는 다수인관련분쟁 조정의 허가신청이 경합(競合)하는 경우에는 사건을 분리하거나 병합하는 등의 방법을 각 신청인에게 권고할 수 있다.

② 위원회는 제1항에 따른 권고가 수락되지 아니하는 경우에는 해당 신청에 대하여 불허가 결정을 할 수 있다.

제49조(허가 결정) ① 위원회는 다수인관련분쟁 조정의 허가 결정을

할 때에는 그 결정서에 제46조제4항 각 호의 사항을 적어야 한다.

② 위원회는 제1항에 따른 허가 결정을 하였을 때에는 즉시 신청인과 피신청인에게 그 사실을 통지하여야 한다.

③ 위원회가 다수인관련분쟁 조정의 허가 결정을 한 경우에는 제46조에 따라 허가를 신청한 때에 조정이 신청된 것으로 본다.

제50조(대표당사자의 감독 등) ① 위원회는 필요하다고 인정할 때에는 대표당사자에게 필요한 보고를 할 것을 요구할 수 있다.

② 위원회는 대표당사자가 구성원을 공정하고 적절하게 대표하지 아니한다고 인정할 때에는 구성원의 신청에 의하여 또는 직권으로 그 대표당사자를 변경하거나 허가를 취소할 수 있다.

제51조(공고 등) ① 위원회는 다수인관련분쟁의 조정신청을 받았을 때에는 다음 각 호의 사항을 신청 후 15일 이내에 공고하고, 그 공고안을 그 분쟁이 발생한 지방자치단체의 사무소에서 공람할 수 있도록 하여야 한다.

1. 신청인과 피신청인의 주소 및 성명
2. 대리인의 주소 및 성명
3. 구성원의 범위 및 구성원 1명당 배상청구액의 상한
4. 신청의 취지 및 원인의 요지
5. 사건번호 및 사건명
6. 참가신청의 방법 및 기간과 참가신청을 하지 아니한 자에게는 조정의 효력이 미치지 아니한다는 사항
7. 그 밖에 위원회가 필요하다고 인정하는 사항

② 제1항에 따른 공고는 관보 또는 일간신문에 게재하거나 그 밖에 위원회가 적절하다고 인정하는 방법으로 할 수 있다.

③ 위원회는 제1항에 따른 공고에 드는 비용을 대표당사자로 하여금 부담하게 할 수 있다.

제52조(참가의 신청) ① 대표당사자가 아닌 자로서 해당 분쟁의 조정결과와 이해관계가 있는 자는 제51조제1항에 따른 공고가 있은 날부터 60일 이내에 조정절차에의 참가를 신청할 수 있다.

② 제47조제4호에 따라 동의를 한 자는 조정절차에 참가한 것으로 본다.

제53조(효력) 조정의 효력은 대표당사자와 제52조에 따라 참가를 신청한 자에게만 미친다.

제54조(동일한 분쟁에 대한 조정신청의 금지) 제52조에 따라 참가의 신청을 하지 아니한 자는 그 신청원인 및 신청취지상 동일한 분쟁으로 인정되는 사건에 대하여는 다시 조정을 신청할 수 없다.

제55조(조정절차의 준용) 다수인관련분쟁의 조정절차에 관하여 이 장에서 규정하지 아니한 사항에 관하여는 그 성질에 반하지 아니하는 범위에서 제3장을 준용한다.

제56조(배분) 대표당사자가 조정에 의하여 손해배상금을 받은 경우에는 위원회가 정하는 기간 내에 배분계획을 작성하여 위원회의 인가를 받은 후 그 배분계획에 따라 손해배상금을 배분하여야 한다.

제57조(배분계획의 기재 사항) 손해배상금의 배분계획에는 다음 각 호의 사항이 포함되어야 한다.
1. 손해배상금을 받을 자 및 1명당 채권액의 상한
2. 피신청인이 지급하는 금전의 총액
3. 제59조에 따른 공제항목 및 그 금액
4. 배분에 충당하는 금액
5. 배분기준
6. 지급 신청기간, 신청장소 및 신청방법에 관한 사항
7. 채권의 확인방법에 관한 사항
8. 배분금을 받는 기간, 받을 장소 및 방법에 관한 사항
9. 그 밖에 위원회가 정하는 사항

제58조(배분기준) ① 손해배상금은 재정의 이유 또는 조정조서(調停調書)의 기재내용을 기준으로 배분하여야 한다.
② 확인된 채권의 총액이 배분에 충당하는 금액을 초과하는 경우에는 각 채권의 가액(價額)에 비례하여 배분하여야 한다.

제59조(공제) 대표당사자는 피신청인이 지급하는 금액 중에서 다음 각 호의 비용을 공제할 수 있다.
1. 조정절차의 수행에 든 비용
2. 배분에 드는 비용

제60조(배분계획의 공고) ① 위원회는 제56조에 따라 배분계획을 인가한 경우에는 다음 각 호의 사항을 공고하여야 한다.

1. 재정 또는 조정조서(調停調書)의 요지

2. 제57조 각 호의 사항

3. 대표당사자의 주소 및 성명

② 제1항에 따른 공고에 관하여는 제51조제2항 및 제3항을 준용한다.

③ 제56조에 따른 배분계획의 인가에 대한 불복에 관하여는 제23조를 준용한다.

제61조(배분계획의 변경 등) ① 제60조제1항에 따라 공고된 배분계획에 이의가 있는 당사자는 공고 후 7일 이내에 위원회에 의견을 제출할 수 있다.

② 위원회는 제56조에 따라 배분계획을 인가한 후 이를 변경할 필요가 있다고 인정하면 결정으로 배분계획을 변경할 수 있다. 다만, 직권으로 변경하는 경우에는 대표당사자의 의견을 들어야 한다.

③ 위원회는 제2항에 따라 변경된 내용을 공고하여야 한다.

④ 제3항에 따른 공고에 관하여는 제51조제2항 및 제3항을 준용한다.

제5장 보칙

제62조(「국가배상법」과의 관계) 「국가배상법」을 적용받는 분쟁으로서 이 법에 따른 조정절차(調整節次)를 거친 경우(제34조 및 제35조를 포함한다)에는 「국가배상법」에 따른 배상심의회의 심의·의결을 거친 것으로 본다.

제63조(조정비용 등) ① 위원회가 진행하는 조정절차(調整節次)에 필요한 비용은 대통령령으로 정하는 사항을 제외하고는 각 당사자가 부담한다.

② 위원회에 조정(調整) 등의 신청을 하는 자는 대통령령(지방조정위원회의 경우에는 해당 시·도의 조례)으로 정하는 바에 따라 수수료를 내야 한다.

제64조(준용규정) 문서의 송달 및 법정이율에 관하여는 「민사소송법」 중 송달에 관한 규정과 「소송촉진 등에 관한 특례법」 제3조를 각각 준용한다.

제6장 벌칙

제65조(벌칙) 제32조제1항, 제38조(제45조의3에 따라 준용되는 경우를 포함한다)제1항제3호 및 제4호에 따른 위원회의 위원 또는 심사관의 출입·조사·열람 또는 복사를 정당한 이유없이 거부 또는 기피하거나 방해하는 행위를 한 자는 200만원 이하의 벌금에 처한다.

제66조(과태료) ① 다음 각 호의 어느 하나에 해당하는 자에게는 100만원 이하의 과태료를 부과한다.

1. 제38조(제45조의3에 따라 준용되는 경우를 포함한다. 이하 이 조에서 같다)제1항제1호에 따라 재정위원회로부터 계속하여 2회의 출석 요구를 받고 정당한 사유 없이 출석하지 아니한 자
2. 제38조제1항제3호에 따른 문서 또는 물건을 제출하지 아니한 자 또는 거짓 문서·물건을 제출한 자

② 제38조제4항에 따라 선서한 당사자, 참고인 또는 감정인이 거짓으로 진술 또는 감정을 하였을 때에는 50만원 이하의 과태료를 부과한다.

③ 제1항 및 제2항에 따른 과태료는 대통령령으로 정하는 바에 따라 환경부장관 또는 시·도지사가 부과·징수한다.

부칙<제15846호, 2018.10.16.>

제1조(시행일) 이 법은 공포 후 1년이 경과한 날부터 시행한다. 다만, 제4조, 제8조제3항 전단 및 제10조제2항의 개정규정은 공포한 날부터 시행한다.

제2조(조정위원회의 출석요구 등에 관한 적용례) 제32조의2, 제33조의2, 제35조제2항 및 제35조의2의 개정규정은 이 법 시행 후 제16조에 따라 위원회에 신청된 조정부터 적용한다.

제3조(위원회 위원의 신분보장에 관한 경과조치) 제10조제2항제3호의 개정규정 시행 당시 위원회 위원에 대하여는 같은 개정규정에도 불구하고 해당 위원의 임기가 만료될 때까지 종전의 규정에 따른다.

제4조(조정안의 수락 등에 관한 경과조치) 이 법 시행 당시 절차가 진행 중인 조정을 위한 조정안의 수락, 해당 조정의 성립·효력 및 종결에 관하여는 종전의 제19조제3항 단서, 제22조제4항제2호, 제33조 및 제35조제2항을 적용한다.

■ 대한실무법률편찬연구회
　 (환경공해스터디그룹)

▌본 연구회 간행도서
　 소법전
　 산업재해 이렇게 해결하라
　 환경 공해 법규 정보지식총람
　 소음·진동 환경분쟁 해결하기
　 (최신법령개정) 종합 건설 대법전

미세먼지 8법 예방과 분쟁

초판 1쇄 인쇄　2020년 9월　5일
초판 1쇄 발행　2020년 9월 10일

편　저　대한실무법률편찬연구회
발행인　김현호
발행처　법문북스
공급처　법률미디어

주　소　서울 구로구 경인로 54길4(구로동 636-62)
전　화　02)2636-2911~2,　**팩스**　02)2636-3012
홈페이지　www.lawb.co.kr
등록일자　1979년 8월 27일
등록번호　제5-22호

ISBN　978-89-7535-850-0 (13360)

정가　18,000원

이 도서의 국립중앙도서관 출판예정도서목록(CIP)은 서지정보유통지원시스템 홈페이지(http://seoji.nl.go.kr)와 국가자료종합목록 구축시스템(http://kolis-net.nl.go.kr)에서 이용하실 수 있습니다. (CIP제어번호 : CIP2020027004)

본서는 복잡하고 다양한 각종 생활에서 발생하는 미세먼지,
대기,환경문제의 법적 규제에 대한 해설과 분쟁조정절차를 관련 서식
과 함께상담사례와 피해구제사례들을 알기 쉽게 풀이하여 체계적으로
정리하여 수록하였습니다.

13360

ISBN 978-89-7535-850-0

18,000원